THOMAS FISCHER
MARCUS TRIER

DAS RÖMISCHE KÖLN

Die Seiten 2 und 5 zeigen eine große Theatermaske aus Kalkstein des 1. Jahrhunderts n. Chr. Sie wurde bei Ausgrabungen im römischen Friedhof am Chlodwigplatz freigelegt. Siehe auch S. 258.

THOMAS FISCHER
MARCUS TRIER

DAS RÖMISCHE KÖLN

J.P. BACHEM VERLAG

Bibliografische Information
Der Deutschen Nationalbibliothek
Die Deutsche Nationalbibliothek verzeichnet diese Publikation in der Deutschen Nationalbibliografie; detaillierte bibliografische Daten sind im Internet über http://dnb.dnb.de abrufbar.

Lektorat und Redaktion: Stefan Wunsch
Bildredaktion: Thomas Fischer, Marcus Trier und Stefan Wunsch
Reproduktionen: Reprowerkstatt Wargalla, Köln
Gestaltungskonzeption und Layout: Georg Bungarten, Köln
Einbandgestaltung: Petra Drumm, Köln
Karten: Angelika Solibieda, Karlsruhe
Druck: Grafisches Centrum Cuno, Calbe
Printed in Germany
1. Auflage 2014
ISBN 978-3-7616-2469-2
ISBN 978-3-7616-2815-7 PDF
ISBN 978-3-7616-2816-4 EPUB

Auch als E-Book erhältlich

Aktuelle Programminformationen sowie Download-Links zu unseren Apps finden Sie unter www.bachem.de/verlag

FSC www.fsc.org MIX Papier aus verantwortungsvollen Quellen FSC® C043106

VORWORT

Schon seit längerer Zeit wurde immer wieder der Wunsch an uns herangetragen, einen handlichen und aktuellen Überblick zum römischen Köln zu schreiben, da ein solches Büchlein in der Tat ein wichtiges Desiderat im Schrifttum zum römischen Köln darstellt, das sich gerade in letzter Zeit so rasant vermehrt hat. Die meisten neuen Schriften sind jedoch Spezialbeiträge, die sich Teilaspekten widmen und vor allem für den Laien keinen allgemein verständlichen Überblick bieten.

Die Veröffentlichung von Gerta Wolff, »Das Römisch-Germanische Köln. Führer zu Museum und Stadt«, die 2005 in der sechsten Auflage erschienen ist, hat den Anspruch auf einen raschen Überblick noch am ehesten erfüllt, das Werk ist aber längst vergriffen. Außerdem war es in erster Linie ein Führer durch das Römisch-Germanische Museum. Seine knapp gehaltenen Teile zu Geschichte und Archäologie des römischen Köln sind zudem durch die Fortschritte der Kölner Archäologie in vielen Teilen überholt.

Auch die imposante und umfassende Darstellung von Werner Eck, »Köln in römischer Zeit. Geschichte der Stadt Köln Band 1« aus dem Jahre 2004 erfährt vor allem durch die U-Bahn-Archäologie, aber auch andere aktuelle Grabungen und Forschungen, wichtige Ergänzungen.

Aber das ist für einen Archäologen ganz alltäglich: Er lebt stets damit, dass neue Ergebnisse, die aus der Erde Kölns ans Licht kommen, seine älteren Überzeugungen kräftig umkrempeln können. Eine solche Weiterentwicklung wünschen wir auch diesem Buch: Die Grabungen und Forschungen schreiten voran, und eine eventuelle Überarbeitung in einigen Jahren wird, da sind wir uns sicher, manches Kapitel anders aussehen lassen. Aber genau dieser stete neue Erkenntnisgewinn, der täglich überraschend eintreten kann, ist die wichtigste Rechtfertigung für die Tätigkeit der Archäologen!

Ein solches Buch, wie das unsrige, ist ohne die Hilfe zahlreicher Kolleginnen und Kollegen nicht denkbar. Unser Dank gilt Harald Bernhardt, Michael Beuth, Agnes Brand, Marion Euskirchen, Thomas Frank, Philipp Groß, Thomas Höltken, Michael Horlemann, Heinz Günter Horn, Ulrich Karas, Jutta Meurers-Balke, Christian Miks, Martin Müller, Friederike Naumann-Steckner, Salvatore Ortisi, Peter Otten, Thomas Otten, Andreas Pangerl, Mona Petsch, Gabriele Rasbach, Erika Riedmeier-Fischer, Holger Schaaff, Alfred Schäfer, Michael Schmauder, Burghart Schmidt, Martina Schulz, Winrich Schwellnus, Heinz Sperling und Elisabeth M. Spiegel. Für ihre tatkräftige Unterstützung geht unser Dank an die Reprowerkstatt Wargalla, für die engagierte und sorgfältige Redaktion danken wir Stefan Wunsch.

Köln, im Dezember 2013
Thomas Fischer Marcus Trier

1. FORSCHUNGSGESCHICHTE: VON FROMMEN LEGENDEN ZUR MODERNEN FORSCHUNG

Das Interesse der Kölner an Geschichte und Archäologie reicht, wenn man so will, bis in das Mittelalter zurück. Auf der Suche nach ebenso verehrungswürdigen wie wirtschaftlich vermarktbaren Reliquien durchwühlte manch einer die Kölner Erde, bevorzugt im Umfeld der frühen Kirchen St. Gereon, St. Severin und St. Ursula. Besonders ergiebig war die Suche auf dem *ager Ursulanus,* wo der legendenhaften Überlieferung nach die Heilige Ursula mit ihren Begleiterinnen, den elftausend Jungfrauen, nach dem Märtyrertod beigesetzt worden waren. Als man bei Schanzarbeiten 1106 auf zahllose Gräber eines römischen Friedhofes um St. Ursula stieß, sah man darin die Ruhestätte der sagenhaften Jungfrauen. Ein wahres Reliquienfieber setzte ein, immer neue Knochen wurden gefunden, und so stieg die Zahl der vermeintlichen Heiligen unaufhörlich! Handel und Verehrung von Reliquien haben in der Stadt somit eine lange Tradition, denn die Heiligenverehrung zog Pilger aus allen Teilen Europas an, die ihr Geld in der Stadt ließen. Vor allem die Überführung der Gebeine der Heiligen Drei Könige durch Erzbischof Heinrich von Dassel 1164 hat ›wahre Wunder‹ bewirkt.

Doch das Interesse der Kölner Bürger an ›ihrer‹ Antike, aber auch das manch eines Besuchers war vielschichtiger. Der Dichter Petrarca (1304–1379) gelangte auf seinen Reisen durch Europa auch nach Köln, wo er die römische Vergangenheit als allgegenwärtig wahrnahm. Tatsächlich waren die Spuren der römischen Vergangenheit bis weit in die Neuzeit hinein an vielen Plätzen der Stadt zu sehen und manche Geschichte rankte sich um die alten Gemäuer. Anfang des 16. Jahrhunderts begannen Gelehrte, wie der Dompropst Graf Hermann von Neuenahr (1492–1530), römische Altertümer aus dem Stadtgebiet zu sammeln. In Kreisen der Kölner Oberschicht entstanden erste nennenswerte Antikensammlungen. Auch in frühen Stadtdarstellungen, wie

Die Goldene Kammer von St. Ursula mit den Knochen der legendären elftausend Jungfrauen, die auf einen römischen Friedhof zurückgehen

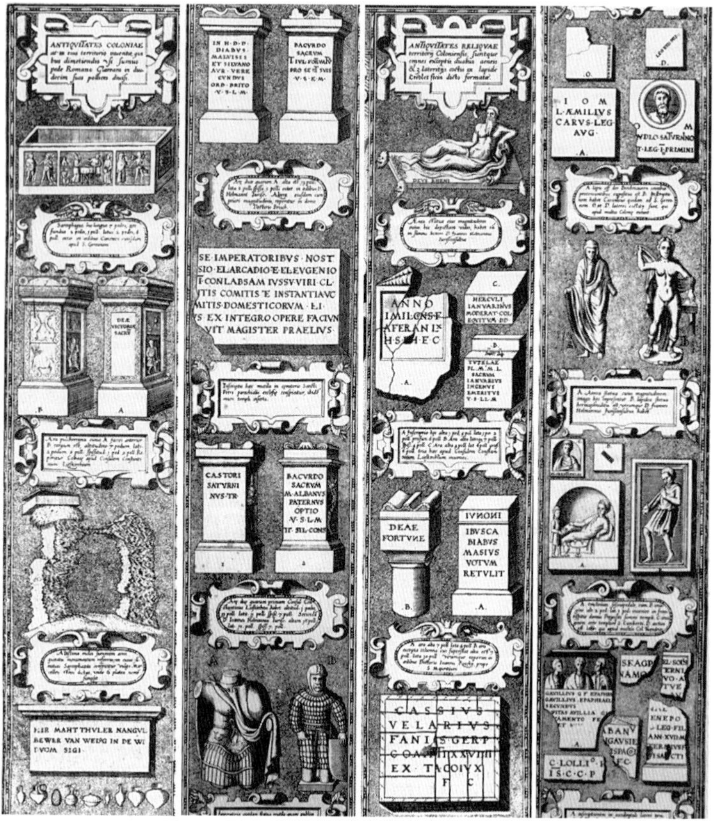

Kölner Antiken, Ausschnitt aus dem Mercatorplan von 1570/71

dem Mercatorplan von 1570/71, tauchen Kölner Antiken auf. Dem Engagement von Kölner Bürgern, wie Adolph von Hüpsch (1729–1805) oder Ferdinand Franz Wallraf (1748–1824), ist es zu verdanken, dass wichtige Antiken die französische Zeit in Köln (1794–1815) ›überlebt‹ haben. Vieles ist heute in den Sammlungen des Römisch-Germanischen Museums erhalten.

Das 1974 südlich des Doms über den baulichen Resten einer römischen Stadtvilla eröffnete Römisch-Germanische Museum der Stadt Köln ist das Ergebnis einer Fusion zweier städtischer Sammlungen: Der Römischen, seit 1935 Römischen und Germanischen Abteilung des Wallraf-Richartz-Museums und des Prähistorischen Museums, das seit 1926 Museum für Vor- und Früh-

Steindenkmäler in der Römischen Abteilung des Wallraf-Richartz-Museums, um 1930

geschichte genannt wurde. Letzteres, 1907 von Carl Rademacher (1859–1935) gegründet, widmete sich vor allem den vorgeschichtlichen Kulturen des Rheinlandes. Die Anfänge der Römischen Abteilung im Wallraf-Richartz-Museum gehen auf die Sammlung Ferdinand Franz Wallraf zurück, der nach seinem Tod der Stadt Köln »38 Marmorantiken und 104 vaterländische Altertümer, 323 geschnittene Steine, 1.297 Antikaglien und 5.938 Münzen« hinterließ. Schon bald erfuhr die Sammlung durch die Bestände der Brüder Melchior (1786–1851) und Sulpiz Boisserée (1783–1854) reichen Zuwachs. Die römischen Altertümer wurden zwischen 1827 und 1860 im Wallrafianum ausgestellt. 1861 wurde der vom Kölner Kaufmann Johann Heinrich Richartz (1796–1861) gestiftete

Blick in das Römisch-Germanische Museum (RGM) Köln

Das Römisch-Germanische Museum der Stadt Köln

Das Römisch-Germanische Museum der Stadt Köln zeigt das archäologische Erbe der Stadt und ihres Umlandes. Es beherbergt auf circa 4.500 Quadratmetern Ausstellungsfläche Funde aus mehr als 100.000 Jahren rheinischer Siedlungsgeschichte, von der Altsteinzeit bis in das frühe Mittelalter. Der zweigeschossige Flachbau wurde 1974 unmittelbar südlich des Kölner Doms über den Fundamenten einer römischen Stadtvilla errichtet. Zur Ausstattung eines vornehmen Speisesaales dieser prachtvollen Villa gehörte das weltberühmte Dionysosmosaik des 3. Jahrhunderts, das 1941 bei Ausschachtungen für den Dombunker ans Tageslicht kam. Das Mosaik und das über 15 Meter hohe Grabmonument des Legionsveteranen Lucius Poblicius aus dem 1. Jahrhundert n. Chr. können durch ein großes Panoramafenster Tag und Nacht von der Domplatte aus bestaunt werden.

Die ältesten Funde des Museums berichten von Sammlern und Jägern, die während der Alt- und Mittelsteinzeit das Rheinland auf der Jagd nach Wild und der Suche nach essbaren Pflanzen durchstreiften. Im 6. Jahrtausend wurde der Mensch sesshaft, errichtete große Wohnstallhäuser. Die Entdeckung der bandkeramischen Siedlung von Köln-Lindenthal gehört zu den Meilensteinen der jungsteinzeitlichen Forschung in Europa. Steingeräte, Waffen und handgeformte Keramikgefäße berichten vom Leben der Menschen vor fast 8.000 Jahren. Funde aus Gräbern und Siedlungen der Bronze- und Eisenzeit sind Spiegelbild früher metallzeitlicher Kulturen im Rheinland. Im letzten vorchristlichen Jahrtausend wurde das Rheinland von keltischen und germanischen Stämmen besiedelt. Sie bestatteten ihre Toten in Grabhügeln und gaben ihnen auf den Weg ins Jenseits Keramikgefäße, Stein- und Metallobjekte mit.

Das weltberühmte Dionysosmosaik im Untergeschoss des RGM, erste Hälfte 3. Jahrhundert n. Chr.

Vom Innenhof im ersten Stock des Römisch-Germanischen Museums blickt man auf den beleuchteten Dom

Den Schwerpunkt der Sammlungen bilden Zeugnisse der fast fünf Jahrhunderte dauernden römischen Stadtgeschichte. Zu den bedeutenden Objekten gehört der mächtige Steinbogen des Nordtors mit dem Stadtnamen CCAA. Grabdenkmäler und Weihesteine sind steinerne Zeugnisse römischer Jenseits- und Glaubensvorstellungen. Auf den Friedhöfen entlang der Ausfahrstraßen lagen dicht gedrängt Sarkophage, Grabstelen, -altäre und -denkmäler. Götterfiguren in Stein, Bronze und Keramik berichten von den religiösen Vorstellungen der römischen Stadtgesellschaft.

Das Römisch-Germanische Museum stellt die weltweit größte Sammlung römischer Glasgefäße des 1. bis 5. Jahrhunderts aus, darunter eine große Zahl römischer Luxusgläser. Hierzu zählen unter anderem in Form geblasene Figurengefäße, Schlangenfadengläser, Schliffgläser und Diatrete. Ein bedeutendes Zeugnis römischer Glaskunst ist das aus grünem Glas gefertigte Miniaturbildnis des Kaisers Augustus. Kunstvolle Produkte schufen auch römische Goldschmiede und Steinschnitzer, die beispielsweise wertvolle Miniaturen aus Bernstein fertigten. Aufwändige Wandmalereien und kostbare Mosaiken, wie das bekannte Philosophenmosaik, waren Teil vornehmer Stadthäuser. Zum Inventar der Häuser gehörten Produkte der Kölner Töpfereien, die auch in weit entfernte Gebiete verhandelt wurden.

Die reichen Goldschmiedearbeiten der Sammlung Diergardt, die auf den Baron Johannes Freiherr von Diergardt zurückgeht, zählt zu den international herausragendsten Kollektionen völkerwanderungszeitlichen Goldschmucks. Reiternomadisches und germanisches Trachtzubehör des 4. bis 6. Jahrhunderts stammt aus allen Teilen Europas, von der Krim bis nach Spanien. Die »Kertscher Krone«, Schläfenringe und das Diadem aus Tiligul besitzen Weltruf.

Die Funde aus dem fränkischen und romanischen Köln stammen insbesondere aus den frühmittelalterlichen Friedhöfen früher Kirchen und dörflicher Siedlungsplätze im Kölner Umland. Vor allem die reichen Grabbeigaben aus St. Severin, Köln-Müngersdorf und -Junkersdorf sind international bekannt.

Die Kertscher Krone der Sammlung Diergardt im RGM, erste Hälfte 5. Jahrhundert n. Chr.

Neubau eröffnet. Erster Leiter der Römischen Abteilung im Wallraf-Richartz-Museum war Matthias Joseph Poppelreuter (1867–1919), an dessen Stelle trat nach einigen Jahren der Vakanz 1923 Fritz Fremersdorf (1894–1983). In den folgenden Jahren konnte er außergewöhnliche Privatsammlungen für das Museum sichern: 1934 die reichen Bestände von Konsul Carl Anton Niessen, und 1935 glückte der Ankauf der Sammlung des Freiherrn Johannes von Diergardt (1859–1934). Die ›Römische Abteilung‹ wurde anschließend in ›Römische und Germanische Abteilung‹ umbenannt. 1939/40 gelang es dann auch noch mehr als 3.000 antike Lampen der Sammlung Wollmann zu erwerben.

Von den schweren Zerstörungen, die Köln im Zweiten Weltkrieg erfahren hat, blieben die Kölner Museen nicht verschont. Nach dem Tausendbomberangriff am 31. Mai 1942 wurden römische Steindenkmäler des Wallraf-Richartz-Museums in Kölner Außenlager überführt. 96 Kisten des Museums wurden nach Süddeutschland gebracht, »die Blütenauslese des römischen Köln«, so Fremersdorf. Die Maßnahmen verhinderten das Schlimmste:

Kanalarbeiten am Eigelstein, um 1890

In der Peter-und-Paul-Nacht zum 29. Juni 1943 durchschlugen Brand- und Phosphorbomben das Museumsdach. Es war mit 4.377 Toten und 230.000 Obdachlosen der schwerste Luftangriff auf Köln. Das Wallraf-Richartz-Museum brannte bis auf die Außenmauern nieder. Dank der Auslagerung der Museumsbestände blieb Vieles erhalten. Archivunterlagen und Bibliothek fielen den Flammen jedoch weitgehend zum Opfer. Die Sammlungen des Museums für Vor- und Frühgeschichte erlitten im Zweiten Weltkrieg hingegen schwerste Verluste. Erst 1942 – viel zu spät – begann man damit, die Sammlung zu verpacken. Viele Kisten standen noch dort, als der Bayenturm in der Nacht vom 28. zum 29. Juni 1943 von Brandbomben getroffen und zerstört wurde.

Die Geschichte des Römisch-Germanischen Museum war auch immer die der Archäologischen Bodendenkmalpflege in Köln. Lange Zeit konnte man allerdings nicht von einer geregelten archäologischen Betreuung der Erdarbeiten sprechen. Systematische Ausgrabungen, wie 1866 im frühchristlichen Baptisterium am Dom, waren im 19. und frühen 20. Jahrhundert die Ausnahme, obwohl das öffentliche Interesse an den örtlichen Bodenfunden seit dem Ausbau der Kölner Neustadt und den Aufschlüssen beim Kanalbau gestiegen war. Das meiste, was damals durch Zufall ans Tageslicht kam, ging in Privatsammlungen oder zu Kunsthändlern. Nur kunsthistorisch wertvolle Dinge wurden in das Wallraf-Richartz-Museum oder das ursprünglich für die gesamte Rheinprovinz zuständige Bonner Provinzialmuseum (heute LVR-LandesMuseum Bonn) überführt.

Nachdem das Preußische Ausgrabungsgesetz im März 1914 ins Leben gerufen worden war, wurden ›Staatliche Vertrauensmänner für Kulturgeschichtliche Bodenaltertümer‹ berufen. Doch der Ausbruch des Ersten Weltkriegs verhinderte ein Inkrafttreten des Gesetzes, das letztlich erst seit 1920 Anwendung fand. Der Stadt Köln wurde dank ihrer reichen Geschichte schon damals eine Sonderstellung eingeräumt und ein eigener Vertrauensmann zugesprochen. 1923, als Fritz Fremersdorf seinen Dienst in Köln antrat, gab es jedoch noch keine systematische Bodendenkmalpflege. Fremersdorf schuf, so schnell es ging, die Grundlagen einer zeitgemäßen Bodendenkmalpflege, in dem er eine planmäßige Überwachung der Baustellen und bauvorgreifende Ausgrabungen veranlasste. Ein Ausgrabungsteam wurde zusammengestellt, archäologische Maßnahmen in Fundberichten im Ortsarchiv der städtischen Bodendenkmalpflege archiviert. Jahrgangsinventare traten an die Stelle der alten Sachinventarbände. In der Folge kam es zu zahlreichen Untersuchungen, so etwa 1925 in St. Severin und St. Ursula, 1926 im römischen Gutshof Köln-Müngersdorf und im Flottenkastell Alteburg, 1927 im Kastell *Divitia*/Deutz und 1928 in St. Georg, um nur einige Beispiele zu nennen. Die Ausgrabungen in der jungsteinzeitlichen Siedlung Köln-Lindenthal (1930–1934) setzten international Maßstäbe. Seit 1939 wurde Fremersdorf von Otto Doppelfeld (1907–1979) wesentlich unterstützt.

Angesichts der schweren Schäden an den Kölner Museen ist es erstaunlich, mit welcher Energie Fremersdorf und seine Kollegen die Bodendenkmalpflege in Köln auch in Zeiten des Zweiten Weltkriegs betrieben. Mit beschränkten personellen und finanziellen Mitteln führten sie unter anderem in St. Severin, St. Ursula und St. Gereon, im römischen Flottenkastell Alteburg und im fränkischen Friedhof Köln-Junkerdorf Ausgrabungen durch. Viele Maßnahmen der Jahre 1940 bis 1942 standen im Zusammenhang mit dem Bau von Luftschutzbunkern oder Löschwasserteichen. Als im Sommer 1941 beim Bau des Dombunkers das berühmte Dionysosmosaik zum Vorschein kam, eilten mehr als 30.000 Menschen zur Ausgrabung, um den Neufund zu sehen. Das Mosaik wurde bekanntlich in den Bunker einbezogen, mit Sand und Betondecke gesichert. Es liegt bis heute am originalen Fundplatz und bildet die Keimzelle des Römisch-Germanischen Museums.

Nach Kriegsende bemühte sich Fremersdorf um die Rückführung der ausgelagerten Kölner Museumsbestände. 1946 war es soweit. Amerikanisches Militär brachte die Kisten mit den kostbaren Antiken zu Schlössern im Kölner Umland. Auch in Köln kamen die Dinge voran: Anlässlich der Eröffnung eines Lapidariums mit dem Dionysosmosaik im Rahmen der Kölner Kulturtage »Der Rhein und Europa« am 20. Oktober 1946 wurde die Römisch-Germanische Abteilung Teil des neu gegründeten Römisch-Germanischen Museums. 1950 feierte Köln 1.900 Jahre Stadtgründung. Die Sammlungen lagerten derweil bis 1956 in Notdepots. 1956 wurde im Vorraum des Praetoriums ein neuer Ausstellungsplatz zur Verfügung gestellt. Die ›Schatzkammer‹ des Römisch-Germanischen Museums wurde seit 1959 in der preußischen Wache neben dem Zeughaus ausgestellt. Der Standort für das neue Römisch-Germanische Museum stand allerdings seit 1957 fest: Der Neubau war südlich des Domes über dem Dionysosmosaik geplant. Zwei Jahre später wurde Otto Doppelfeld Direktor des Hauses. Eine erste Ausstellung war seit November 1961 im Dombunker für die Öffentlichkeit zugänglich. Doppelfelds Nachfolger Hugo Borger eröffnete den Neubau am 4. März 1974 feierlich. Seitdem haben mehr als 20.000.000 Menschen das Römisch-Germanische Museum besucht.

Spätrömische Sarkophagbestattungen der *villa rustica* in Köln-Müngersdorf, 1925/26

Das Preußische Ausgrabungsgesetz von 1914/20 galt noch Jahrzehnte nach Ende des Zweiten Weltkriegs. Erst 1980 wurde es vom Denkmalschutzgesetz Nordrhein-Westfalen abgelöst, damals eines der fortschrittlichsten seiner Art in Deutschland. An der Sonderstellung Kölns, der *lex Colonia,* wie man im Allgemeinen sagt, hat sich damals wie heute nichts geändert. Geändert hat sich allerdings vieles im Tagesgeschäft der Archäologen. Das Römisch-Germanische Museum ist als Fachamt für Archäologische Bodendenkmalpflege weiterhin für das heute gut 400 Quadratkilometer große Stadtgebiet hoheitlich zuständig. Alle Bauanträge im Stadtgebiet werden dahingehend geprüft, ob archäologische

Fundplätze oder eingetragene Bodendenkmäler durch Baumaßnahmen gefährdet sind. Trifft dies zu, werden Bauherrn und Architekten zu einem Gespräch eingeladen, um Anlass und Dauer einer möglichen archäologischen Rettungsgrabung vor Beginn der eigentlichen Bauarbeiten zu erörtern. Das Denkmalschutzgesetz Nordrhein-Westfalens sieht nur dort Ausgrabungen vor, wo Archäologie durch Baumaßnahmen akut gefährdet ist. Die Dauer der archäologischen Untersuchungen richtet sich nach der Größe der Untersuchungsfläche, der Mächtigkeit der archäologischen Schichten, der Art und Komplexität des erwarteten archäologischen Befundes. Da im Laufe der rund 100jährigen Bodendenkmalpflege allein für die Kölner Innenstadt mehr als 3.000 alte Fundberichte vorliegen, lassen sich die Funderwartun-

Das Römisch-Germanische Museum von der Domplatte aus gesehen

gen oft sehr genau prognostizieren. Auf diesen Grundlagen werden die Zeitfenster zwischen Bauherrn und Römisch-Germanischem Museum vertraglich genau fixiert. Die Sorge, dass Archäologen, wenn sie eine Baustelle ›in Besitz nehmen‹, keine Ende finden, ist heute unbegründet.

Das Römisch-Germanischem Museum betätigt sich auch aktiv in der Forschung und gibt eigene Fachpublikationen heraus, so zum Beispiel die von Hansgerd Hellenkemper ins Leben gerufene Reihe »Kölner Forschungen« oder – zusammen mit der Archäologischen Gesellschaft Köln – die international renommierte Fachzeitschrift »Kölner Jahrbuch«. Dabei arbeitet das Museum auch mit anderen Forschungsinstituten zusammen, so zum Beispiel mit dem Archäologischen Institut der Universität zu Köln.

2. WAS VOR DEN RÖMERN WAR: DIE ANFÄNGE DER BESIEDLUNG DES KÖLNER RAUMES

2.1 SAMMLER UND JÄGER

Die dichte Überbauung sowie die intensive landwirtschaftliche und gewerbliche Nutzung des Kölner Stadtgebietes führen dazu, dass von den Zeugnissen der ersten Menschen, die sich in der Region aufhielten, wenig erhalten ist. Die ältesten Relikte im Stadtgebiet gehen auf eiszeitliche Sammler und Jäger der Altsteinzeit (Paläolithikum) zurück, die seit rund 100.000 Jahren auf der Jagd durch das wild- und fischreiche Rheintal streiften. Dort suchten sie auch essbare Pflanzen, Früchte und Nüsse. Waffen und Werkzeuge wurden aus Feuerstein geschlagen, oder aus Knochen und Holz geschnitzt. Das Ende der jüngsten Eiszeit markiert den Beginn der Mittelsteinzeit (Mesolithikum, circa 9.500–5.500 v. Chr.). In den nacheiszeitlichen (holozänen) Laubwäldern lebten Hirsch, Reh, Wildschwein und Ur. In der Geräte- und Waffenherstellung setzten sich technologische Neuerungen wie Kompositgeräte aus Holz mit Feuersteineinsätzen durch.

2.2 SIEDLER DER JUNGSTEINZEIT

Zu Beginn der Jungsteinzeit (Neolithikum) ließen sich um die Mitte des 6. Jahrtausends v. Chr. erstmals sesshafte Bauern in der Lösszone zwischen Köln und Aachen nieder. Die Neuankömmlinge, die nach ihren charakteristisch verzierten Tongefäßen »Bandkeramiker« (circa 5.500–4.900 v. Chr.) genannt werden, suchten fruchtbare Böden in der Nähe kleinerer Gewässer und Quelltöpfe auf, rodeten Acker- und Siedlungsflächen im dichten Linden-Ulmen-Urwald. Stabile klimatische Verhältnisse mit warmen Temperaturen förderten den Ackerbau. Eichen dienten als Bauholz für bis zu 40 Meter lange und sechs Meter breite Langhäuser, in denen Wohn-, Wirtschafts- und Speicherräume unter einem Dach vereint waren.

Verziertes Tongefäß (Glockenbecher).
Grabfund aus Köln-Fühlingen, 3. Jahrtausend v. Chr.

Die Altsiedellandschaft in der Kölner Bucht bot den frühen Ackerbauern ideale Lebensbedingungen. Nach Süden, Westen und Osten durch das Rheinische Schiefergebirge, die Eifel und das Bergische Land begrenzt, öffnet sich das Rheintal nach Norden zur Niederrheinischen Tiefebene. Vor allem die nährstoffreichen und gut zu bearbeitenden Lössböden westlich des Rheins, die Jülicher und Zülpicher Börde waren für die Landwirtschaft dank langer Vegetationsperioden und reicher Ernten hervorragend geeignet. Die Bergischen Heideterrassen auf dem rechten Rheinufer sind hingegen von Flugsand und Dünen überdeckt, deren nährstoffarme Böden für Landwirtschaft weniger vorteilhaft waren.

Anfang des 5. Jahrtausends wurden die Bandkeramiker von der Großgartacher und der Rössener Kultur (Mittelneolithikum: circa

Die linearbandkeramische Siedlung Köln-Lindenthal

In den Jahren 1929 bis 1934 wurde in Köln-Lindenthal erstmals in Europa eine komplette Siedlung der Linearbandkeramischen Kultur aus der ältesten Jungsteinzeit (5./6. Jahrtausend v. Chr.) ausgegraben. Diese Ausgrabung hat heute noch beispielhaften Charakter und stellt einen Meilenstein in der Steinzeitforschung Europas dar. Sie wurde vom damaligen Kölner Museumsleiter Fritz Fremersdorf organisiert, vor Ort von den Archäologen Walter Buttler und Waldemar Haberey geleitet und 1936 publiziert. Die Ausgrabungen waren notwendig geworden, als das Gelände wegen der Anlage des Kölner Grün-

Keramikgefäße und Steinwerkzeuge aus der bandkeramischen Siedlung Köln-Lindenthal, 6./5. Jahrtausend v. Chr.

4.900–4.300 v. Chr.) abgelöst, die neue Haustypen, Nutzpflanzen, Gefäß- und Steinwerkzeuge mitbrachten. Die älteste Besiedlung im Bereich der Kölner Innenstadt wird der Michelsberger Kultur (Jungneolithikum, circa 4.300–3.500 v. Chr.) zugeschrieben. Typisch sind teils riesige Grabenanlagen, deren Funktion bis heute nicht schlüssig erklärt ist. Auch auf dem Kölner Domhügel, einem der höchsten Punkte der Stadt, sind Michelsberger Funde bekannt. Nach dem im Rheinland archäologisch kaum zu fassenden Spätneolithikum (circa 3.500–2.800 v. Chr.) traten Ende des 3. Jahrtausends die sogenannten »Becherkulturen« (2.800–2.150 v. Chr.) auf. Die Kultur der Schnurkeramik ist benannt nach den typischen schnurverzierten Bechern, charakteristisch sind auch die sorgfältig geschliffenen Steinäxte. Für die Glockenbecherkultur sind die reichverzierten

gürtels umgestaltet wurde. Gleichzeitig stellt diese Grabung auch eine interessante sozialpolitische Maßnahme dar: Mitten in der schweren Wirtschaftskrise organisierte Oberbürgermeister Konrad Adenauer eine Arbeitsbeschaffungsmaßnahme, in deren Rahmen bis zu 100 Arbeitslose als Grabungsarbeiter beschäftigt wurden. So konnte man eine 40.000 Quadratmeter umfassende Fläche von Hand ohne Maschineneinsatz erforschen. Die etwa vier Jahrhunderte Siedlungsdauer hatten eine verwirrende Vielfalt von Erdverfärbungen aus Pfostenlöchern, Lehmgruben, Abfallgruben und Befestigungsgräben hinterlassen. Diese Befunde wurden zunächst von den Ausgräbern als ein größeres Dorf interpretiert. Bei der jüngsten Interpretation der Grabungen im Jahre 1986 lösten sich die Befunde in 16 Bauphasen auf, die jeweils nur aus mehreren Gehöften bestanden. Diese wechselten sich zeitlich ab, wobei die jüngeren Häuser immer wieder ältere überlagerten. Die Bauten dieser Höfe bestanden aus großen Holzhäusern von bis zu 40 Metern Länge und zehn Metern Breite, deren Gerüst aus mächtigen Holzpfosten bestand. Die Wände flocht man aus Ruten und verkleidete sie mit Lehm, der mit Kalkfarbe gestrichen war. Man geht davon aus, dass in diesen Häusern Menschen wohnten und Vorräte gespeichert waren. Die jungsteinzeitlichen Bauern, die aus weiter südlich gelegenen Gebieten eingewandert waren, trafen als natürliche Vegetation einen lockeren Mischwald aus Laubbäumen an. Sie rodeten darin inselartig die Flächen für Siedlung, Felder und Weiden, eine größere geschlossene Siedlungslandschaft gab es damals noch nicht. Diese ersten Bauern sammelten Beeren und Nüsse und bauten Getreide, Hülsenfrüchte (Linsen, Erbsen) und Ölfrüchte (Lein und Mohn) an. Außerdem hielten sie gezähmte Rinder, Schweine, Schafe und Ziegen als Haustiere. Die Jagd spielte eine untergeordnete Rolle bei der Nahrungsbeschaffung. Auf dem heutigen Stadtgebiet Kölns wurden bis heute mindestens fünf weitere Siedlungen der Linearbandkeramik bekannt. Keine von ihnen ist auch nur annähernd so gut erforscht, wie die Siedlung von Köln-Lindenthal.

Becher namengebend, die charakteristische Bewaffnung waren Pfeil und Bogen. Die Becherleute betrieben vor allem Viehzucht und Weidewirtschaft. Am Ende dieser Zeitspanne fanden in Süddeutschland erstmals aus Kupfer gefertigte Waffen, Werkzeuge und Schmuck in größerer Menge Verwendung.

2.3 HÜGELGRÄBER AM ALTWEG

Anfang des 2. Jahrtausends v. Chr. tauchten auch im Rheinland Metallgegenstände auf. Zum Ende der frühen Bronzezeit (circa 1.500 v. Chr.) entwickelten sich in der landwirtschaftlich strukturierten Gesellschaft spezialisiertes Handwerk und Handel. Die Handelswege, etwa für Kupfer, Zinn und Bernstein, verbanden den nordalpinen Raum mit den Landschaften am Mittelmeer und mit Skandinavien. Fundplätze der älteren und mittleren Bronzezeit sind im Rheinland selten und lassen auf eine geringe Besiedlungsdichte schließen.

Mit dem Einsetzen der Urnenfelderkultur im Rheinland in der späten Bronzezeit (circa 1.200 v. Chr.) verbessert sich die archäologische Quellenlage wesentlich. An die Stelle der Körperbestattungen treten Brandgräber. Der Leichenbrand Verstorbener wurde in einem Keramikgefäß gesammelt und zusammen mit anderen Grabbeigaben in einem Grabhügel von bis zu 20 Metern Durchmesser und wenigen Metern Höhe beigesetzt. Im Rheinland spricht man daher von der ›Niederrheinischen Grabhügelkultur‹. Bis zur Mitte des ersten vorchristlichen Jahrtausends entstanden Friedhöfe mit Hunderten von Grabhügeln. Die meisten wurden seit dem 19. Jahrhundert unsachgemäß geöffnet und geplündert. Daher sind heute nur noch wenige dieser Tumuli im rechtsrheinischen Stadtgebiet erhalten. Eine größere Gruppe liegt unter Wald auf dem Gelände des Kölner Ostfriedhofs. Die Hügelgräber grenzen hier unmittelbar an den alten Mauspfad, einen vorgeschichtlichen Weg, der entlang der Terrassenkante verlief. Die Grabhügel reihten sich ehemals wie an einer Perlenkette entlang dieser Alttrasse. Auf dem stärker zersiedelten linken Rheinufer zeugen nur noch Einzelfunde von der ehemals dichten metallzeitlichen Besiedlung. Auch hier liegen sich die Fundstellen entlang der alten Nord-Süd-Achse, über die heute Hohe Straße, Neusser und Bonner Straße verlaufen. Wie der rechtsrheinische Mauspfad reichen auch die Wurzeln dieser von den Römern erstmals befestigten Wegführung bis in vorgeschichtliche Zeit zurück.

Einblicke in das Siedlungswesen der späten Bronze- bis Mittleren Eisenzeit (circa 1.000–200 v. Chr.) im Kölner Raum haben Aus-

Keramikgefäße aus Grabhügeln der vorrömischen Eisenzeit, erste Hälfte 1. Jahrtausend v. Chr.

grabungen von 1988 bis 1992 in Köln-Blumenberg ermöglicht. Auf vier Hektar Fläche wurden Siedlungsbefunde von drei oder vier Hofstellen mit Pfostenbauten, Vorrats- und Abfallgruben freigelegt. Die Menschen lebten damals in Streusiedlungen und Gehöften inmitten ihres Wirtschaftslandes, auf dem Getreide und Feldfrüchte angebaut wurden, darunter Gerste, Hirse, Erbsen, Ackerbohnen, Linsen, Lein, Linsenwicke, Mohn und Leindotter. Bis dahin dichte Laubmischwälder waren zu dieser Zeit gerodet. Nur Eichen-Wirtschaftswälder, die Bauholz lieferten und zur Waldweide dienten, wurden ausgespart. Die eisenzeitliche Grünlandwirtschaft erschloss mit ihren neuen Formen der Viehhaltung erstmals auch Auen und Feuchtgebiete. Erst im Laufe der späten Eisenzeit wurden die älteren Siedlungsformen (Einzelhöfe und Weiler) durch kleinere Zentralorte ergänzt, die mit Gräben und Palisaden geschützt waren.

Eisenzeitliche Siedlung Köln-Langel

Bei Ausgrabungen in Köln-Langel wurde ein bislang einzigartiger Befund freigelegt: 2009 kamen auf 1,8 Hektar Fläche vier Hausgrundrisse, Pfosten- und Abfallgruben zutage, ohne das die Grenzen des Siedlungsplatzes erreicht wurden. Im Zentrum lag ein über sieben Meter langes und 4,5 Meter breites Pfostenhaus vom sogenannten Typ Haps. Häuser dieser Bauform sind vor allem aus germanischen Siedlungslandschaften in Nordwestdeutschland und den Niederlanden bekannt. Im südlichen Rheinland waren solche Hausformen bislang völlig unbekannt. Doch es gab noch einen weiteren merkwürdigen Befund! Das Haus stand unmittelbar neben einem 4,5 Meter breiten, mit Kies und Kiesbruch befestigten Weg, die sich über eine Länge von mindestens 120 Meter nachweisen ließ. Das gut sortierte Steinmaterial hatte man vermutlich am 900 Meter östlich liegenden Rheinufer gesammelt. Karrenspuren zeugen von der Befahrung dieser ältesten Steinstraße im Rheinland. Die Keramik aus der Siedlung datiert in die ältere und mittlere vorrömische Eisenzeit, das heißt in die Mitte und zweite Hälfte des ersten Jahrtausends v. Chr. Mit der Siedlung von Köln-Langel ist der erste Wohnplatz ›germanischer‹ Prägung im Kölner Umland belegt.

Köln-Langel: Teilstück der kiesgeschotterten eisenzeitlichen Straße während der Dokumentation

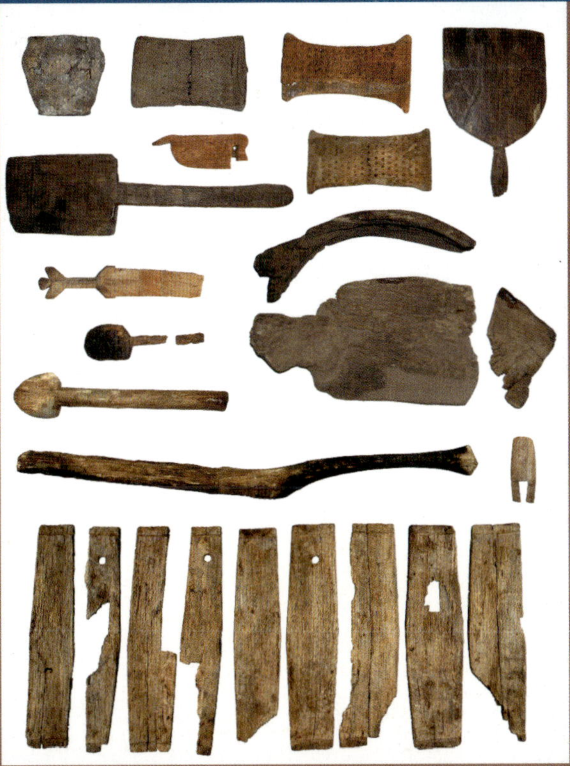

Holzfunde aus der späteisenzeitlichen Siedlung Köln-Porz-Lind: u. a. Bürsten, Schaufeln, Oberteil eines Spielzeugschwerts, Teile von Holzgefäßen

Latènezeitliche Siedlung Porz-Lind

Es fällt auf, dass im rechtsrheinischen Umland von Köln Mitte des 1. Jahrhunderts v. Chr. mehrere Siedlungen aufgegeben wurden, darunter Höhenbefestigungen in Bergisch Gladbach-Bensberg und Königswinter. Die späteisenzeitliche Siedlung Porz-Lind, zwischen 1973 und 1977 archäologisch untersucht, wurde nach Ausweis dendrochronologischer Analysen im 2. und frühen 1. Jahrhundert v. Chr. über einen Zeitraum von drei bis vier Generationen besiedelt. Die Dendrochronologie ist eine naturwissenschaftliche Datierungsmethode, bei der die Jahrringe eines Baumes anhand ihrer Wuchsmerkmale bestimmten Wachstumszeiten und Jahren zugeordnet werden können.

Dank der staunassen Böden hatten sich neben den üblichen Funden aus Keramik, Stein und Knochen zahlreiche organische Materialien erhalten. Es handelt sich um den größten Bestand von Holzgegenständen der mittleren Latènezeit in Mitteleuropa. Hunderte von Hölzern sind Spiegelbild des täglichen Lebens vor Ort. Die Bewohner dieser ufernahen Siedlung scheinen vor allem Viehzucht betrieben zu haben. Doch auch Handwerk und Ackerbau lassen sich anhand der Funde nachweisen. Die Auflassung der Siedlung um die Mitte des 1. Jahrhunderts v. Chr. steht, so Hans-Eckart Joachim, wohl mit den Feldzügen des Julius Caesar 55–53 v. Chr. in Zusammenhang.

Lebensbild der späteisenzeitlichen
Siedlung Köln-Porz-Lind

3. KELTEN UND GERMANEN – BEVOR DIE RÖMER KAMEN

3.1 CAESAR UNTERWIRFT GALLIEN BIS ZUM RHEIN

Zwischen den Jahren 59–51 v. Chr. eroberte C. Julius Caesar Gallien bis zum Rhein. Damit besetzte er neben dem Hauptsiedlungsgebiet der Kelten in Nordgallien und im Rheinland auch Territorien germanischer Stämme. Während Caesar in Süd- und Zentralgallien festgefügte keltische Großstämme mit festen Territorien und stadtähnlichen befestigten Zentralorten *(oppida)* vorfand und unterwarf, war die ethnographisch-politische Situation in Nordgallien und im Rheinland links des Stromes wesent-

Die Stämme Galliens zur Zeit von Caesars Gallischem Krieg

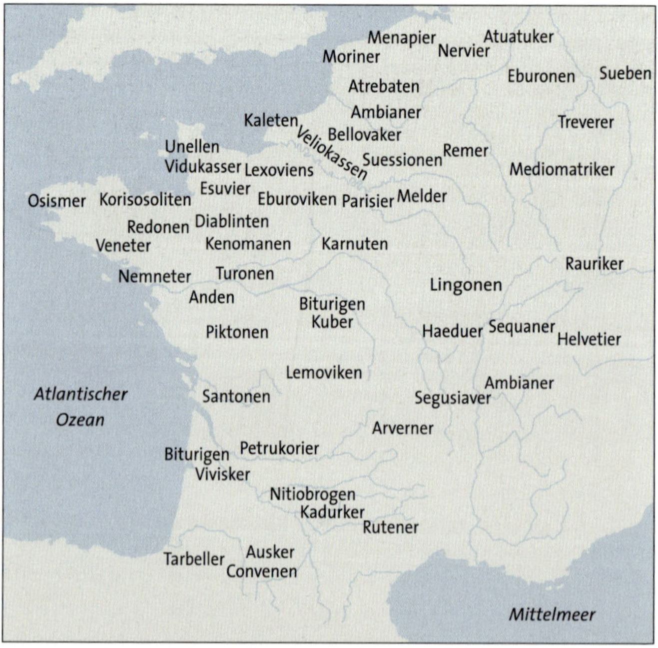

C. Julius Caesar, 100–44 v. Chr.
(Münzportrait)

Caius Julius Caesar (100–44 v. Chr.)

C. Julius Caesar war ein Angehöriger der römischen Aristokratie und ambitionierter Politiker, der als Sieger in den Bürgerkriegen die späte römische Republik ab 45 v. Chr. alleine beherrschte. Am 15. März 44 v. Chr. fiel er einer Verschwörung zum Opfer und wurde ermordet.

Im Jahre 59 v. Chr. hatte er die Statthalterschaft der römischen Provinzen *Gallia cisalpina* (Oberitalien), *Illyricum* (Balkan) sowie der *Gallia Narbonnensis* (Provence) übernommen. Im freien Teil Galliens bis zum Rhein, dem Hauptsiedlungsgebiet der Kelten, waren zu dieser Zeit die Dinge in Bewegung ge-

Historische Darstellung der Kapitulation des Vercingetorix vor Caesar in Alesia, Historiengemälde von Lionel Royer (1899)

lich dynamischer und komplizierter. Die linksrheinischen Stämme der Eburonen, Segner, Condrusen, Paemaner und Caerosen, sowie die kriegerischen Treverer, schrieb Caesar nämlich nicht ohne weiteres den Galliern zu, sondern bezeichnete sie als »*Germani cisrhenani*«, also als linksrheinische Germanen. Zwar galt ursprünglich in Rom der Rhein als Grenze der keltischen und der germanischen Einflusssphären, zu Caesars Zeit hatte sich dies aber dramatisch geändert.

Auch die Archäologie kann Caesars Einschätzung bestätigen: In der Tat weist auch die archäologische Sachkultur des Rheinlandes nördlich der Mittelgebirgszone, soweit wir sie beim momentanen lückenhaften Forschungsstand überhaupt kennen, einerseits Beraten: Gab es noch im 2. Jahrhundert v. Chr. keltisches Siedlungsgebiet rechts des Rheins bis nach Mitteldeutschland, so drängten nun germanische Völkerstämme die Kelten über den Rhein zurück, ja sie hatten ihn am Mittel- und Niederrhein bereits überschritten.

Das politische Gleichgewicht in Gallien war nun durch die aggressive Okkupationspolitik der Sueben unter ihrem König Ariovist bedroht. Dieser hatte sich mit dem gallischen Stamm der Sequaner verbündet, die ihrerseits wiederum Gegner der romfreundlichen Häduer waren und diese ernsthaft in Bedrängnis brachten. Gleichzeitig hatten die Helvetier, die direkte Nachbarn der Sueben waren und deren Druck nicht mehr standhalten konnten, beschlossen, ins Innere Galliens auszuweichen. Dies wiederum schätzte Caesar als Gefahr für die politische Stabilität ganz Galliens ein, sodass er sich gezwungen sah, einzugreifen. Denn er wollte nicht riskieren, dass mit Gallien das unmittelbare Vorfeld Italiens in die Hände romfeindlicher Kräfte überging. Eine Kombination aus gallischer Wirtschaftskraft und germanisch-aggressivem Kriegertum konnte Rom nicht dulden! Als erstes wurden 57 v. Chr. die Helvetier zur Rückkehr in ihre alte Heimat gezwungen. Dann wurden im Elsass die Sueben besiegt. Es folgten Konflikte mit den nordgallischen Belgern, darunter den Eburonen, und langwierige Kämpfe mit anderen Stämmen. Dabei gab es immer wieder Rückschläge durch mehrere Aufstände bereits unterworfener gallischer Stämme. Höhepunkt der Entwicklung war im Jahr 52 v. Chr. ein gesamtgallischer Aufstand, der mit der Belagerung von Alesia und der Kapitulation des Vercingetorix, des Führers aller romfeindlichen Gallier endete. Damit war dann endlich ab 51 v. Chr. ganz Gallien bis zum Rhein der römischen Herrschaft unterstellt. Nun setzte der Prozess der römischen Erschließung und Umgestaltung Galliens als römisches Provinzgebiet ein. Dieser kam aber vorerst mit der Ermordung Caesars 44 v. Chr. und den nachfolgenden Bürgerkriegen bis 27 v. Chr. weitgehend zum Erliegen.

züge zu der keltischen Latènekultur auf, andererseits gibt es aber auch beträchtliche Unterschiede: Man kann hier schon seit dem 2. vorchristlichen Jahrhundert, etwa bei der Keramik und beim Hausbau, Einflüsse aus dem rechtsrheinisch-germanischen Raum beobachten.

Und die germanische Einwanderung nach Gallien ging weiter: Daher hatte Caesar im Gallischen Krieg nicht nur mit Kelten zu tun, sondern auch mit sehr aggressiven germanischen Eindringlingen. Er nennt hier vor allem die kriegerischen Sueben unter ihrem König Ariovist, zu denen sich auf der Suche nach Beute und Land auch zahlreiche weitere kleinere germanische und rechtsrheinische keltische Stämme und Stammesteile gesellt hatten.

3.2 DIE UBIER WECHSELN ÜBER DEN RHEIN

Für die spätere Provinz Niedergermanien und den Kölner Raum brachten der Gallische Krieg und die Zeit unmittelbar danach folgenschwere Änderungen. Denn mit dem Anspruch Roms auf Gallien bis zum Rhein war auch das heutige Stadtgebiet von Köln dem römischen Reich einverleibt worden: Es lag nun an dessen nordöstlicher Grenze. Ob sich damals die wenigen Bewohner des späteren Kölner Gebietes in ein paar Dörfern und Einzelhöfen – sei es, dass sie sich als Kelten oder als Germanen fühlten – dieser bedeutenden Tatsache sofort bewusst waren, das kann man mit Fug und Recht bezweifeln. Denn in den jahrelangen Bürgerkriegen nach Caesars Ermordung im Jahre 44 v. Chr. änderte sich zunächst einmal wenig am Rhein – wir kennen jedenfalls im Moment noch keinerlei Anzeichen von römischer Präsenz aus dieser Zeit.

Ubier

Durch seine Siege über Kelten und Sueben im Verlauf des Gallischen Krieges konnte Caesar nicht nur Gallien seinen politischen Willen aufzwingen. Er hielt damit auch die Germanen rechts des Rheins in Schach, die nur auf ein Zeichen der Schwäche in Gallien warteten, um hier plündernd einzufallen. Zwar hatte Caesar offenbar keinerlei Ambitionen, auch rechtsrheinische Gebiete dauerhaft zu besetzen. Aber nach dem bewährtem römischen Motto *»Divide et impera«* (»Teile und herrsche«) konnte Rom nun auch im rechtsrheinischen Gebiet den geschlossenen Block feinseliger germanischer Stämme aufspalten: Mit dem Stamm der Ubier hatten die Römer Verbündete gefunden, die man dort gegen die anderen Stämme ausspielen konnte. Die Ubier stellten als Beweis ihrer Freundschaft den Römern auch Reitertruppen für die Kämpfe in Gallien. Ihr Stammesterritorium dürfte im Raum Neuwied-Lahntal gelegen haben. Dort hatten sie kurz zuvor die einheimischen Kelten besiegt und deren Gebiet übernommen. Neueste Forschungen belegen hier eine leistungsfähige Eisenindustrie, welche offenbar unter der Herrschaft der Ubier bruchlos weitergeführt wurde. Als die Ubier von anderen romfeindlichen Germanenstämmen bedroht wurden und Rom sich ihrer Loyalität nicht mehr ganz sicher war, nutzte Caesar zweimal die Gelegenheit, durch einen schnellen Brückenschlag im Bereich des Neuwieder Beckens, den rechtsrheinischen Germanen die Stärke Roms zu demonstrieren. Damit wollte er sie auch von Übergriffen auf die römische Interessenzone links des Rheins abhalten. Die Brücken sind noch nicht konkret lokalisiert, dürften aber mit Sicherheit im Bereich des Neuwieder Beckens bzw. der Mündung der Lahn in den Rhein gelegen haben. Zu diesen Fragen kann die Archäologie brandaktuelle Beiträge liefern: Man hat im Jahre 2013 im Lahntal zwei römi-

Doch nach dem Ende des Bürgerkrieges mit der entscheidenden Seeschlacht bei Actium (31 v. Chr.) und mit dem Beginn der dynamischen Regierung von Caersars Neffen und Adoptivsohn Augustus (27 v.–14 n. Chr.) als Alleinherrscher vollzogen sich für Köln gewaltige Umwälzungen, verbunden mit einer positiven Entwicklung. Zunächst einmal zog unter dem Schutz der mächtigen römischen Berufsarmee Frieden und eine bis dahin noch nicht gekannte Sicherheit in die vormals durch Stammesfehden und aggressive germanische Einfälle verunsicherte Grenzzone am Rhein ein. Die Raubzüge und die unkontrollierte germanische Zuwanderung aus dem rechtsrheinischen Gebiet wurden gestoppt. Nun bestimmte nur noch Rom, wer über den Strom wechseln durfte, und wer nicht!

Agrippa, 64/63–12 v. Chr. (Münzportrait)

sche Marschlager der Zeit um 50 v. Chr. gefunden, die möglicherweise mit den Aktionen Caesars zur Unterstützung der Ubier zusammenhängen. Doch diese konnten sich anscheinend als Freunde Roms auf dem rechten Rheinufer nicht auf Dauer gegen die dortigen Koalitionen der romfeindlichen Germanenstämme halten: Im fruchtbaren Gebiet um Köln, das nicht allzu dicht besiedelt gewesen sein dürfte, siedelte der gallische Statthalter und Freund des Augustus, M. Vipsanius Agrippa, in seiner zweiten Statthalterschaft in Gallien 20/19 v. Chr. die Ubier an. Man ist sich nicht sicher, ob sie aus eigenem Entschluss kamen und die Römer dies dann nachträglich sanktionierten, oder ob Agrippa sie geholt hat. Wie auch immer: Diese Ubier sollten in der Folgezeit noch eine wichtige Rolle für die spätere Stadt Köln spielen! So ist es durchaus gerechtfertigt, dass heute noch, etwa mit dem Ubiermonument oder dem Ubierring ihr Name in Köln präsent ist.

Der alte rechtsrheinische Siedlungsraum der Ubier blieb nach deren Abzug nicht lange menschenleer – er wurde rasch von dem sich um 10 v. Chr. neu formierenden romfeindlichen Stamm der Chatten übernommen. Die Ubier stellten nun als Verbündete Roms Hilfstruppen, halfen bei der Bewachung der Rheingrenze und zahlten Steuern. Vieles spricht dafür, dass das ihnen damals zugewiesene Gebiet bereits dem späteren Territorium der Koloniestadt CCAA entsprach: Vom Vinxtbach im Süden bis nach Krefeld-Gellep im Norden, vom Rhein im Osten bis in die Gegend von Aachen. Hier an der Rur ist noch umstritten, ob die für den Aachener Raum überlieferten Sunici selbstständig blieben, oder dem Ubiergebiet einverleibt worden sind.

Lebensbild einer Siedlungslandschaft der späten Eisenzeit im Lößgebiet westlich von Köln

Wer unter Caesar und in der Frühzeit der Herrschaft des Augustus im Kölner Raum lebte, weiß man nicht. Auch die Archäologie vermag hier noch keine Antwort zu geben, welche Stämme damals hier siedelten: Im Gebiet der Kölner Bucht wurden inzwischen – vor allem in den Braunkohletagebauen – zahlreiche Siedlungs- und Grabfunde des 2. und 1. Jahrhunderts v. Chr. dokumentiert. Doch noch fehlt es an einer aktuellen übergreifenden und zusammenfassenden wissenschaftlichen Bearbeitung und Analyse. Einzelne keltische Großsiedlungen, wie Hambach-Niederzier, wurden schon im 2. Jahrhundert v. Chr. wohl nicht ohne Gewalteinwirkung geräumt, andere kleinere Siedlungen liefen bruchlos bis in die römische Zeit durch und wandelten sich später allmählich zu römischen Gutshöfen *(villae rusticae)*. Darunter sind solche mit eher keltischer Tradition. Es wurden aber auch Siedlungen untersucht, die kulturell eher rechtsrheinisch-germanisch geprägt sind. Oft kann man noch nicht einmal sagen, ob hier vorubische oder bereits ubische Ansiedlungen vorliegen. Der keltisch-germanische Stamm der Eburonen aber, den die ältere Forschung als Bewohner des Kölner Raumes in vorrömischer

Zeit angesehen hat, hat hier nie gesiedelt. Nur eines ist sicher: Siedlungsleer war der Kölner Raum spätestens seit der Bronzezeit nie, auch nicht bei der Ankunft der Ubier!

Ähnliches, wie die Ansiedlung der Ubier im Kölner Raum, geschah dann auch wenig später weiter nördlich, wo Rom, um an der Rheingrenze klare Verhältnisse zu schaffen, die germanischen Bataver auf linksrheinischem Territorium ansiedelte. Diese bestanden möglicherweise aus der berittenen Adelsschicht des neu formierten rechtsrheinischen Stammes der Chatten, die mit dem Rest des Stammes in einen unlösbaren Konflikt geraten waren und so die Emigration dem Bürgerkrieg vorzogen.

3.3 GERMANISCHE NACHBARN RECHTS DES RHEINS

Im rechtsrheinischen Gebiet siedelten weiterhin unabhängige germanische Stämme, die sich aus verschiedenen ethnischen Gruppen im Verlauf des ersten vor- und nachchristlichen Jahrhunderts herausgebildet hatten. Diese konnten es sich im direkten Schatten Roms nicht leisten, mit der weit überlegenen Weltmacht in Dauerfehde zu leben. Im Gegenteil – sie hatten sich anscheinend im Laufe der Zeit mit ihren römischen Nachbarn bestens arrangiert und profitierten auch davon. Jedenfalls darf man die zahlreichen römischen Importe in diesen Siedlungen und ihren Gräberfeldern in dieser Richtung deuten.

Eburonen

Welcher keltische Stamm in der Kölner Bucht vor den Ubiern siedelte, ist weitgehend unklar. Neuere althistorische und archäologische Forschungen, vor allem die Auswertung der vorrömischen Münzprägung in dieser Region, haben eine sehr populäre und von der rheinischen Forschung wiederholt vorgetragene Theorie eindeutig widerlegt:

Im späteren Territorium Kölns bis an den Rhein, so heißt es in zahlreichen wissenschaftlichen und populären Darstellungen, habe der keltisch-germanische Stamm der Eburonen gesiedelt, der sich gegen Caesar erhoben hatte und von diesem ausgerottet worden sei. So sei das Gebiet für die von Rom gelenkte Aufsiedlung durch die Ubier freigeworden. In der neueren Sicht der Dinge geht man nicht mehr von dieser These aus. Vielmehr ist man der Meinung, dass die Eburonen als relativ neu gebildete Stammeskoalition im Gebiet des heutigen Belgien und der Niederlande gelebt hätten und nicht im Kölner Umfeld! Sie wurden auch durch Caesar nicht vollständig ausgerottet, sondern ihre Teilstämme gingen – durch Caesars Feldzüge schwer dezimiert – in anderen Stämmen auf.

Modell der befestigten späteisenzeitlichen Zentralsiedlung Hambach

Das Gräberfeld von Leverkusen-Rheindorf

Der Friedhof zeigt, wie komplex die Bevölkerungsverhältnisse waren bzw. sich im archäologischen Befund zu erkennen geben. Das Gräberfeld bei Leverkusen-Rheindorf ist der bislang größte germanische Friedhof im Rheinland. Der Bestattungsplatz lässt erahnen, welche komplexen ethnischen Modelle sich hinter den germanischen Siedlungs- und Bestattungsplätzen der Region verbergen. Bei Ausgrabungen wurden seit der Mitte des 19. Jahrhunderts mehr als 290 Bestattungen dieses germanischen Friedhofes freigelegt. Die Belegung des Friedhofs setzt in der zweiten Hälfte des 2. Jahrhunderts v. Chr. mit Gräbern ein, die sowohl keltische als auch elbgermanische Elemente enthalten. Unweit des Friedhofes sind zudem Siedlungsbefunde bekannt, die Beziehungen zur ostgermanischen, in Süd- und Mittelpolen beheimateten Prze-

Leverkusen-Rheindorf, germanisches Grab mit römischen Beigaben

worsk-Kultur zu erkennen geben. Das Bestattungswesen in Rheindorf verläuft dennoch während des gesamten 1. vorchristlichen Jahrhunderts ohne Unterbrechung fort und endet erst im 4. nachchristlichen Jahrhundert. Nichts deutet auf einen Bruch in der Besiedlung des zugehörigen Weilers. Die kriegerischen Auseinandersetzungen zwischen Rom und den verschiedenen germanischen Stämmen finden im Fundstoff keinen Niederschlag. Im Gegenteil: Seit dem 1. Jahrhundert n. Chr. zeugen vielfältige Grabbeigaben von einem engen wirtschaftlichen Geflecht des links- und rechtsrheinischen Raumes. Germanen schätzten römisches Kulturgut und dürften im Gegenzug die Römer mit Fellen, Holz und anderen Naturalien aus dem Rechtsrheinischen versorgt haben. Germanen haben zudem Dienst im römischen Militär geleistet und gelangten so zu Wohlstand.

4. DIE RÖMER – NEUORDNUNG GALLIENS DURCH AUGUSTUS

4.1 ERSCHLIESSUNG GALLIENS FÜR DIE RÖMISCHE HERRSCHAFT

Die Bürgerkriege nach Caesars Ermordung 44 v. Chr. verzögerten die Organisation und die Romanisierung der neuerworbenen gallischen Provinzen bis zum Rhein. Erst unter der Herrschaft des Augustus ab 27 v. Chr. erfolgte die grundlegende Neuordnung der Provinzen Galliens. Von besonderer Bedeutung für Militär und Wirtschaft war der Bau von Fernstraßen, der auf die beiden Statthalterschaften des Marcus Vipsanius Agrippa, des Schwiegersohns und Vertrauten des Augustus, in den Jahren 39/38 v. Chr. und 20/19 v. Chr., zurückging. Ausgangspunkt dieses Straßennetzes, das ohne Rücksicht auf vorrömisch-keltische Verbindungswege angelegt war, bildete *Lugdunum*/Lyon. Ein Straßenzug ging in Richtung Atlantik, ein anderer nach Norden. Dieser teilte sich auf dem Plateau von Langres: Eine Strecke ging dann in nordwestliche Richtung, um bei Boulogne-sur-Mer die Kanalküste zu erreichen, ein anderer Teil zog über Metz, Trier und Köln an den Rhein. Diese neuen Straßen bildeten das logistische Rückgrat der damals noch im Inneren Galliens stehenden römischen Truppenverbände. Wo diese Garnisonsorte in Gallien lagen, ist noch weitgehend unbekannt.

Obwohl bereits Caesar den Rhein als Grenzlinie zwischen dem römischen Reich und den Germanen propagiert hatte, war die Ostgrenze Galliens bis in das zweite Jahrzehnt v. Chr. hinein ohne dauerhaften Schutz durch römische Truppenlager geblieben. So verwundert es nicht, wenn immer wieder von Übergriffen germanischer Gruppen von rechts des Rheins auf linksrheinisches Gebiet berichtet wird. Zwischen 39 und 37 v. Chr. war sogar Agrippa während seiner ersten gallischen Statthalterschaft gezwungen, den Rhein zu überschreiten, um germanische Übergriffe abzuweisen.

Portraitköpfchen des Augustus, schwarzes Glas mit türkisgrünem Überfang, frühes 1. Jh. n. Chr., Höhe 4,7 Zentimeter

Kameo Marlborough, Portrait des Divus Augustus im Strahlendiadem, zweischichtiger Sardonyx, bald nach 14 n. Chr., Fassung Mailand 1550–1560, Höhe 6,7 Zentimeter

Als besonders schwerwiegend wurde die Niederlage der 5. Legion unter M. Lollius in Nordgallien durch die Sugambrer im Jahre 16 v. Chr. angesehen, die sogar den Verlust des Legionsadlers mit sich brachte.

Diese schmachvolle Niederlage scheint Augustus unter anderem dazu bewogen zu haben, die Germanengefahr für Gallien dauerhaft zu bannen. Voraussetzung dafür war die Unterwerfung des germanischen Gebietes zwischen Rhein und Elbe. Dazu war es aber zunächst nötig, die Erschließung und Verwaltung Galliens durch die römische Herrschaft erheblich zu verbessern. Der Kaiser erschien persönlich in Gallien und organisierte zwischen 16 und 13 v. Chr. die Zivil- und Militärverwaltung Galliens neu. Im Jahre 13 v. Chr. wurde zu diesem Zweck als vorübergehende Maßnahme die Verwaltung der bisherigen drei Gallischen Provinzen *Aquitania, Belgica* und *Lugdunensis* zur Provinz der Tres Galliae mit der Hauptstadt Lugdunum zusammengefasst.

Germanen

Die von Augustus geplante und nur ganz kurz verwirklichte Großprovinz Germania und die erst seit Domitian zwischen 85 und 90 n. Chr. eingerichteten Provinzen Ober- und Niedergermanien *(Germania superior bzw. inferior)* leiten ihre Namen von den Germanen (Germani) ab. Dieser Name Germani war ein Sammelbegriff verschiedener Volksstämme, die zur Zeit der Provinzgründung unter Domitian vor allem östlich und nördlich außerhalb der Grenzen des römischen Reiches lebten. Nur der allergeringste Teil der Germanen war auf dem Boden des römischen Reiches links des Rheins angesiedelt, die Masse dieser Völkerschaften siedelte im rechtsrheinischen Gebiet bis zur Weichsel, in Böhmen, Mähren und in Skandinavien. Wie aber konnte es dazu kommen, dass eine römische Provinz nach einem Volk – oder besser nach einer Völkergruppe – benannt wurde, die zum allergrößten Teil außerhalb des römischen Reiches in einem zumeist gespannten Verhältnis mit Rom lebte?

Rom hatte zum ersten mal direkten Kontakt mit germanischen Völkerschaften um 100 v. Chr., als die Kimbern und Teutonen bei ihren Wanderungen Gebiete verheerten, die zur unmittelbaren Nachbarschaft Italiens, ja in Gallien und Oberitalien zu römischen Provinzen selbst gehörten. Der Feldherr Marius konnte sie nach einigen römischen Niederlagen schließlich vernichten. Die Erkenntnis, dass mit Kelten und Germanen verschiedene Völkerschaften vorliegen, hat sich erst im Verlauf der ersten Hälfte des 1. Jahrhunderts v. Chr. durchgesetzt. Bis dahin hatte man in Rom bei den Barbaren jenseits der Alpen nur zwischen Skythen im Norden und Kelten bzw. Galliern im Westen unterschieden.

Erst C. Julius Caesar überliefert in seinen um 52 v. Chr. verfassten »Commentarii de bello Gallico« umfangreiche Informationen, nachdem ja das Vordringen der germanischen Sueben unter ihrem König Ariovist an den Rhein und nach Gallien und der so auf ihre keltischen Nachbarn stetig ausgelöste Druck den eigentlichen Auslöser für den Gallischen Krieg gebildet hatte.

Caesar hob, besonders in seinem sogenannten Germanenexkurs, den ethnischen Unterschied zwischen Kelten und Germanen hervor und brachte so den Germanenbegriff der breiten Öffentlichkeit in Rom zu Bewusstsein. Bei Caesar kommt deutlich zum Ausdruck, dass diese Germanen kein großes, geschlossenes Volk mit fortgeschrittener Staatlichkeit bildeten, sondern in eine Vielzahl von größeren und kleineren Stämmen zersplittert waren, die sich oft auch untereinander bekriegten. Gleichzeitig kommt auch zum Ausdruck, dass die Germanen keineswegs seit alters her in festgefügten Territorien siedelten, das germanische Gebiet zur Zeit des Gallischen Krieges vielmehr von großer Unruhe und Dynamik gekennzeichnet war, die zu zahlreichen Kriegen, Wanderungen und Verdrängungsprozessen führten. Besonders die Sueben taten sich hier zur Zeit Caesars hervor.

Germanisches Gastmahl, Kupferstich von Matthäus Merian (1593–1650) zu einer Ausgabe von Tacitus Germania aus dem Jahre 1638

Damals hatten die Römer noch kaum Einblicke in innergermanische Verhältnisse rechts des Rheins. Dies änderte sich erst seit den Germanenfeldzügen unter Augustus, als römische Heere mehrfach die Elbe erreichten. Schließlich hat der Historiker Publius Cornelius Tacitus (circa 55–120) nicht nur in seinen Geschichtswerken (Agricola, Annalen und Historien) über die Germanen berichtet, sondern ihnen mit seiner berühmten »Germania« ein eigenes ethnographisches Werk gewidmet.

Nun rückten ab 12 bzw. 15 v. Chr. römische Legionstruppen samt ihren Hilfstruppen in mehrjährig bewohnte feste Standlager an den Rhein vor: In *Noviomagus*/Nijmegen, *Novaesium*/Neuss, in *Mogontiacum*/Mainz und in Dangstetten am Oberrhein sind die ersten größeren Standlager römischer Legionen und Hilfstruppen am Rhein bezeugt. Die hier stationierten Truppen waren kurz vorher noch in Nordspanien bei der Unterwerfung des Kantabrergebiets und an der Eroberung der Zentralalpen und des nördlichen Alpenvorlandes im Einsatz.

4.2 DRUSUS-OFFENSIVE 12 V. CHR.

Im Jahre 12 v. Chr. kam es zur ersten großen römischen Offensive gegen die rechtsrheinischen Germanen. Ob diese nur der Sicherung der Ostgrenze Galliens diente oder ob damit von vorneherein große imperiale Planungen, also die Eroberung des Gebietes zwischen Rhein und Elbe, verbunden waren, ist umstritten. Um die Operationen unter dem Kommando des Drusus, des Stiefsohnes des Augustus, durchführen zu können, hatte man am Rhein zwischen Nijmegen und Mainz fünf bis sechs Legionen und zahlreiche Auxiliarverbände (Hilfstruppen) zusammengezogen.

Die wichtigsten Operationsbasen waren im Süden *Mogontiacum*/Mainz gegenüber der Mainmündung, im Norden *Novaesium*/Neuss, *Castra Vetera* auf dem Fürstenberg bei Xanten gegenüber der Lippemündung und Nijmegen. In Nijmegen befand sich außerhalb des Doppellegionslagers auf dem Hunerberg das befestigte und militärisch gesicherte Hauptquartier des Drusus auf dem Kops Plateau. Allein die Lage gegenüber den Mündungen der wichtigsten Flüsse in den Rhein, welche als Verkehrswege in das Innere Germaniens führten, kennzeichnen in *Vetera* und Mainz die offensive Konzeption dieser Garnisonsorte. Von besonderer Bedeutung war das Lager von *Vetera* dadurch, dass das Lippetal den Weg zu den germanischen Stämmen der Sugambrer, Brukterer, Tenkterer und Usipeter erschloss, die sich alle in den Jahren zuvor durch Einfälle in Gallien bei der römischen Führung unbeliebt gemacht hatten. Weitere römische Truppen standen zu Beginn der Drusus-Offensive in Moers-Asberg, Neuss und eventuell bei Bonn. Als Flottenstützpunkt für die amphibisch durchgeführte Offensive kommt eventuell noch das Lager von Bunnik-Vechten im Rheinmündungsgebiet in Frage. Die unmittelbare Vorgeschichte der Drusus-Offensive spricht eher für eine direkte Reaktion Roms auf Aktionen der Germanen, als für die planmäßige Durchführung eines schon länger systematisch vorbereiteten Offensivkonzeptes:

Die Germanienkriege des Augustus zwischen Rhein und Elbe

Im Jahre 12 v. Chr. waren die Sugambrer und andere, mit diesen verbündete Germanen, wieder in Gallien eingebrochen. Für Rom kam dies besonders ungelegen, da gleichzeitig in Gallien wegen der römischen Steuerpolitik Unruhen aufflackerten. Drusus, damals Statthalter in Gallien, drängte die Eindringlinge zunächst über den Rhein zurück und überschritt dann ab dem 1. August 12 v. Chr. erstmals den Strom zu einer Strafexpedition. Die Offensive ging vom Niederrhein aus. Sie richtete sich zunächst gegen die Usipeter jenseits der Bataverinsel, dann gegen die zwischen Lippe und Ruhr siedelnden Sugambrer, denen die Schuld am Krieg zugewiesen wurde. Gleichzeitig fuhr eine römische Flotte rheinabwärts zur Nordsee und operierte im friesischen und chaukischen Küstengebiet. Diese Operation endete in einem Fiasko: Den Römern war offensichtlich das Phänomen des Gezeitenwechsels unbekannt, und sie setzten die Flotte auf Grund. Der von zwei Seiten geplante Schlag gegen die Sugambrer kam so nicht zustande, die arg zerrupften Reste der Flotte waren froh, dass sie überhaupt wieder heimkamen. Nach diesem wenig verheißungsvollen Beginn der Offensive zogen sich die römischen Truppen wieder in die linksrheinischen Winterquartiere zurück, auf der anderen Seite des Rheins kam es dagegen zu lebhaften diplomatischen Aktivitäten: Sugambrer, Cherusker und Sueben schmiedeten eine gegen Rom gerichtete Allianz. Doch nun wendete sich das Kriegsglück zugunsten von Rom. Im Jahre 11 v. Chr. folgten römische Siege gegen Usipeter und Sugambrer. Die Römer rückten gleichzeitig aus *Vetera* und Mainz gegen die Germanen vor. Der römische Historiker Cassius Dio (54, 33,1) schreibt:

»Zum Frühjahr brach er (Drusus) wieder zum Krieg auf, überquerte den Rhein und bezwang die Usipeter. Er schlug eine Brücke über die Lippe und fiel in das Land der Sugambrer ein, durchquerte es und zog weiter in das Gebiet der Cherusker bis an die Weser. ... Er hätte auch die Weser überschritten, wenn er nicht Mangel an Proviant gelitten und der Winter vor der Tür gestanden hätte...«. Ferner schreibt Cassius Dio (54, 33,4), dass Drusus auf dem Rückzug in die Winterquartiere »gegen sie (die Sugambrer) ein Lager als Bollwerk am Zusammenfluss von Lippe und Elison anlegen ließ, ein anderes im Gebiet der Chatten, nahe am Rhein.« Das von Cassius Dio erwähnte Lager ist offensichtlich mit dem Legionslager von Oberaden am Zusammenfluss von Lippe und Seseke identisch, dessen zahlreiche gut erhalte Hölzer dendrochronologisch in den Spätsommer bzw. Herbst 11 v. Chr. datieren. In unmittelbarer Nähe lag im Westen das sogenannte Uferkastell Beckinghausen, möglicherweise ein zur Sicherung des Nachschubs für Oberaden angelegter Wehrbau. Auch das neu entdeckte große Lager von Hedemünden an der Weser und einige kleinere Wachtposten in der Umgebung hängen mit der Drusus-Offensive zusammen. Im Gebiet der Chatten hat man in der Wetterau im Mainzer Vorland mehrere drususzeitliche Lager entdeckt, das von Cassius Dio erwähnte Lager ist noch nicht identifiziert.

Oberaden wurde nach wenigen Jahren systematisch aufgelassen, die Bauten wurden zum Teil abgebrannt, die Brunnen vergiftet. Ausschlaggebend dafür war der Tod des Drusus 9 v. Chr. durch einen Sturz vom Pferd an der Elbe. Vor seinem Tode hatte er noch im Maingebiet die Markomannen so vernichtend geschlagen, dass sie sich unter der Führung ihres Königs Marbod nach Böhmen zurückzogen.

Drusus, 38–9 v. Chr. (Münzportrait)

4.3 WEITERE GERMANIENFELDZÜGE BIS 9 N. CHR.

Der Bruder des Drusus, der spätere Kaiser Tiberius, brach die Kriegszüge im rechtsrheinischen Germanien im Jahre 8 v. Chr. vorläufig ab. Zur Sicherung Galliens wurden dabei etwa 40.000 Menschen, vor allem Sugambrer, deportiert und in der Gegend von *Vetera* auf linksrheinischem Gebiet angesiedelt. Neben Oberaden wurden damals auch die rechtsrheinischen Lager Rödgen bei Bad Nauheim und Dangstetten am Oberrhein planmäßig aufgegeben. Die Einstellung der Offensive ging auf Augustus selbst zurück: Er überwachte im Jahre 8 v. Chr. persönlich von Gallien aus die Kriege im rechtsrheinischen Germanien. Der römische Historiker Velleius Paterculus (2,97,4) beschreibt die Situation nach dem Ende der Drusus-Offensive so: »Er bezwang Germanien, sodass er es in den Status einer beinahe tributpflichtigen Provinz überführen konnte«. Die Auflassung der rechtsrheinischen Militärlager im Jahre 8 v. Chr. spricht nachhaltig gegen römische Pläne, als Reaktion auf die Lollius-Niederlage 16 v. Chr. Germanien bis zur Elbe dem *Imperium Romanum* einzuverleiben.

Tiberius, 14–37 n. Chr. Marmorportrait, zweites Viertel 1. Jahrhundert n. Chr. (Leihgabe aus norddeutschem Privatbesitz im RGM)

In den folgenden Jahren gibt es keine Berichte über Aktivitäten römischen Militärs rechts des Rheins. Eher als Episode ist eine Expedition des Statthalters von Illyrien, Lucius Domitius Ahenobarbus, zu werten, der zwischen 6 v. Chr. und 1 n. Chr. die Elbe überschritt. Erst im Jahre 1 n. Chr. ändert sich dies: Unbekannte Vorgänge im Inneren Germaniens, die von Rom offensichtlich als Bedrohung empfunden wurden, bewogen den gallischen Statthalter Marcus Vinicius zum Eingreifen, er führte gegen Germanien einen »Gewaltigen Krieg«, jedoch mit mäßigem Erfolg. Erst das Eingreifen des Tiberius brachte in den Jahren 4 und 5 n. Chr. die Unterwerfung Germaniens.

Velleius Paterculus (2,108,1) schreibt: »Von nun an gab es in Germanien nichts mehr, was hätte unterworfen werden können, vom Stamme der Markomannen abgesehen«. Diese Äußerungen scheinen aber doch sehr optimistisch gewesen zu sein, denn Cassius Dio (65,18,1) überliefert hier ein wesentlich realistischeres Bild: »In Germanien spielten sich folgende Ereignisse ab: Die Römer hatten gewisse Teile des Landes in ihrer Gewalt, nicht ein zusammenhängendes Gebiet, sondern nur solche, wie sie gerade hier und da von ihnen unterworfen worden waren«.

Mit den Kämpfen des Jahres 1 n. Chr. begann nun eine neue Phase der römisch-germanischen Auseinandersetzungen. Erst jetzt scheint man ernsthaft daran gegangen zu sein, das unterworfene rechtsrheinische Gebiet auf Dauer besetzen zu wollen. Dies kommt vor allem dadurch zum Ausdruck, dass der neue Statthalter ab 7 n. Chr., Publius Quinctilius Varus, kein ausgewiesener Militär war, sondern ein reiner Verwaltungsfachmann. Er hatte offenbar die konkrete Aufgabe, die eroberten Gebiete Germaniens zu einer Provinz umzustrukturieren. Anscheinend wurde in dieser Phase das Hauptlager von Haltern für administrative Zwecke umgestaltet. Im Lahntal bei Waldgirmes entstand eine erste zivile Stadtgründung. Werner Eck konnte wahrscheinlich machen, dass mit der Einsetzung des Q. Varus als Statthalter Germanien zur römischen Provinz geworden war und Köln die Hauptstadt dieser neuen Provinz bildete. Doch dies blieb nur ein kurzes Intermezzo, denn im Jahre 9 n. Chr. kam es zu einem einschneidenden Ereignis, das die weitere Entwicklung des rechtsrheinischen Germanien als römische Provinz abrupt stoppte: Die Niederlage des Varus im Teutoburger Wald und die Vernichtung seiner Heeresgruppe durch eine germanische Stammeskoalition unter Führung des Cheruskers Arminius. Bei dieser vernichtenden Niederlage und bei der Auslöschung zahlreicher kleinerer Militärposten im Lande ging der Kern der Rheinarmee zugrunde: die 17., 18. und 19. Legion, die ihre Adler verloren und nie wieder neu aufgestellt wurden, sowie an Hilfstruppeneinheiten drei Alen (Reitereinheiten) und sechs Infanteriekohorten. Die archäologischen Niederschläge, die dieses Ereignis bei Kalkriese in der Gegend von Osnabrück wohl in seiner Schlussphase hinterlassen hat, werden gegenwärtig intensiv erforscht und liefern immer wieder neue Ergebnisse.

Der Sieger Arminius, ein cheruskischer Adliger, war nicht nur römischer Bürger, sondern sogar römischer Ritter, also Angehöriger der zweiten römischen Adelsschicht. Er hatte seine zweifellos überragenden militärischen Kenntnisse als Anführer germanischer Hilfstruppen der römischen Armee erworben. Und tatsächlich kann man an den germanischen Schanzen, die einen Teil der tödlichen Falle von Kalkriese bildeten, die Handschrift römischer Befestigungskunst erkennen, die ja sonst den Germanen völlig fremd war. Zu Recht galt Arminius schon den Zeitgenossen als der Befreier Germaniens von der römischen Herrschaft.

Münze des Augustus (27 v.–14 n. Chr.) mit Gegenstempel des Quinctilius Varus (VAR)

Die römische Armee der Kaiserzeit

Kaiser Augustus verfügte mit der nach den Bürgerkriegen reformierten römischen Berufsarmee über die beste Truppe der damaligen Welt. Obwohl insgesamt nur circa 500 000 Mann stark, genügte diese Armee, nicht nur das römische Reich zu verteidigen, sondern auch in Germanien und im Donauraum Eroberungskriege zu führen. Etwa die Hälfte dieser Armee bestand aus römischen Bürgern, die in den Eliteformationen, den Legionen, 25 Jahre lang dienten, davon die letzten fünf Jahre im leichteren Bereitschaftsdienst. Danach erhielten sie als Veteranen Landzuweisungen und Geldzahlungen. Die circa 6.500 Mann starken Legionen bestanden zum größten Teil aus Infanteristen, zu denen noch Reiter und Artilleristen kamen. Sie waren einheitlich bewaffnet, hervorragend ausgebildet und trainiert: So konnten römische Legionen in kürzester Zeit feste Lager errichten, Straßen anlegen, Schiffe und Brücken bauen. Die Soldaten der Legionen trugen Körperpanzer und Helme aus Metall, charakteristisch waren der hohe gewölbte Ovalschild *(scutum)*, das Kurzschwert *(gladius)* und der Dolch *(pugio)* sowie ein spezieller panzerbrechender Wurfspeer mit langer Eisenklinge *(pilum)*.

Rekonstruierter Legionär der Zeit um 70 n. Chr. mit Helm vom Typ Weisenau, Schienenpanzer, Rechteckscutum, Kurzschwert (Gladius) vom Typ Pompeji und Pilum

Die andere Hälfte der römischen Armee bestand aus freien Provinzbewohnern minderer Rechtsstellung. Darunter befanden sich zum Beispiel Spanier, Gallier, Germanen, Thraker und Syrer. Sie konnten nach 25 Jahren Dienst in der Armee für sich und ihre Familien das begehrte römische Bürgerrecht erhalten. Die Infanterieeinheiten waren ähnlich ausgerüstet wie die Legionen. Nur trugen sie Lanzen anstatt des Pilums, ihre Schilde waren kleiner und flach. Auch die Masse der Reiterei bestand aus Hilfstruppen. Diese waren mit dem keltischen Langschwert *(spatha)* und Lanzen bewaffnet, Dolche fehlten. Daneben gab es Spezialtruppen, wie Bogenschützen, Schleuderer und Flottensoldaten.

4.4 ROMS RACHE UND DIE AUFGABE DER EROBERUNGSPLÄNE IN GERMANIEN (14–17 N. CHR.)

In Rom brach das Chaos aus, die besten Truppen der Rheinarmee waren vernichtet und man erwartete in Panik germanische Einfälle im römischen Gallien. Die Sicherung der Rheingrenze in dieser verzweifelten Lage in den Jahren 10 bis 12 n. Chr. ist das Verdienst des Tiberius. Er begnügte sich damit, durch rasche Truppenverlegungen die Flussgrenze zu sichern, die Rheinarmee von fünf auf acht Legionen zu verstärken und das rechtsrheinische Germanien zu räumen. Rachefeldzüge folgten erst nach dem Tod des Augustus 14 n. Chr.

4.5 DAS ENDE DER RÖMISCHEN OFFENSIVPOLITIK GEGEN GERMANIEN

Am 19. August 14 n. Chr. war Augustus, der erste Alleinherrscher des Imperiums, gestorben. Gleich nach dem Regierungsantritt des Tiberius (14–37 n. Chr.) kam es zu Meutereien der Truppen am Niederrhein und in Pannonien. Hauptgrund dafür waren strenge Behandlung und Verweigerung der ehrenvollen Entlassung nach 25 Dienstjahren. Während die Revolten in Pannonien von Drusus der Jüngere rasch beendet werden konnten, hatte Germanicus, der Sohn des Drusus des Älteren, große Schwierigkeiten mit den aufständischen Truppen der Rheinarmee (es gab zum Beispiel dramatische Szenen in Köln),

Germanicus, 15 v.–19 n. Chr. (Münzportrait)

Germanicus (15 v. Chr.–19 n. Chr.)
Nero Claudius Germanicus war ein Großneffe des Augustus. Sein Bruder Claudius war von 41 bis 54 n. Chr. Kaiser. Germanicus wurde als Sohn des älteren Drusus und der jüngeren Antonia am 24. Mai 15 v. Chr. geboren. Auf Befehl des Augustus hatte Tiberius ihn im Jahre 4. n. Chr. adoptiert und damit zu seinem potentiellen Thronfolger gemacht. Germanicus heiratete die ältere Agrippina, eine Enkelin des Augustus. Er hatte neun Kinder, darunter den späteren Kaiser Caius (»Caligula«) und Agrippina die Jüngere, die Frau des Kaisers Claudius und Mutter Neros. Germanicus unterstützte als hoher Militär seinen Adoptivvater Tiberius bei der Niederschlagung des pannonischen Aufstandes und bei der Sicherung der Rheingrenze nach der Varus-Niederlage 9 n. Chr. Ab dem Jahre 13 n. Chr. residierte er als Oberbefehlshaber der Rheinarmee in Köln, wahr-

sodass es geboten schien, die Disziplin durch einen Kriegszug zu festigen. So unternahm Germanicus noch im Herbst des Jahres 14 n. Chr. einen ersten Vorstoß über den Rhein, was ganz ungewöhnlich war, denn Kriege wurden damals nur im Sommer geführt. In ausgedehnten Feldzügen rückte Germanicus dann in den Jahren 15 und 16 wiederholt erfolgreich über den Rhein bis an die Elbe vor und besiegte Arminius und die Cherusker in mehreren Schlachten. Aber die Guerillataktik der Germanen hatte Erfolg: Die Römer konnten zwar einzelne Schlachten für sich entscheiden, aber das Heer des Arminius nicht vernichten, geschweige denn, das Gebiet zwischen Rhein und Elbe wieder dauerhaft besetzen. Propagandistisch konnte man dies jedoch verschleiern, und so betrachtete man offiziell die römische Waffenehre als wiederhergestellt, und Germanicus feierte am 26. Mai 17 n. Chr. in einem großen Triumphzug zu Rom seinen Sieg »über die Cherusker, Chatten, Angrivarier und die anderen Völker, die bis zur Elbe wohnen«. Trotzdem waren diese Germanen eben nicht endgültig bezwungen, und Tiberius, der das Land ja aus eigener Anschauung kannte, gab das allzu kostspielige Unternehmen auf – gegen den heftigen Widerstand des Germanicus. Tiberius tat dies in der richtigen und realistischen Erkenntnis, dass selbst bei einer erfolgreichen Eingliederung der Lande bis zur Elbe, die ungeheure Opfer an Geld und Soldaten erfordert hätten, sich das Ganze für Rom als wenig Gewinn versprechend erwiesen hätte. Er überließ die Germanen ihren inneren Zwistigkeiten und beschränkte sich wieder auf eine defensive feste Grenze am Rhein.

scheinlich in einem Haus am Platz des späteren Praetoriums. Dort musste er auch eine Meuterei seiner Truppen niederschlagen, die im Jahre 14 n. Chr. nach dem Tod des Augustus ausgebrochen war. Er lehnte das Angebot der Meuterer ab, ihn zum Kaiser auszurufen und begann noch im Herbst des gleichen Jahres Vergeltungsfeldzüge gegen die Koalition germanischer Stämme unter Führung des Arminius im rechtsrheinischen Gebiet, die bis zum Jahre 16 n. Chr. andauerten. Er konnte dabei keinen durchschlagenden Erfolg erzielen und wurde von Tiberius zurückbeordert. In Rom feierte er einen Triumph über die Germanen und wurde vom Kaiser in den Osten des Reiches geschickt, wo er am 10. Oktober 19 n. Chr. in Antiochia erkrankte und starb, angeblich vergiftet von einem politischen Rivalen.

Agrippina I., 15 v.–33 n. Chr. (Münzportrait)

5. OPPIDUM UBIORUM – ZENTRALORT DER UBIER UND HAUPTQUARTIER DES NIEDERGERMANISCHEN HEERESBEZIRKES

5.1 DIE UBIER BESIEDELN DAS GEBIET UM KÖLN

Wie oben S. 38f. gezeigt, hat Agrippa im Gebiet des späteren Köln einen mit Rom verbündeten Germanenstamm aus dem rechtsrheinischen Lahngebiet angesiedelt – die Ubier. Die Neuankömmlinge trafen bei ihrer Ankunft nicht auf menschenleere Wald- und Sumpflandschaften, sondern auf eine von Kelten und Germanen eher dünn besiedelte Kulturlandschaft, wo diese – wohl eher zur Selbstversorgung (Subsistenzwirtschaft) – Ackerbau auf fruchtbaren Lössböden betrieben. Vor allem lagerfähige Spelzgetreide wie Spelzgerste, Emmer und Hirse spielten in der späteisenzeitlichen Landwirtschaft eine wichtige Rolle. In der Römerzeit gewann dann der Saatweizen an Bedeutung, er war das bevorzugte Brotgetreide der Römer. Die Wirren des Gallischen Krieges mit seinen Völkerverschiebungen gingen auch am Kölner Umland nicht spurlos vorbei: Um die Mitte des 1. Jahrhunderts v. Chr., so die Ergebnisse archäobotanischer Studien, spiegeln sich die gesellschaftlichen Umbrüche der Zeit in einer Verbuschung des Grünlands und der Regeneration von Waldflächen wider, ohne dass es aber zu einer völligen Entsiedelung der Landschaft gekommen war.

Auch die wirtschaftliche Grundlage der Ubier hatte schon immer in der Landwirtschaft bestanden. Doch nun kamen sie in eine Landschaft, die ungleich bessere Voraussetzungen für Ackerbau bot, als ihre früheren rechtsrheinischen Siedlungsgebiete. Auch lernten sie in der neuen Heimat neue und ertragreichere Kulturpflanzen, wie den Weizen, kennen. Der fruchtbare Lössboden der Kölner Bucht war besonders für den Getreideanbau bestens geeignet. Und die römische Armee samt den zugewanderten Römern aus Italien und Gallien ernährte sich vornehmlich von Getreide, vor allem von Weizen. So konnte unter der Pax Romana,

Das 4/5 n. Chr. errichtete Ubiermonument ist der älteste erhaltene Steinbau in Deutschland. Der Turm markiert die Südostecke des Oppidum Ubiorum

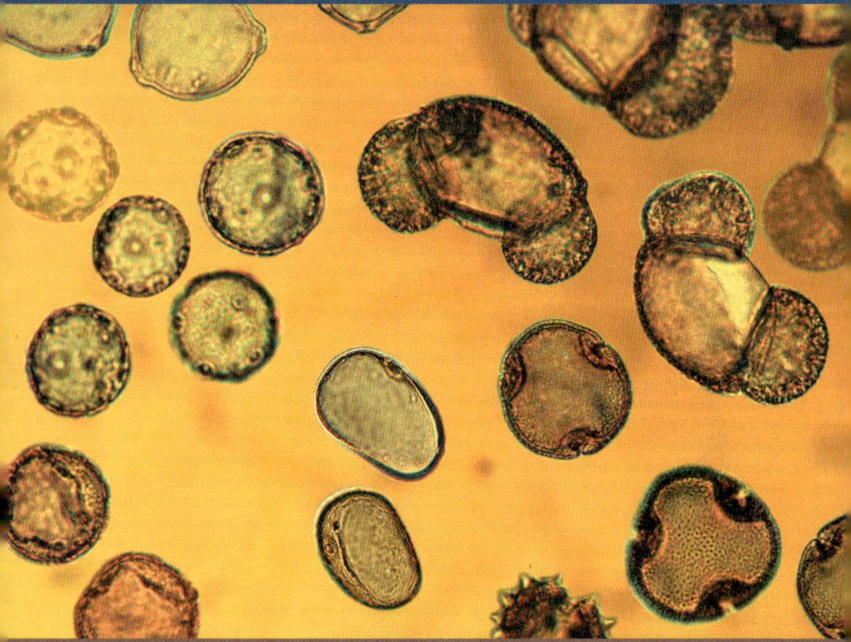

Stark vergrößerte Pollenkörner unter dem Mikroskop

Archäobotanik

Bei fast allen Ausgrabungen stoßen Archäologen auf Pflanzenreste. Oft sind es verkohlte Früchte oder Samen, die man auch als Makroreste bezeichnet. Nur bei besonders günstigen Erhaltungsbedingungen – etwa in den Feuchtböden des römischen Hafens der CCAA – erhalten sich auch unverkohlte Reste wie Pollen oder Sporen, die man nur unter dem Mikroskop erkennen kann. Mit diesen bedeutenden Quellengattungen beschäftigt sich die Archäobotanik. Die pflanzlichen Überbleibsel werden von Wissenschaftlern mikroskopisch bestimmt, um die Vegetationsgeschichte zu rekonstruieren. Sie ermöglichen detaillierte Einblicke in die Vegetation früherer Epochen, zeigen wie naturnahe Wälder, Ackerflächen, Wiesen und Weiden aussahen. Pflanzenfunde berichten vom Anbau der Nutzpflanzen im Umland der römischen Kolonie. Sie berichten aber auch über den Import fremder Früchte, Gemüse und Gewürze, welche die Ernährung der Menschen in römischer Zeit bereicherten.

In den Feuchtböden der alten Rheinrinne unter dem Kurt-Hackenberg-Platz und dem Alter Markt hatten sich zum Beispiel Früchte, Samen und Pollen überdurchschnittlich gut erhalten. Fast 30 Nutzpflanzen lassen sich nachweisen, darunter viele Gemüse, Gewürze und Obstsorten, die von den Römern in den Raum nordwärts der Alpen eingeführt und in der Folgezeit im Rheinland angebaut wurden. Zu den Importen gehörten Feigen, Granatäpfel, Weinbeeren und der aus Indien stammende Pfeffer.

dem von Rom garantierten Frieden, das wirtschaftliche Aufblühen des neuen Stammesgebietes der Ubier durch friedlichen Ackerbau gar nicht ausbleiben: Mit den Überschüssen aus ihrer nach römischem Vorbild neu organisierten landwirtschaftlichen Produktion sollten sie in Zukunft nicht nur die Bewohner Kölns, sondern auch den Großteil der Rheinarmee ernähren.

5.2 DIE ANFÄNGE KÖLNS – DAS OPPIDUM UBIORUM ENTSTEHT

Der Standort der späteren römischen Koloniestadt *Colonia Claudia Ara Agrippinensium* (CCAA) geriet in der Frühzeit der Germanenoffensiven unter Marcus Vipsanius Agrippa (63–12 v. Chr.) erstmals in das Blickfeld der römischen Planer. Agrippa hatte die Statthalterschaft am Niederrhein um 38 und 20/19 v. Chr. inne.

Während seiner Amtszeit wurden – wie oben bereits erwähnt – die romfreundlichen Ubier im Umland Kölns angesiedelt und im Rahmen der neu aufgebauten römischen Verwaltungsstruktur als eigene mit Rom verbündete Stammesgemeinde *(civitas)* organisiert. Die Ubier erhielten als freie Bewohner einer peregrinen Civitas aber nicht automatisch das römische Bürgerrecht, dieses Privileg hatten zunächst nur zugewanderte römische Bürger aus Italien oder Gallien und Spanien. Dagegen waren die einheimischen Provinzbewohner aus römischer Sicht nur *peregrini* (wörtlich »Fremde«), also rechtlich in vielerlei Hinsicht gegenüber den römischen Bürgern unterprivilegiert. Das hieß aber nicht, dass nicht auch Ubier durch besondere Verdienste und Beziehungen oder den Dienst in der römischen Armee das römische Bürgerrecht erlangen konnten.

Distelfibeln der gallischen Frauentracht aus Bronze. Fundort unbekannt und Gräberfeld um St. Gereon, 1. Jahrhundert n. Chr.

Die ubische Civitas verwaltete sich in vielerlei Hinsicht selber, denn Rom stülpte klugerweise seinen neu eroberten Provinzen in Gallien und am Rhein keine einheitliche zentralistisch organisierte Bürokratie über, sondern bediente sich, wenn nur irgendwie möglich, der Selbstverwaltung der neu eingegliederten lokalen Gebietskörperschaften. Wichtig war nur, dass der Stamm Ruhe gab, bei Bedarf Hilfstruppen stellte und pünktlich seine Steuern zahlte. Nun besaß jede dieser römischen Civitates einen eigenen Haupt- und Zentralort, den sogenannten Civitasvorort. Ein solcher war aber im Ubiergebiet nicht vorhanden – die Ubier waren ja neu zugewandert, einen älteren vorrömischen Zentralort gab es nicht in der Region. Also blieb nur eines übrig: Rom musste einen solchen Zentralort der Ubier neu gründen, um seine Verwaltung, also Steuereintreibung, Rechtsprechung und die verkehrstechnische sowie wirtschaftliche Erschließung, voranzutreiben.

Man suchte sich mit dem für die Römer typischen sicheren Blick für optimale topographische und verkehrstechnische Gegebenheiten einen geeigneten Platz für den Zentralort der Ubier aus: Köln. Auf den Geländeschild, wo auch heute noch das Zentrum Kölns liegt, entstand wohl im ersten Jahrzehnt v. Chr. eine stadtähnliche römische Plansiedlung. Nach dem archäologischen Fundmaterial scheint diese zunächst vornehmlich von und für zugewanderte Römer und romanisierte Gallier gegründet worden zu sein, ubisches Fundmaterial der Gründungszeit, etwa typische handgemachte Keramik oder Fibeln, fehlt bisher in Köln völlig. Doch hier ist Vorsicht geboten: Der Mangel an ›ubischen‹ Funden soll zunächst nicht heißen, dass es im frühen Köln keine Ubier gab! Anscheinend siedelten sich vor allem Angehörige ihrer bereits romanisierten Oberschicht im neuen Zentralort an, wie man es etwa aus Tongeren kennt. Diese hatten bereits die Vorzüge römischer Tracht, römischer Keramik oder sonstiger römischer Gebrauchsgegenstände kennengelernt und sind daher für die Archäologen über das von ihnen hinterlassene rein römische Fundmaterial nicht von Römern oder Galliern zu unterscheiden!

Aus dieser rein römisch geprägten Zentralsiedlung entwickelte sich um die Zeitenwende rasch der politische, religiöse und wirtschaftliche Vorort der Ubier – durchaus mit städtischen Zügen in Anlage und Bauten, aber noch ohne Stadtrecht. Tacitus spricht vom frühen Köln als dem *»oppidum Ubiorum«*. Der Begriff oppidum wird vorher von J. Caesar für die befestigten keltischen Zentralorte verwendet, die zwar durchaus in Anlage und Funktion städtische Züge aufweisen, denen aber ein Stadtrecht im römischen Sinne fehlt.

Ara Ubiorum – der älteste Namen Kölns

Lange Zeit war in der Forschung umstritten, wie das von Tacitus in seinen Annalen 1, 36 erwähnte *oppidum Ubiorum* in der Antike genannt wurde. Einige Forscher waren der Meinung, dass es neben der Bezeichnung *»oppidum Ubiorum«* gar keinen gesonderten Namen gegeben habe, andere bevorzugten *»Ara Ubiorum«*, bzw. Varianten dieses Namens (etwa *»oppidum ara Ubiorum«).* Sicherheit in dieser Frage herrschte keinesfalls, auch wegen der nicht immer klaren Terminologie und Überlieferung des Tacitus. Nun hat Tilmann Bechert (gerade noch rechtzeitig zum Erscheinen dieses Buches) fünf an sich schon länger bekannte Inschriften auf Soldatengrabsteinen der 15. Legion mit dem Beinamen Apollinaris, die beim Legionslager von Carnuntum (Niederösterreich) gefunden worden sind, zusammenfassend vorgelegt und neu interpretiert, aus denen klar der älteste Namen Kölns hervorgeht: Alle fünf Legionare geben als Ort ihrer Herkunft *Ara Ubiorum,* bzw. dessen Kurzform *»Ara«* an, die Steine stammen alle der zweiten Hälfte des 1. Jahrhunderts n. Chr. Die Frage, wie es diese fünf Kölner nach Niederösterreich verschlagen hat, lässt sich ziemlich plausibel beantworten: Ihre dramatische Militärkarriere begann mit dem Dienst in einer der Legionen der Rheinarmee. Mit ihrem Kommandeur, dem nur kurzfristig regierenden Gegenkaiser Vitellius, zogen sie im Jahre 69 n. Chr. in den Bürgerkrieg nach Oberitalien (siehe S. 106). Dem Sieg in der ersten Schlacht bei Cremona am 14. April gegen die Truppen Othos folgte bald die Niederlage in der zweiten Schlacht bei Cremona am 24. und 25. Oktober 69 n. Chr. gegen die Truppen Vespasians. Zwar wurden die unterlegenen Legionen der Rheinarmee nicht aufgelöst, sondern offenbar mit neuen, dem neuen Kaiser loyalen Soldaten wieder auf Einsatzstärke gebracht. Viele der überlebenden Soldaten der geschlagenen Rheinarmee – wie die fünf Kölner aus Carnuntum – hat man als unsicher Kantonisten in kleineren Gruppen zu anderen Legionen »strafversetzt« – so auch zur 15. Legion Apollinaris.

Eine bronzene Aucissafibel des frühen 1. Jahrhunderts n. Chr., gefunden 2003 auf der ältesten römischen Trasse der Fernstraße in Richtung Bonn, Ausgrabungen Nord-Süd Stadtbahn Köln. Die Fibel hat wohl ein Angehöriger des Militärs dort verloren.

Die städtebaulichen Strukturen der Neugründung lassen sich bis heute nur in ihren Grundzügen rekonstruieren, denn das Meiste fiel der späteren Bebauung zum Opfer, und nur selten öffnet sich dem Archäologen ein ›Fenster‹, das einen Blick auf das älteste Köln erlaubt. Köln steht hier nicht allein: Auch in anderen Städten der frühen Kaiserzeit, wie beispielsweise in Trier, lassen sich die ältesten baulichen Strukturen nur in Ansätzen greifen. So kann man nur ganz generell sagen: Das augusteische Stadtbild orientierte sich an Vorbildern in Oberitalien, Südfrankreich und auf der iberischen Halbinsel. Es waren die Planungen römischer Architekten, wohl zumeist in Diensten des Militärs, deren Auftrag und Ziel die Gründung und Entwicklung einer Stadt nach hellenistisch-römischem Vorbild in einem Gebiet waren, das vorher noch keinerlei Städte gekannt hatte. Nun war plötzlich die städtische Hochkultur des Mittelmeerraumes an den Rhein verpflanzt worden und bewirkte einen ›Quantensprung‹ in der Zivilisation der dort ansässigen Menschen.

Frühkaiserzeitliches Tafelgeschirr (Terra Sigillata) aus dem Kölner Stadtgebiet, Anfang 1. Jahrhundert n. Chr.

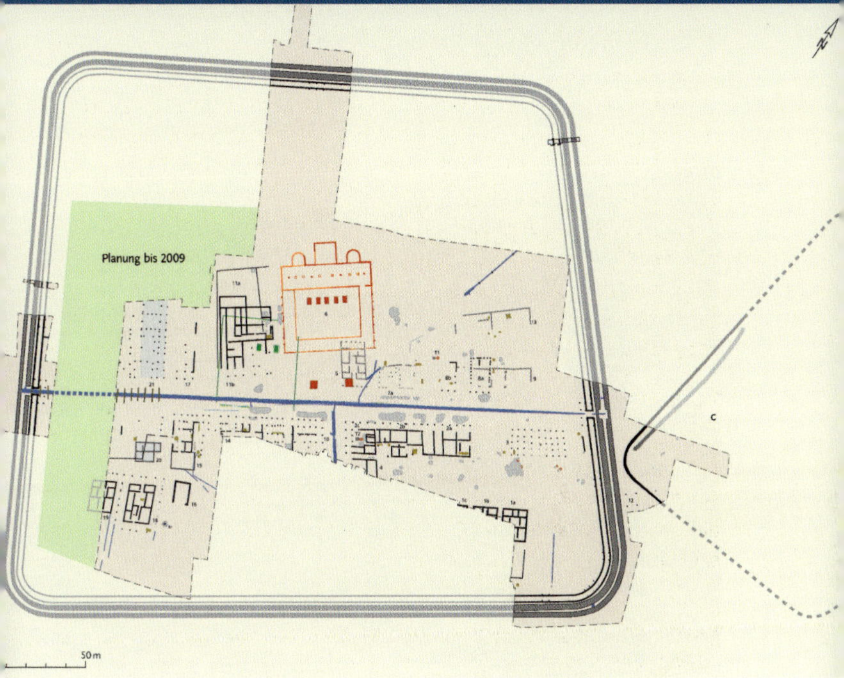

Gesamtplan der frühen römischen Stadtgründung von Waldgirmes im Lahntal

5.3 WALDGIRMES – EIN MODELLFALL

Durch die Fortschritte der archäologischen Forschung im Umfeld des Rheinlandes gibt es aber die Möglichkeit, die Vorstellungen vom Anfang Kölns und zu seinem ältesten Aussehen etwas zu präzisieren: Diese Chance bietet die römische Siedlung von Waldgirmes bei Lahnau im Lahn-Dill-Kreis, die dort seit 1993 von der Römisch-Germanischen Kommission des Deutschen Archäologischen Instituts in Frankfurt planmäßig ausgegraben wird. Denn hier fasst man eine ungestörte augusteische Stadt in ihrer frühesten Gründungsphase, deren Entwicklung unvorhergesehen abbrach und nie wieder weitergeführt wurde. So kann sie – als nächste römische Stadtgründung im Kölner Umfeld neben Trier – Anregungen liefern, wie man sich das älteste römische Köln vorzustellen hat:

Die Geschichte dieser Stadt bei Waldgirmes, deren antiken Namen wir nicht kennen, lässt sich in ihren Grundzügen nachzeichnen. In den Jahren 4/3 v. Chr. wurde sie am Reißbrett geplant und auf einer hochwassersicheren Terrasse nördlich der Lahn am Knotenpunkt mehrerer Altwege gegründet. Unweit des

Lebensbild der frühkaiserzeitlichen Siedlung von Waldgirmes

Platzes führte eine Furt durch die Lahn, die als Wasser- und Transportweg für Menschen, Baustoffe und Handelsgüter diente. Ein erst jüngst erforschtes keltisch-germanisches Eisenverhüttungszentrum im Bereich des Lahntals lässt vielleicht einen wirtschaftlichen Hintergrund für die Gründung von Waldgirmes erkennen.

Das 7,7 Hektar große, leicht trapezoide Stadtareal war von Anfang an mit einer Holz-Erde-Mauer und zwei feldseitigen Spitzgräben befestigt. Diese Befestigung bestand aus einem mit Erde gefüllten Holzkasten aus massiven, in regelmäßigen Abständen in die Erde eingegrabenen Balken mit Querankern und quer liegenden Hölzern, welche die Verschalung an den Außenseiten bildeten. Dazu muss man sich eine feindseitige Brustwehr aus Holz

vorstellen. Sie weist in Bauweise und Grundform keinerlei Unterschiede zu zeitgenössischen römischen Militärlagern auf. Dies gilt auch für die drei Toranlagen. Diese waren durch eine west-östliche und eine nach Süden führende Hauptstraße verbunden, die eine regelmäßig-rechtwinklige Binnengliederung der Zivilsiedlung in rechteckige Insulae vorgaben. Wasserver- und Entsorgung wurden über hölzerne Leitungen, Brunnen und Entwässerungsgräben sichergestellt. Entlang der von Portiken flankierten Straßen reihten sich massive Lehmfachwerkhäuser, die Wohn- und Wirtschaftszwecken dienten. Im Westen der Stadt standen eine Kaserne und ein Offiziershaus, die einer örtlichen militärischen Schutztruppe zuzuschreiben sind.

Im Stadtzentrum lag ein 54 x 45 Meter großes Forum, das spätrepublikanisch-frühkaiserzeitlichen Vorbildern folgt. Im Norden des Forums stand eine 45 x 12 Meter große Basilika, als Mittelpunkt von Verwaltung, Rechtsprechung und Wirtschaft. Südlich dieses Fachwerkgebäudes schloss eine 32 x 24 Meter große Platzfläche an, die von sechs Meter breiten offenen Seitenflügeln eingefasst wurde. Auf der offenen Platzfläche hatten sich fünf Fundamente erhalten. Sie trugen ursprünglich Reiterstatuen der kaiserlichen Familie als sinnbildlichen Anspruch Roms auf Stadt und Umland. Bruchstücke einer zerschlagenen, lebensgroßen bronzevergoldeten Reiterstatue – die wohl Kaiser Augustus dargestellt hat – wurden in der Verfüllung eines Brunnens entdeckt.

Mit den Ausgrabungen in Waldgirmes ist es erstmals gelungen, eine der zivilen römischen Städte östlich des Rheins nachzuweisen, von denen römische Historiker berichten. Die Funde zeugen von einer im Aufbau begriffenen Stadt. Sie sind Spiegelbild der Pläne Roms, die Landschaften östlich des Rheins in einer geplanten Großprovinz *Germania magna* zu befrieden und wirtschaftlich auszubeuten. Mit der Planung und dem Bau einer derartigen Stadt waren damals Angehörige des Militärs beauftragt. Nur sie verfügten zu dieser Zeit und in dieser Region über die hierzu erforderlichen Architekten und sonstige Fachleute. Die Anlage einer zivilen Siedlung setzt voraus, dass die Landschaft an der Lahn – circa 70 Kilometer östlich des Rheins gelegen – militärisch unter Kontrolle war und als weitgehend befriedet galt. Mit Waldgirmes ist nun erstmals mit Hilfe der Archäologie eine römische zivile Stadt rechts des Rheins bekannt geworden, wie sie der römische Historiker Cassius Dio (56,18,1–2) überliefert hat: »Und römische Soldaten lagen dort in Winterquartieren, und man begann mit der Anlage von Städten. Die Barbaren selbst passten sich den neuen Sitten an, gewöhnten sich an die Abhaltung von Märkten und trafen sich zu friedlichen Zusammenkünften«. Dies ist wichtig, denn manche Historiker haben diese Information als unglaubwürdig abgetan.

Doch der Neugründung war kein dauerhafter Erfolg beschieden. Noch bevor alle Grundstücke innerhalb der Umwehrung bebaut worden sind, wurde die Stadt nach der Niederlage des Varus in der ›Schlacht im Teutoburger Wald‹ 9 n. Chr. aufgegeben und in großer Eile geräumt. Die Siedlung wurde anscheinend von den abrückenden Römern planmäßig niedergebrannt, wie ein flächiges Schadensfeuer zeigt. Unter welchen Umständen und von wem das Reiterstandbild des Augustus zerschlagen und zum Teil in einem Brunnen ›versenkt‹ wurde, ist im Moment noch Gegenstand der wissenschaftlichen Diskussion.

5.4 OPPIDUM UND ARA – PLANUNG UND INFRASTRUKTUR

So ähnlich wie in Waldgirmes hat es sich wohl auch bei der Gründung Kölns zugetragen. Wenngleich in erheblich größerem Maßstab und, wie wir alle wissen, mit einem glücklicheren Verlauf! Wie in Waldgirmes dürfte auch in Köln das Militär bei der Gründung der Siedlung eine vorherrschende Rolle gespielt haben. Wie man das auch aus der zeitgenössischen Gründungsphase des belgischen Tongeren besser kennt, haben Spezialisten des Militärs das Siedlungsareal nach fertigen Plänen vermessen, die Straßen und Plätze markiert und angelegt. Bei der Grenzlage des neuen Zentralortes darf man auch davon ausgehen, dass er, wie Waldgirmes auch eine Holz-Erde-Befestigung erhielt.

Im Zuge der rechtsrheinischen Militäraktionen Roms spielte das neue Oppidum Ubiorum am Rhein zweifellos eine bedeutende Rolle bei der militärischen Logistik. Werner Eck geht von 30.000 bis 40.000 Militärangehörigen aus, die an den Eroberungen in der Germania beteiligt waren. Auch wenn im frühen Köln niemals ein längerfristiges Truppenlager beheimatet hat, dürfte der Ort doch bei der Versorgung der Truppen mit Lebensmitteln, Waffen und anderen Nachschubgütern eine wichtige Rolle gespielt haben. Vor allem das örtliche Handwerk wird weitgehend mit Lieferungen für das Militär beschäftigt gewesen sein und daran auch sicher gut verdient haben.

Spätestens nach den Drusus-Feldzügen (11/9 v. Chr.) in Germanien und dem erfolgreichen Abschluss der römischen Eroberungen rechts des Rheins 7 n. Chr. waren die Voraussetzungen für den weiteren Ausbau des Oppidum Ubiorum im Sinne einer römischen Stadt gegeben. In überraschend kurzer Zeit setzte man die Planungen Roms um, die vorsahen, dass Köln *(Ara Ubiorum)* zur Hauptstadt der geplanten Provinz Germania wurde. Dazu gehörten öffentliche Bauten, wie Tempel und Ehrenbögen in Steinarchitektur, wie H. von Hesberg nachweisen konnte. Von besonderer Bedeutung war aber ein zentrales Heiligtum der Provinz Germanien nach dem Vorbild Galliens mit der Hauptstadt *Lugdunum*/Lyon, das Tacitus für das Jahr 9 n. Chr. bezeugt: In Lyon stand der Altar für die Göttin Roma und Augustus *(Ara Romae et Augusti)*. Alljährlich kamen dort die Vertreter aller gallischen

Münze, geprägt unter Augustus in Lugdunum/Lyon mit Darstellung des Altars für den Kult von Roma und Augustus

Augustus (63 v. Chr.–14 n. Chr.)

Augustus, der erste römische Kaiser, wurde am 23. September 63 v. Chr. als Caius Octavius geboren und 44 v. Chr. von seinem Großonkel C. Julius Caesar adoptiert. Seitdem trug er dessen Namen. In den Bürgerkriegen nach Caesars Ermordung und mit seinem früheren Verbündeten Marcus Antonius setze er sich nach dem Seesieg bei Actium (31 v. Chr.) ab 27 v. Chr. als Alleinherrscher durch. Der Senat verlieh ihm in diesem Jahr den Ehrennamen Augustus (»Der Erhabene«), den er von nun an führte.

Augustus gelang es nach den verheerenden Bürgerkriegen, im Inneren des Reiches eine friedliche Entwicklung einzuleiten, auf der anderen Seite dieses aber auch durch militärische Eroberungen erheblich zu vergrößern. So ordnete er auch persönlich von 16 bis 13 v. Chr. die Verhältnisse in Gallien. Diese Erschließung des Landes wurde durch ein neues Straßennetz gefördert, das Agrippa, der enge Vertraute des Kaisers und Sieger von Actium, als Statthalter in Gallien hatte anlegen lassen. Wohl in dessen zweiter Statthalterschaft 20/19 v. Chr. hatte er auch den verbündeten Germanenstamm der Ubier aus dem rechtsrheinischen Gebiet in das Umfeld des späteren Köln übersiedeln lassen.

Der Feldzug von 15 v. Chr. leitete die Besetzung der Alpen und des Voralpengebietes bis zur Donau ein. Im Jahre 12 v. Chr. begann Drusus, der Stiefsohn des Augustus, mit einer Offensive rechts des Rheins, das germanische Gebiet bis zur Elbe zu unterwerfen. In diesem Rahmen ist auch die Gründung Kölns zu sehen: So ist Augustus als der Gründer Kölns zu betrachten, auch wenn sein Name nicht im Namen des neu erbauten Zentralortes aufscheint, wie etwa in Trier *(Augusta Treverorum)* oder Augst *(Augusta Raurica)*. Nach wechselvollem Verlauf und einigen Rückschlagen, galt das Ziel der Eroberung Germaniens schon erreicht. Im Jahre 7 n. Chr. setzte Augustus den Verwaltungsspezialisten Quinctilius Varus als Statthalter der neuen Provinz Germanien ein. Dieser sollte die Erschließung und Umwandlung des germanischen Gebietes in eine römische Provinz beschleunigt weiterführen. Doch der Aufstand der Germanen unter Arminius und die Vernichtung der Armee des Varus im Jahre 9 n. Chr. brachte den Tod des Statthalters und das Ende der Okkupationspläne des Augustus. Diese schwere Niederlage hatte den Kaiser auch persönlich tief getroffen (»Varus, gib mir meine Legionen zurück!«). Rom zog sich wieder auf die Rheingrenze zurück, Köln *(Ara Ubiorum)*war nun nicht mehr Hauptstadt einer Großprovinz Germanien. Am 19. August des Jahres 14 n. Chr. ist Augustus gestorben und hinterließ das Reich seinem Stiefsohn Tiberius.

Die germanischen Stämme um das Ubiergebiet in der frühen Kaiserzeit

Augustus, 27 v.–14 n. Chr., Münzportrait

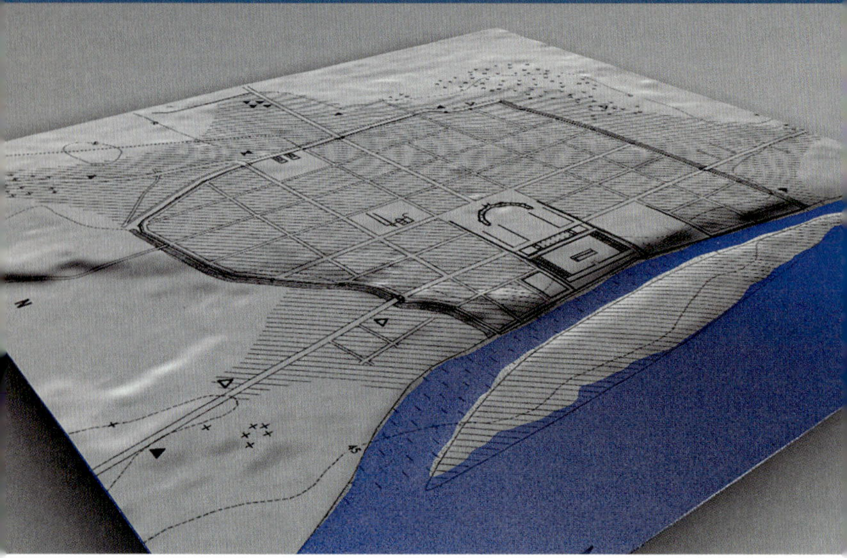

Digitales Höhenmodell: Deutlich zeichnet sich der hochwassersichere Geländeschild der Kölner Altstadt und die vorgelagerte Rheininsel ab (mit Grundriss der späteren CCAA)

Stämme zusammen, um dort ihre Loyalität gegenüber Rom und Augustus unter Beweis zu stellen. Auch für *Cambodunum*/Kempten in Raetien oder *Virunum*/bei Klagenfurt in Noricum sind solche Heiligen Bezirke für Roma und Augustus bezeugt.

Doch die schriftlichen Quellen zum Oppidum Ubiorum sind mehr als spärlich gesät. Tacitus (Annalen 1,57,2) berichtet im Kontext der Ereignisse rund um die Varus-Niederlage 9 n. Chr. von dem cheruskischen Adligen Segimundus, der *»apud aram Ubiorum«*, also am Altar der Ubier, zum Priester berufen wurde. Tacitus schreibt: »... in dem Jahr, als die germanischen Gebiete abfielen, war er zum Priester am Altar der Ubier gewählt worden«. Damit ist sicher: In Köln stand ein Zentralheiligtum, sicherlich auch für Roma und Augustus nach Vorbildern in Gallien und anderen römischen Provinzen; wo genau, ist bis heute durch archäologische Funde nicht eindeutig belegt. Aus guten Gründen vermutet man das zentrale Heiligtum im Zentrum der späteren Kolonie, zwischen Praetorium und Großtempel, Forum und Rheinufer. Die großzügige, gewiss von Mauern umfriedete, mit kostbaren Statuen und Bildnissen der kaiserlichen Familie geschmückte Anlage muss die im Aufbau befindliche Stadt von Beginn an geprägt haben, denn die Bezeichnung Ara Ubiorum wurde zum ersten Namen Kölns und auch unter Kaiser Claudius Teil des Kolonienamens – doch dazu später mehr (S. 98).

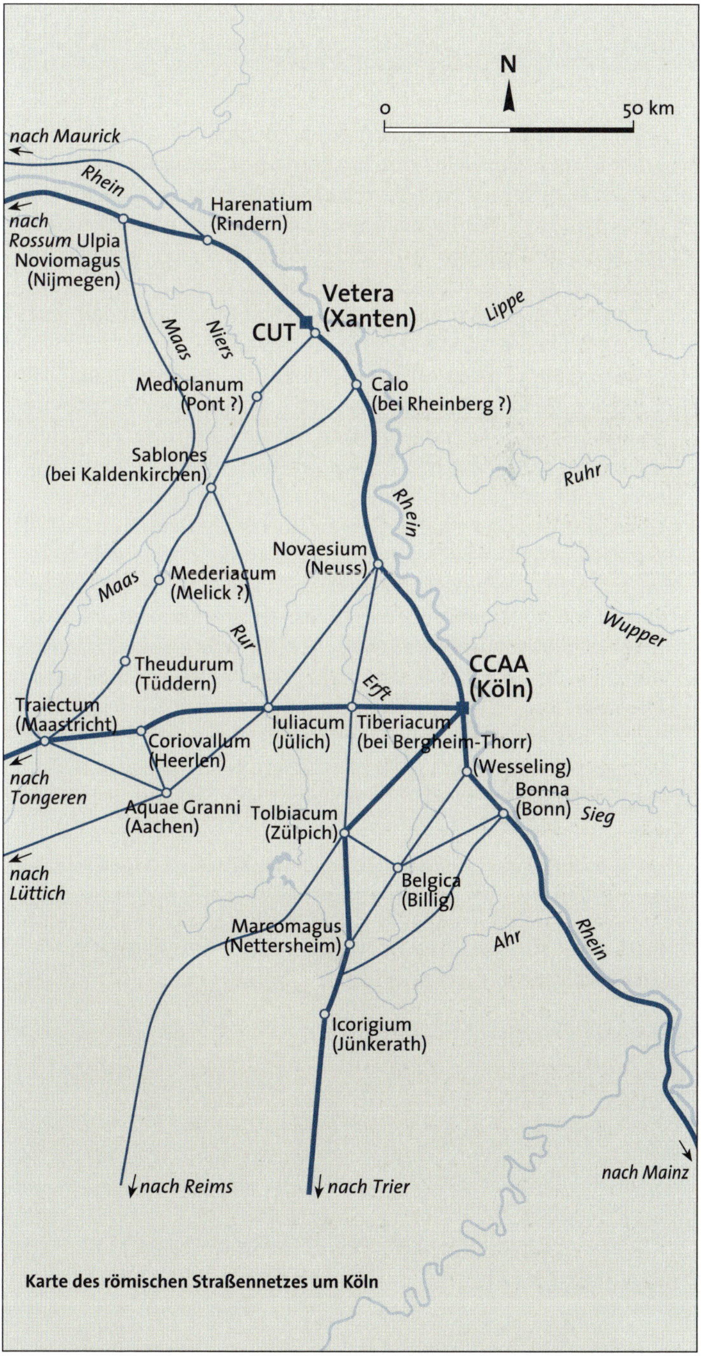

Karte des römischen Straßennetzes um Köln

In diesem Kultbezirk wurde seit der Gründung der Provinz, also frühestens 7 n. Chr. und spätestens 9 n. Chr., der Provinzialkult der neuen Provinz Germania mit gewählten Priestern germanischer Abstammung römischer Tradition folgend gefeiert. Segimundus stammte aus einer germanischen Familie, war aber bereits römischer Bürger. Wie viele führende germanische Familien war auch die des Segimundus nach dem Ende der Germanenoffensiven unter Drusus und Tiberius zu römischen Bürgern ernannt worden, sei es aus strategischen, wirtschaftlichen oder ideologischen Interessen. Einige, wie der Cherusker Arminius, bekleideten hohe militärische Ränge im römischen Heer oder gehörten gar dem zweiten römischen Adelsstand, dem Ritterstand, an.

Doch zurück zu den Anfängen Kölns: Der Standort für die Gründung des oppidum Ubiorum war von den römischen Militärs mit Bedacht gewählt worden. Die Neugründung lag in einer fruchtbaren Landschaft, wie schon Plinius der Ältere (circa 23–79 n. Chr.) hervorhebt, der als Offizier des römischen Heeres das Land der Ubier kennengelernt hatte. Das vor Hochwasser geschützte Stadtplateau des antiken Köln überragte das Umland um mehrere Meter, fiel nach Osten steil und bis zu zehn Meter tief in die Rheinaue ab. Ein 60 Meter breiter Rheinarm trennte das Plateau und eine 1.000 Meter lange und bis zu 200 Meter breite Insel, deren nördliche Spitze auf Höhe der Trankgasse lag, die südliche bei St. Maria Lyskirchen. Der Flussarm wurde vermutlich schon in vorrömischer Zeit als Naturhafen genutzt. Im heutigen Stadtbild ist diese Altrinne kaum noch zu erahnen, denn die Hafensohle liegt bis zu 14 Meter tief unter dem heutigen Straßenniveau! Am

Rekonstruierter römischer Reisewagen im RGM mit bronzenen Originalbeschlägen

Bei den Ausgrabungen am Waidmarkt kamen gut erhaltene Holzbefunde ans Tageslicht: Um den Baugrund zu befestigen, hatten die römischen Straßenbauer Hölzer unter dem kiesgeschotterten Straßendamm geschichtet

Alter Markt zeichnet der Treppenabgang vom Rathausplatz zur Marktfläche die alte Rheinböschung nach. Die Platzfläche markiert in etwa Verlauf und Breite der Nebenrinne, die Häuser auf der Ostseite des Platzes das landseitige Inselufer. Der zum offenen Strom gerichtete Inselsaum verlief auf Höhe des Buttermarktes.

Die Südgrenze des Stadtplateaus markiert der Duffesbach. Südlich, westlich und nördlich des Stadtzentrums schließt die ursprünglich von zahllosen Geländerinnen gegliederte Niederterrassenlandschaft des Rheintals an. Nur von Zeit zu Zeit sammelten sich in den Niederungen Niederschläge oder Grundwasser. Heute ist vom alten Geländerelief kaum noch etwas im Stadtbild zu erkennen; wenige Altrinnen, wie das Nippesser Tälchen, sind erhalten. Von anderen zeugen heute nur mehr Stadtteilnamen wie Raderthal oder Bayenthal.

Römische Militärs haben am Platz der Neugründung zunächst den Bewuchs brandgerodet und den Humus abgetragen, darauf, wie es der römische Architekt Vitruv vorgibt, Holzkohle und Astlagen aufgebracht. Immer wieder stoßen Archäologen bei Ausgrabungen im Stadtgebiet auf eine mit Holzkohle und Rotlehm durchsetzte, teilweise unter Hitzeeinwirkung verziegelte Schicht direkt über dem anstehenden Hochflutlehm, die als eine Art ›Pionierhorizont‹ zu interpretieren ist. Der Untergrund wurde auf diese Weise ›trittfest‹ gemacht und für bauliche Maßnahmen vorbereitet. Auf staunassen Böden wurden Drainagegräben gezogen, Reisig und Äste oder sogar schwere Spaltbohlen geschichtet.

Der Platz für die Gründung von Köln war auch von der Verkehrsanbindung hervorragend gewählt: In die den Rhein von Norden nach Süden begleitende Limesstraße mündeten hier von Südwesten die Fernstraßen von Reims und Trier ein. Von Westen her kam eine wichtige Straße aus dem Inneren Galliens über Maastricht, Heerlen und Jülich. Die wichtigste Nord-Südverbindung für den Transport von Menschen und Gütern bildete aber der Rhein selber. So muss von Anfang an der Rheinhafen für die römische Stadt eine ganz existenzielle Rolle gespielt haben. Auf Schiffen wurden Menschen, Baustoffe, aber auch Handelsgüter von nah und fern in die im Aufbau befindliche Stadt transportiert, auf dem Rhein lief der Großteil der Logistik für die Germanenfeldzüge am Niederrhein. Bei Ausgrabungen am Alter Markt wurde das Wrackteil eines um Christi Geburt gebauten Schiffes geborgen, das in augusteisch-tiberischer Zeit den Rhein befahren hat. Wie der Hafen in der frühen Kaiserzeit aussah, wissen wir nicht. Vermutlich landeten Schiffe sowohl in der Nebenrinne als auch im Hauptstrom an. Die damals wohl weitgehend unbebaute Rheininsel bot großflächige Lagerflächen an.

Die Ursprünge des orthogonalen Straßennetzes der römischen Kolonie gehen ebenfalls auf die augusteische Stadtplanung zurück, so wie es auch an anderen Orten wie Augst, Metz, Trier und Tongeren nachgewiesen werden konnte. Die bedeutendste und wohl auch älteste Straße war die Limesstraße, die in Nord-Süd-Richtung das gesamte Stadtgebiet erschloss. Der innerstädtische Straßenabschnitt bildete den *cardo maximus.* Sein west-östliches Pendant

Waidmarkt/Severinstraße, im Zuge der U-Bahn-Ausgrabungen wurden die ca. 2,5 Meter starken Schotterlagen der römischen Limesstraße untersucht. Im gewachsenen Lehm zeichnen sich die Gräben der ältesten Straße aus augusteischer Zeit ab

war der *decumanus maximus*, der aus dem Stadtgebiet (Schildergasse) in westliche Richtung, über Jülich und Aachen (Aachener Straße) in Richtung Atlantik führte. Aus diesen beiden Hauptachsen wurden die Grundlagen für das rechtwinklige Straßennetz des Oppidum Ubiorum wie auch der späteren Kolonie entwickelt.

Die Planungen für die Anlage dieses umfassenden Straßennetzes lassen sich anhand der archäologischen Ausgrabungen zumindest bis in spätaugusteisch-frühtiberische Zeit zurückverfolgen. Geplant wurde am Reißbrett. An manchen Stellen machte die Realisierung dieser Planungen dann besondere bauliche Maßnahmen erforderlich. Doch die römischen Architekten nahmen auch widrige Bodenverhältnisse in Kauf.

So zum Beispiel am Waidmarkt: Bei Ausgrabungen für den Bau der Nord-Süd Stadtbahn und am Platz des ehemaligen Polizeipräsidiums wurden Wohn- und Gewerbebauten nachgewiesen, deren Ursprünge in frühtiberische Zeit (zweites Jahrzehnt n. Chr.) fallen. Ein feinmaschiges rechtwinkliges Straßennetz erschloss das Wohn- und Gewerbeviertel beidseits der Nord-Süd verlaufenden Limesstraße. Das morastige Gelände westlich der Limesstraße erforderte jedoch besondere bauliche Vorkehrungen. Eine von Westen auf die Hauptstraße führende Trasse wurde zunächst über einen Drainagegraben in östliche Richtung entwässert, anschließend mit einer Lage mächtiger Spaltbohlen verstärkt und darüber mit Kiesschotter befestigt. Die Hölzer aus dem Unterbau der Straße datieren deren Bau jahrgenau 17 n. Chr. Trotz widriger Bodenverhältnisse wurde die ›Planung vom Messtisch‹ umgesetzt, man könnte sagen, ›gebaut wie geplant‹.

Die Nord-Süd Hauptstraße muss dementsprechend älteren Ursprungs sein. Auch wenn sich die Bauzeit bislang nicht exakt festlegen lässt, dürfte die Trasse schon in den ersten Jahren römischer Präsenz am Niederrhein vom vorgeschichtlichen Trampelpfad zur römischen Fernstraße ausgebaut worden sein, vielleicht schon während der zweiten Amtszeit Agrippas, spätestens jedoch mit dem beginnenden Ausbau der Stadt im letzten Jahrzehnt v. Chr. Soweit archäologisch bekannt, bestand die älteste römische Straße aus einer bis zu 4,5 Meter breiten, leicht gewölbten Lehmfahrbahn, die seitlich von Flechtwerkzäunchen und Spitzgräben begrenzt war. Auf Höhe des Waidmarktes deuteten Reste von längs zur Fahrbahn ausgelegten Bohlen auf eine Befestigung der Straße hin. Straßenbegleitende Gräben wurden später noch mit Holzbrettern ausgekleidet. Im Verlauf der ersten Hälfte des 1. Jahrhunderts wurde dann eine Kiesdecke aufgebracht und die Straße auf neun Meter verbreitert.

5.5 OPPIDUM UBIORUM – BAUTEN UND BEWOHNER

Wie sah die Stadt in den Jahren um Christi Geburt aus? Was können wir über ihre Größe, Ausdehnung, Infrastruktur, Bebauung und die Menschen, die dort lebten und arbeiteten, sagen? Trotz mancher Versuche ist es bis heute nicht gelungen, die Grenzen des oppidum Ubiorum genau abzustecken. Man darf es sich aber nicht zu klein vorstellen: Funde und Befunde der Zeit um Christi Geburt und der ersten Hälfte des 1. Jahrhunderts n. Chr. verteilen sich fast über das gesamte Areal der späteren Kolonie. Im Norden, Westen und Süden streuen sie sogar auch über deren Grenzen in den Bereich der späteren Vorstädte hinaus.

Das am besten erhaltene bauliche Zeugnis dieser Zeit ist das sogenannte Ubiermonument, das als ältester erhaltener Steinbau nördlich der Alpen gilt (siehe Kasten S. 80f.). Die großen Tuffsteinblöcke stammen wahrscheinlich aus dem Brohltal oder dem Tal des Krufter Baches, wo römische Militärs im unterirdischen Bergbau Tuff gebrochen und abgebaut haben. Das jahrgenau datierte Ubiermonument (4/5 n. Chr.) belegt, dass vom Militär gut organisierte Steinbrüche bereits um Christi Geburt betrieben wurden. Grundlage dafür war ein ehrgeiziges Bauprogramm schon unter Kaiser Augustus. Steinbau und Steinbrüche waren im Rheinland bis dahin unbekannt, eine Ausnahme bildeten nur die Mühlsteinbrüche um Mayen.

Aber Spezialisten des römischen Heeres müssen die südlich anschließende Mittelgebirgslandschaft der Eifel intensiv erkundet haben. Bald hatten sie geeignete Lagerstätten an Baumaterial ausfindig gemacht und diese abgebaut. Es ist nicht verwunderlich, dass dabei der vulkanische Tuff im Brohltal oder im Krufter Bachtal von den Suchtrupps des römischen Militärs als erstes von den Baumaterialien der Eifel erkannt und erschlossen wurde. Denn das gleiche Material steht auch rund um Rom an und prägte das Bild der Hauptstadt noch in augusteischer Zeit. Aber bald schon kamen Grauwacke, Trachyt vom Drachenfels, Basalt, Dachschiefer und sogar Kalkstein aus Lothringen dazu. Über Mosel und Rhein gestaltete sich der Transport dieser Massengüter relativ problemlos.

Die Funktion des Turms, der als Ubiermonument bekannt wurde, ist in der Literatur stets kontrovers diskutiert worden. Mit großer Wahrscheinlichkeit handelte es sich um den steinernen Südostturm einer ansonsten aus Holz und Erde errichteten frühkaiserzeitlichen Stadtbefestigung, der zugleich als eine Landmarke (vielleicht sogar als Leuchtturm?) die Einfahrt zur alten Hafenrinne markiert hat. Eine mit Sicherheit – auch anhand des

Burgmauer/Margarethenkloster, bei Ausgrabungen wurden 1980 Reste der frühkaiserzeitlichen Holzbauten und jüngerer Steingebäude freigelegt

Ubiermonument

Das heute noch 6,3 Meter hoch erhaltene Ubiermonument wurde 1965 beim Bau eines Privathauses freigelegt. Es markiert die Südostecke der späteren römischen Kolonie. Reste der Stadtmauer aus dem späten 1. Jahrhundert schließen nach Norden und Westen an das fast einhundert Jahre ältere Bauwerk an.

Das ursprünglich mindestens zwölf Meter hohe Ubiermonument gründet in der alten Rheinaue, sechs Meter unter dem Laufhorizont der römischen Kolonie. Um den Baugrund zu sichern, wurden zahlreiche zwei Meter lange Eichenpfähle in den anstehenden Kies gerammt. Über diesem Pfahlrost wurde eine 10,9 x 10,6 Meter große und 0,22 Meter starke Platte aus Kalkmörtel und Grauwackebruch *(opus caementitium)* gegossen, darüber dann ein 9,7 x 9,38 Meter großer und 1,42 Meter hoher Fundamentsockel aus unterschiedlich Tuffblöcken gesetzt. Darüber springen die Mauern des Turmes um 0,84 bzw. 0,52 Meter zurück und bilden so einen quadratischen Grundriss von 8,96 x 8,96 Meter. Die Steinquader sind mörtellos verlegt, an der Oberseite mit Holz- und Eisenklammern in Bleiverguss verbunden. Etwa vier Meter oberhalb der Fundamentplatte war im Inneren des Turmes ein Boden aus hartem Mörtel und Grauwacken verlegt.

Dendrochronologische Untersuchungen an den Hölzern des Pfahlrostes datieren die Baumaßnahme 4/5 n. Chr. Aus dem Fundamentbereich des Bauwerks wurden zudem mehrere Aduatukerprägungen der Zeit um Christ Geburt geborgen.

Ein nahezu identischer Turm stand in der Nordostecke der römischen Stadt. 1892 stieß man bei Bauarbeiten für einen Pfeiler des Eisenbahn-Viaduktes auf eine ähnliche Substruktion in der Flussaue.

Das Ubiermonument wurde beim Bau der Stadtmauer Ende des 1. Jahrhunderts so weit abgebrochen, dass die Ruinen hinter der neuen rheinseitigen Mauerfassade verschwanden. *Intra muros* wurde das Niveau so weit abgebrochen, dass die Ruinen des Turms unter Aufschüttungen, mit denen das direkt an die Stadtmauer angrenzende innerstädtische Laufniveau angehoben

Befundes von Waldgirmes – vorauszusetzende Umwehrung des Oppidum Ubiorum lässt sich in der ersten Hälfte des 1. Jahrhunderts n. Chr. bislang zwar nicht sicher nachweisen, doch immerhin sind bereits Reste einer nicht genau datierten Holz-Erde-Mauer mit Graben nahe dem Domkloster und am Neumarkt freigelegt worden. Tacitus (Annalen 13,57) berichtet 58 n. Chr. von einem verheerenden Brand, der auch die Stadtmauer der CCAA bedrohte. Die steinerne Stadtumwehrung kann es nicht gewesen

Am Malzbüchel: Ubiermonument von Norden (rechts) und östliche Stadtmauer (links) mit Hochwasserdurchlass

wurde, verborgen lagen: Das mächtige Ubiermonument verschwand aus dem Stadtbild. Diesem Umstand haben wir zu verdanken, dass die massiven Fundamente bis heute erhalten geblieben sind. Auch mit dem Turm in der Nordostecke dürfte es sich ähnlich verhalten haben.

Ein Geheimnis sei hier erstmals verraten: Das Ubiermonument hat mit den Ubiern eigentlich wenig zu tun. Der Name ist eine listige Erfindung des Ausgräbers Otto Doppelfeld, der dem nach seiner unerwarteten Auffindung vom Abbruch bedrohten Monument (es gab damals noch kein wirksames Denkmalschutzgesetz) einen historisch besonders bedeutsamen Namen verpasste, um Politiker und Bauherrn so für die Erhaltung zu gewinnen. Offensichtlich war dieser Trick erfolgreich!

sein, denn sie entstand, wie wir heute wissen (S. 121ff.), erst einige Jahrzehnte später. Dass wir so wenig über die älteste Stadtbefestigung wissen, ist möglicherweise auch darauf zurückzuführen, dass die Stadtmauer des späten 1. Jahrhunderts in denselben Fluchten verlief und bei ihrem Bau die Spuren der älteren Wehrmauer völlig beseitigt hat.

Große Flächen innerhalb der frühkaiserzeitlichen Stadt nahmen Wohn- und Gewerbebauten ein. Jüngere Untersuchungen anhand von Spolien (in späterer Zeit wiederverwendeten Bausteinen) zeigen jedoch, dass schon um die Zeitenwende eine größere Zahl aufwändig geschmückter steinerner Großbauten existierte. Besonders der öffentliche Raum in der Stadt, ihre bedeutendsten öffentlichen Plätze, die der politischen oder religiösen Zusammenkunft dienten, war offenbar schon sehr früh nach römischem Vorbild mit Steinarchitektur ausgestaltet. Die in Köln ausgegrabenen frühkaiserzeitlichen Architekturfragmente stammen von Großbauten, die im Auftrag des römischen Heeres und der Verwaltungsspitzen von zugewanderten spezialisierten Handwerkern am Rhein errichtet wurden. Neben der *ara Ubiorum* hat man mehrfach qualitätvolle Werksteine von Tempeln und Verwaltungsgebäuden entdeckt. Eine fast meterstarke Säulentrommel lässt sich nur mit einem frühkaiserzeitlichen Tempel, wie er aus anderen Teilen des Reiches bekannt ist, in Einklang bringen. Außerdem liegen aus Köln Säulenbasen mit guten Parallelen zu früher römischer Monumentalarchitektur in Südfrankreich, Oberitalien und von der iberische Halbinsel vor. Gleiches trifft auf Kapitelle und Gesimsteile aufwändig dekorierter Bauten aus der Zeit um Christi Geburt zu. In Ansätzen erforscht ist der Gründungsbau des Hauptquartiers der römischen Heeresleitung auf dem Platz des späteren Statthalterpalastes (praetorium), das wohl mit dem Haus des Germanicus bei Tacitus (»in domo Germanici«) gleichzusetzen ist. Auch bei Alt St. Alban wurden große, mit hölzernen Schwalbenschwanzklammern verbundene Steinblöcke nachgewiesen, die aus der Frühzeit des römischen Köln stammen müssen. Wiederverwendete Blöcke hat man auch aus dem Nordtor der Kolonie geborgen. Auch liegt das Fragment eines steinernen Ehrenbogens vor, der vielleicht der Ehrung des Augustus oder des Germanicus diente. Ehrendenkmäler sind aus verschiedenen Städten der frühen Kaiserzeit bekannt. Kostbare Reiterstatuen des Kaiserhauses, wie in Waldgirmes nachgewiesen, sind auch in Köln vorauszusetzen.

Die frühesten Monumentalbauten entstanden im Auftrag des Kaiserhauses und der Heeresverwaltung. Doch schon bald gesellten sich auch private Stifter und Auftraggeber hinzu, getragen vom Wunsch nach einem mediterran geprägten Lebensstandard in der blühenden Neugründung am Rhein, am Platz des zentralen Kultes für Rom und Augustus. Anders als für das östlich des Rheins gelegene Waldgirmes blieb die verheerende Niederlage in der ›Schlacht im Teutoburger Wald‹ für Köln ohne weitreichende Konsequenzen. Im Gegenteil: Der Reichtum der örtlichen Zivilbevölkerung, die stets durch neu niedergelassene Veteranen des

Ein früher Kölner: Grabstein des Sklavenhändlers Caius Aiacius. Gefunden in der Bonner Straße 130.

Woher kamen die Menschen, die sich im frühen Köln niederließen?

Zweifellos haben die einheimischen Ubier, die sich aber rasch römischen Traditionen öffneten, wesentlichen Anteil an der städtischen Bevölkerung gehabt. Doch auch aus vielen anderen Teilen des Imperiums zogen Römer und Provinzialen, Freie und Sklaven oder Handwerker und Händler im Gefolge der römischen Truppen an den Rhein.

Lucius Poblicius, dessen Grab am Chlodwigplatz gefunden wurde (S. 262), kam aus Süditalien. Nach Abschluss seiner Militärzeit ließ er sich in Köln nieder, wo er Mitglied der wirtschaftlichen und sozialen Elite im oppidumzeitlichen Köln war. Caius Aiacius, Sohn des Publius, verdiente seinen Lebensunterhalt als Sklavenhändler. Geboren war der um 30 n. Chr. in Köln verstorbene, dem seine Nachkommen ein *»VALE AIACI«* (»Lebe wohl, Aiacius!«) mit auf den Weg gaben, in Etrurien oder Umbrien. Seine letzte Ruhestätte fand er an der Fernstraße Richtung Süden, der heutigen Bonner Straße. Vielleicht ist Aiacius auf einer Geschäftsreise verstorben, als er auf der Suche nach ›neuen‹ Sklaven das Rheinland bereiste. Auch Marcus Petronius Flosculus, der aus dem norditalischen Brescello stammte, war Anfang des 1. Jahrhunderts an der Bonner Straße beigesetzt worden. Zu Lebzeiten, das verrät sein Grabstein, war er als Keramikproduzent tätig. Die Familie der Bella war aus Reims an den Rhein gekommen. Bella, Tochter des Vonucus vom Stamm der Remae (Remer), bekam den Grabstein mit ihrem in Stein gemeißelten Namen von ihrem Ehemann Longinus gesetzt. Beigesetzt wurde Bella im römischen Friedhof bei St. Gereon um das Jahr 20 n. Chr. All diese Grabdenkmäler der Frühzeit sind im Römisch-Germanischen Museum ausgestellt.

Eine frühe Kölnerin: Grabstein der Remerin Bella mit ihrem Kleinkind, gesetzt von ihrem Mann Longinus. Gefunden Norbertstr. 10–12 (im Gräberfeld um St. Gereon)

römischen Heeres, durch Angehörige der zivilen und militärischen Verwaltung und durch die Militärs des Flottenlagers Alteburg ergänzt wurde, wuchs stetig. Er zog immer mehr Händler, Kaufleute und spezialisierte Handwerker aus anderen Teilen des Imperiums nach Köln. Auch auf den Friedhöfen schlug sich diese Entwicklung nieder. Entlang der Fernstraßen in Richtung Süden, Westen und Norden wurden große Grabdenkmäler errichtet, wie das eines Kassenverwalters *(dispensator)* aus der Regierungszeit des Augustus oder des Tiberius, der als hoher Verwaltungsbeamter für die Einkünfte aus kaiserlichen Besitzungen verantwortlich war.

Rekonstruktionszeichnung vom Grabbau eines hohen Finanzbeamten (dispensator)

Bronzekleingeld vom Breslauer Platz. Unter die Münzfunde aus römischer Zeit hat sich ein Reichspfennig von 1930 gemogelt (finden Sie den Sonderling?)

Frühkaiserzeitliche Geldwirtschaft im römischen Köln

Schon im 2. Jahrhundert v. Chr. hatten die Kelten Galliens und des rechtsrheinischen Gebiets nach hellenistischem und römischem Vorbild Münzen aus Edelmetall und Kupferlegierungen geprägt. Diese kursierten vor allem beschränkt auf Stammesgebiete, es gab aber auch Prägungen für den überregionalen Fernhandel. Aber auch Münzen der römischen Republik liefen in Gallien vor der römischen Okkupation bereits um. Denn schon vor Caesar und seinen Legionen hatten römische Händler begonnen, den lukrativen gallischen Markt für Wein und andere Güter zu erschließen. Doch neben dem Geldverkehr existierte noch eine weit verbreitete Naturalwirtschaft.

Bald nachdem die römischen Militärs die Landschaft am Niederrhein in Besitz genommen hatten, wurden Märkte eingerichtet und eine differenziertere Geldwirtschaft mit römischen Münzen eingeführt, die im ganzen römischen Reich gültig waren. Zu Beginn der römischen Herrschaft waren neben den römischen Nominalen auch noch einige wenige einheimische Prägungen im römerzeitlichen Geldumlauf zu finden. Darunter sind die sogenannten Aduatukermünzen oder Münzen der Ubier und Bataver, die sich an keltischen Silber- bzw. Kupfermünzen des rechtsrheinischen Lahngebietes orientierten. Die Kupfermünzen sind Zeugnis des antiken Kleingeldverkehrs, Silber- oder gar Goldprägungen spielten im Alltag der allermeisten Menschen vorerst kaum eine Rolle, bis dann der allgemeine Wohlstand wuchs. Das unter Kaiser Augustus reformierte römische Münzsystem bewertete den Aureus, die 8,2 Gramm schwere Goldmünze, mit einem Gegenwert von 25 silbernen Denaren zu 4,55 Gramm bzw. 100 Sesterzen (Messing), 200 Dupondien (Messing) oder 400 Assen (Kupfer). Daneben gab es noch Halb- (Semis) oder Viertelstücke (Quadrans) des As. Da anfangs Kleingeldmangel herrschte, hat man die aus zehn bis zwölf Gramm Kupfer gefertigten Asse in der frühen Kaiserzeit nicht selten halbiert, um noch kleinere Nominale zu erhalten. Das Geld kam aus den Prägestätten Roms oder Galliens *(Nemausus/*Nîmes oder *Lugdunum/*Lyon) als Soldzahlung an die Soldaten ins Rheinland. Vom Militär aus gelangte es dann in den rasch wachsenden zivilen Geldumlauf. Häufig lassen sich auch Gegenstempel an den frühen Prägungen nachweisen, die erst im Rheinland auf die Münzen aufgebracht worden sind. Sie stammen zumeist von hohen Beamten oder Militärs, die damit kleine Geldgeschenke und Sonderzahlungen an die Soldaten kennzeichneten. Auch Quinctilius Varus ließ bei seinem Dienstantritt 7 n. Chr. Münzen mit seinem eingestempelten Monogramm verteilen. Sie stellen die jüngsten genauer datierbaren Funde auf dem Schlachtfeld von Kalkriese dar.

Waidmarkt, das römische Holzfass diente in zweiter Verwendung der Aussteifung einer Grube

Pipinstraße/Kleine Sandkaule, bei Ausgrabungen der Nord-Süd Stadtbahn stießen Archäologen auf ein frühkaiserzeitliches Mosaik, erste Hälfte/Mitte 1. Jahrhundert n. Chr.

Kämmergasse, frühkaiserzeitlicher Töpferofen während der Freilegung im Jahr 2006

Ausgrabungen im frühkaiserzeitlichen Töpfereibezirk in der Lungengasse

Die Mehrzahl der Wohn- und Gewerbehäuser war allerdings recht einfach gestaltet. Einen Einblick in frühe Siedlungsstrukturen haben insbesondere die Ausgrabungen am Margarethenkloster westlich vom Dom, Ecke Breitestraße/Nord-Süd-Fahrt (WDR-Arkaden), oder am Waidmarkt ermöglicht. Dort reihten sich in augusteischer Zeit streifenhausartige, bis zu 25 Meter lange und sechs bis neun Meter breite Häuser entlang der Straßen. Die Holzfachwerkbauten standen auf Schwellbalken, die Flechtwerkwände waren mit Lehm verstrichen, die Innenwände grauweiß verputzt und farbig bemalt, die Böden mit Estrichen bedeckt. In den Hinterhöfen lagen Fasslatrinen, Abfallgruben und andere Infrastruktur.

In frühtiberischer Zeit wurden die Häuser am Margarethenkloster durch ein lokales Schadensfeuer zerstört, das Gelände zeitnah einplaniert. An gleicher Stelle wurden anschließend größere und repräsentativere Gebäude von mindestens 14,5 x 10,7 Meter Grundfläche errichtet. Ein 4,5 Meter breiter Säulengang (Portikus)

Keramikproduktion im römischen Köln

Köln blickt auf eine 2000jährige Tradition als Töpferzentrum am Niederrhein zurück. Die Kölner Keramikproduktion setzte sofort mit der Gründung des Oppidum Ubiorum ein. Die wichtigsten Töpfereien für Gefäße, Lampen, Terrakotten und Ziermasken wurden in den letzten Jahren von Constanze Höpken, Bernd Liesen, Evamaria Cahn, Günther Schauerte und Hannelore Rose intensiv erforscht. Die naturräumlichen Voraussetzungen waren für Produktion und Vertrieb von Keramiken aller Art bestens geeignet, fanden sich im Umfeld doch ausreichende Ton-, Wasser- und Brennholzressourcen. Besonders westlich von Köln gab es umfangreiche Lagerstätten mit dem charakteristischen weißbrennenden Kölner Ton in rund zehn Kilometer Entfernung. Vermutlich haben Subunternehmer die Kölner Töpfer mit Ton versorgt, der in kleinen Blöcken transportiert am Produktionsort aufbereitet wurde. Ausreichende Wassermengen lieferten schon in der Frühzeit der römischen Stadt Brunnen und Zisternen. Die erforderlichen Brennholzmengen standen in der Frühzeit der römischen Stadt wohl im linksrheinischen Umland zur Verfügung. Später wurde das Brennholz vor allem aus dem Rechtsrheinischen oder aus der Eifel bezogen.

Sowohl von den Tonen als auch von den Anforderungen der Konsumenten her, war es möglich, in Köln von Anfang an nicht nur einfaches Gebrauchsgeschirr, sondern hochwertig dekoriertes Tafelgeschirr und Öllampen herzustellen. Dazu bedurfte es spezialisierter Handwerker, die direkt aus Italien zuwanderten. Auch Terrakottafiguren und Tonmasken, die als Architekturdekorationen dienten, wurden später in Köln aus weißem Ton gefertigt. Man experimentierte sogar mit glasierten Gefäßen, wie man sie sonst vornehmlich im kleinasiatischen Osten anzutreffen pflegt. Produkte aus Kölner Töpfereien erfreuten sich früh großer Beliebtheit. Über den Rhein gelangten manche Warengruppen bis nach England. Andere Gefäße gingen als Exportverpackungen von flüssigen oder verderblichen Nahrungsmitteln auf Reisen.

trennte die Hausfront von der Straße. Die Häuser hatten nun knapp meterbreite Stampflehmwände in Pisétechnik. Bei der Pisétechnik gründen die Wände aus Stampflehm oder Lehmziegeln auf massiven Steinfundamenten, die den Lehm vor Bodenfeuchtigkeit schützten. Die Stampflehmwände wurden in wieder verwendbarer Holzverschalung errichtet. Lehmziegel hat man in Holzformen gefertigt und an der Luft getrocknet.

Schon während der ersten Hälfte des 1. Jahrhunderts muss es in Köln jedoch auch qualitativ hochwertige Privathäuser gegeben haben, deren architektonische Vorbilder in Oberitalien und anderen Teilen des Imperiums zu suchen sind. Hiervon zeugen aufwändige Wandmalereien und frühe Mosaikböden. Zeittypisch

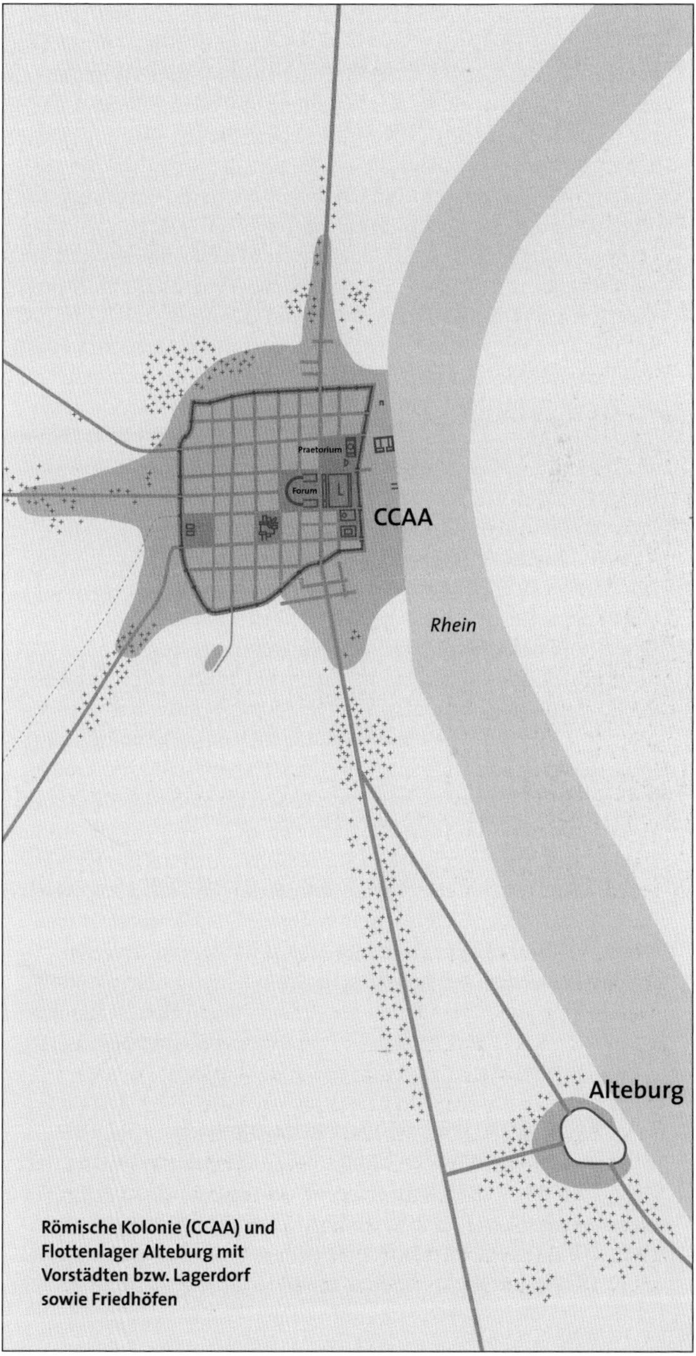

Römische Kolonie (CCAA) und Flottenlager Alteburg mit Vorstädten bzw. Lagerdorf sowie Friedhöfen sind schwarz-weiße Mosaiken mit überwiegend geometrischen Mustern, wie sie beispielsweise in der Kasinostraße gefunden wurden. Zu den beiden Altfunden des 19. Jahrhunderts kommt ein Neufund an der Ecke Augustinerstraße/›Kleine Sandkaule‹ hinzu, dessen geometrische Motive ebenfalls auf die erste Hälfte des 1. Jahrhunderts zurückgehen. Weitere Reste ›früher‹ Mosaikböden sind westlich und südlich des Doms, in der Blindgasse sowie im Norden des Cäcilienklosters freigelegt worden.

Immer wieder lassen sich auch Spuren frühen Handwerks in der frühkaiserzeitlichen Stadt nachweisen. Vor allem das Töpferhandwerk, das Gefäße, Terrakotten und Öllampen herstellte, hat Spuren in Form von Öfen und dem Schutt misslungener Produkte (Fehlbrände) hinterlassen. Die ältesten römischen Töpfereien aus der ersten Hälfte des 1. Jahrhunderts lagen im Westen des Oppidum Ubiorum, im Bereich der heutigen Lungengasse und angrenzender Straßen. Die Werkstätten waren in Wohn- und Gewerbebezirke eingebettet, die an die in südwestliche Richtung nach Trier (Luxemburger Straße) bzw. in westliche Richtung nach Aachen (Aachener Straße) führenden Fernstraßen anknüpften. Dort ließen sich nicht nur die zur Keramikproduktion erforderlichen Rohstoffe an- und Waren ausliefern: Die feuergefährlichen, rauch- und geruchsintensiven Töpfereien lagen zugleich am Rand der frühkaiserzeitlichen Stadt. Mitte des 1. Jahrhunderts wurde der Töpfereibezirk an der Lungengasse aufgegeben, vermutlich, um der städtebaulichen Entwicklung nach der Erhebung zur Kolonie Rechnung zu tragen. Frühe Töpfer lassen sich sonst im Norden, unmittelbar westlich des *cardo,* und im Süden der späteren Kolonie, an der Kämmergasse nachweisen.

Auch mächtige Grabbauten aus Stein waren bereits in der Frühzeit der Stadt vorhanden. Lange Reihen von Pfeilergrabmälern, Rundgräbern oder Grabtempeln zogen sich entlang der Gräberstraßen außerhalb des Oppidum Ubiorum hin und verliehen für den Reisenden, der sich dem oppidum näherte, dem Stadtbild einen römischen Charakter, wie er es aus Italien oder Südgallien kannte.

5.6 FRÜHES MILITÄR IM UND BEIM OPPIDUM UBIORUM

Zwar spielte das römische Militär bei der Standortwahl und der Gründung des frühen Köln sicherlich eine wesentliche Rolle, doch waren weder das Oppidum Ubiorum oder die spätere Koloniestadt CCAA jemals Garnisonsorte in dem Sinn, dass hier eine reguläre Kampftruppe in der Stadt selber auf Dauer stationiert war.

Breslauer Platz, Schienenpanzerbeschlag und Fibel aus dem Militärlager des frühen 1. Jahrhunderts

Es gibt zwar immer wieder Nachrichten aus der Frühzeit über vorübergehende Winterlager, die von Legionsabteilungen nahe der Stadt befristet angelegt worden sind. Die römische Rheinflotte, die *classis Germanica,* die spätestens seit der Mitte des 1. Jahrhunderts n. Chr. südlich von Köln lag, errichtete ihr Standlager (über älteren Lagerspuren) mit deutlichem räumlichem Abstand zur Stadt (circa 3,5 Kilometer). Es waren zwar immer Soldaten im Stadtbild Kölns anwesend, aber dabei handelte es sich nur um Durchreisende oder Leibwächter und Gardeeinheiten hoher militärischer Kommandeure, etwa der späteren Statthalter, die ihren Dienstsitz in Köln hatten. Ob diese Gardisten, die aus den niedergermanischen Legionen und Hilfstruppen befristet abkommandiert waren, im Praetorium untergebracht waren oder ob ihnen, wie etwa im römischen London oder in *Virunum* bei Klagenfurt, ein eigenes Militärlager außerhalb der Stadt zur Verfügung stand, das weiß man noch nicht.

Nach der Niederlage Roms im Teutoburger Wald 9 n. Chr. und der Aufgabe der Eroberungsabsichten rechts des Rheins durch Tiberius ab 17 n. Chr. war der Rhein wieder römische Reichsgrenze

Domgrabung (oben) und Breslauer Platz (unten): Auf den Terra Sigillata-Scherben sind Graffiti von Angehörigen der 19. Legion zu sehen

geworden. Das Hauptquartier der Rheinarmee, das offenbar noch unter Drusus in Nijmegen gelegen hatte, wurde irgendwann – wohl schon unter Tiberius – nach Köln verlegt, nachdem dort auch Germanicus mit seiner Familie gewohnt hatte. Vielleicht ist tatsächlich aus dem von Germanicus mit seinem Gefolge bewohnten Haus zunächst das Hauptquartier des niedergermanischen Heeresbezirks und dann das spätere Praetorium, der Sitz des Statthalters der Provinz Niedergermanien entstanden.

Tacitus berichtet in seinen Annalen für das Jahr 14 n. Chr., also das Jahr, in dem Kaiser Augustus am 19. August gestorben war, von Unruhen bei den rheinischen Legionen, die damals im Gebiet der Ubier stationiert waren. Dabei wurden auch besonders unbeliebte Centurionen gelyncht. Als Germanicus, der damals in Gallien mit dem census, das heißt mit Vermögensschätzungen beschäftigt war, davon erfuhr, eilte er an den Rhein und beschwichtigte die Meuterer zunächst mit Geldzahlungen und nahm ihnen den Eid auf Tiberius ab. Dann zog er sich über den Winter ins Oppidum Ubiorum zurück, wo die 1. und die 20. Legion sowie zum Reservedienst bestimmte Veteranen *(veterani sub vexillo)* ebenfalls ihre Winterlager bezogen. Germanicus hatte in der Stadt ein Haus bezogen, als die Meuterei beim Besuch einer Senatsdelegation unter Munacius Plancus wieder aufflackerte. Er wurde in seinem Haus bedrängt, und man verlangte die Herausgabe seines im Hause aufbewahrten Feldzeichens *(vexillum)*, das wohl das äußere Zeichen seiner Kommandogewalt war. Möglicherweise galt damit sein Haus als Praetorium, als offizielle Wohnung des Oberkommandierenden, die sich normalerweise sonst innerhalb der Militärlager befand.

Auch die Senatoren wurden bedroht, und Plancus floh zu Fuß in das nahe gelegene Lager der 1. Legion, wo er Schutz fand. Bei Tagesanbruch begab sich auch Germanicus in das Lager und tadelte die Meuterer. Als Germanicus vorsichtshalber seine schwangere Frau Agrippina die Ältere und seinen kleinen Sohn, den späteren Kaiser Caligula, fluchtartig aus der Stadt bringen lassen wollte, da erfasste die Soldaten Reue. Sie erzwangen das Bleiben der Familie und die Auslieferung der Meuterer. Die Lage beruhigte sich nun, die Veteranen wurden nach Raetien geschickt, das durch Sueben bedroht wurde, und Agrippina die Ältere kam in Köln mit ihrer Tochter, Agrippina der Jüngeren, nieder.

Für die Archäologen ergaben sich Interpretationsschwierigkeiten bei der Lokalisierung der Lager: Teile der bei Tacitus erwähnten Sommerlager sind schon länger bei Neuss nachgewiesen, die Winterlager der 1. und der 20. Legion bei Köln waren bis vor Kurzem noch nicht lokalisiert. Die Forschungsgeschichte zum römischen Köln ist nicht ganz frei von eher kuriosen Theorien, die zeitweilig in Mode waren. So bemühte man sich intensiv bis in die 1970er-Jahre hinein, innerhalb des Oppidum Ubiorum (circa 100 Hektar) gleichzeitig noch, ohne den geringsten archäologischen Anhalt, ein Doppellegionslager (circa 40 Hektar) unterzubringen!

Der Grund für diese These war eine falsch interpretierte Stelle bei Tacitus. Zwar spricht dieser nur vom Lager der 1. Legion, das vom Haus der Germanicus aus zu Fuß zu erreichen war. Das Lager der 20. Legion erwähnt er an dieser Stelle nicht. Doch wurde trotz dieser eindeutigen Überlieferung im Jahre 1960 die These in die Welt gesetzt, Tacitus habe sich unklar ausgedrückt und beide Truppen, also die 1. und die 20. Legion, wären gemeinsam in einem einzigen Lager untergebracht gewesen. Dieses fiktive Doppellegionslager geisterte fortan durch die Kölner Stadtgeschichte und wurde von den einen emsig gesucht, aber nie gefunden, von den anderen aber strikt abgelehnt.

Aber wenn man zurück zum Text des Tacitus ging und davon ausgehend im Kölner Umfeld zwei Winterlager der Legionen suchte, so wurde man nur bedingt fündig. Doch inzwischen kennt man zwei frühe Lager des ersten und zweiten Jahrzehnts n. Chr. nördlich – nahe bei der Stadt am Breslauer Platz – und südlich, circa 3,5 Kilometer südlich der Stadt auf der Alteburg. Beide sind aber für Legionslager, wie sie ja Tacitus angeblich überliefert, zu klein.

Doch zunächst zu den archäologischen Befunden: Am Breslauer Platz fanden sich bei den U-Bahn-Grabungen Spitzgräben und Abfallgruben eines augusteischen Lagers. Nachgewiesen wurde die Nordwestecke eines befestigten Areals von wohl bis zu circa sechs Hektar Größe, das vom Rhein bis zur Ecke Johannisstraße/Goldgasse und im Süden vermutlich bis zur späteren nördlichen Stadtbefestigung am Dom reichte. Beim zugehörigen Fundmaterial konnte man auch Teile von Waffen und Militärfibeln identifizieren. Der Platz wurde später immer wieder kurzfristig von römischen Truppen aufgesucht, die hier möglicherweise nur überwinterten. Dies muss auch schon vor 9 n. Chr. geschehen sein, denn auf Keramik (Terra Sigillata) fanden sich in diesem Bereich Ritzinschriften mit der Nennung der 19. Legion, die in der Varusschlacht 9 n. Chr. zugrunde ging. Da auch spätaugusteisches Fundmaterial vorhanden ist und die von Tacitus beschriebene topographische Nähe des oppidum Ubiorum zum Lager gegeben ist, könnte man hier mit guten Gründen das Winterlager der 1. Legion annehmen.

Das Flottenlager Köln-Alteburg auf der Flur Marienburg besitzt eine frühe Holzbauphase von circa zwölf Hektar Größe aus einer Zeit, als es die *classis Germania* noch gar nicht gab. Das Lager wurde nach Ausweis der Münzen und Feinkeramik (Terra Sigillata) aus geschlossenen Fundkomplexen direkt nach 9 n. Chr. gegründet. Die Innenbebauung der ersten Phase weist noch keine massiven Holzfachwerkbauten auf, wie ab der Zeit um die Mitte des 1. Jahrhunderts, als das Lager nachweislich von der Rheinflotte *(classis Germanica)* genutzt wurde. Vielmehr überschneiden sich hier die Spuren immer wieder neu errichteter leichter Holzbauten, was mit der mehrmaligen Nutzung der Alteburg als Winterlager in Einklang zu bringen wäre. Unter dem Fundmaterial der Altgrabungen gibt es auch Pila, die klassischen Wurfwaffen der Legionen. Somit käme die Alteburg sehr gut als Winterlager von Legionen, höchstwahrscheinlich der 20. Legion, infrage.

Dass man bei Köln keine spätaugusteischen Legionslager, sondern nur kleinere Anlagen gefunden hat, verwundert nicht. ›Legionslager‹ im engeren Sinne gab es damals noch gar nicht! Ein wirkliches ›Legionslager‹, also ein Lager für eine ganze Legion mit circa 20 Hektar, tritt erstmals in tiberischer Zeit in *Vindonissa*/ Windisch in der Schweiz auf! Vorher gab es nur große Lager um die 40 Hektar Größe, sogenannte Doppellegionslager, und kleinere Lager von zehn bis zwölf Hektar, in denen Teileinheiten von Legionen *(vexillationes)* samt Hilfstruppen, vor allem Reiterei und Bogenschützen, stationiert waren – die sogenannten Vexillationslager.

Nun kann man zusätzlich für den Sprachgebrauch des Tacitus sicher nachweisen, dass er, wenn er von Lagern einer Legion spricht, oft nur Vexillationslager meint. Dies könnte vor allem der Fall sein, wenn die entsprechende Teileinheit einer Legion den Adler mit sich führt, was Tacitus für die 1. Legion im Winterlager berichtet. Wenn man davon ausgeht, dass im Winter 14/15 n. Chr. nur Vexillationen der 1. und der 20. Legion um Köln lagerten, dann haben wir keine Probleme damit, diese Truppen am Breslauer Platz und auf der Alteburg unterzubringen. Ein solches Vorgehen wäre – abgesehen davon, dass es zu dieser Zeit ohnehin üblich war – auch besonders sinnvoll. Denn es läge nahe, Truppen, die zur Meuterei neigten, nicht in allzu großer Anzahl an einem Ort zu konzentrieren, sondern möglichst weit voneinander in kleineren Einheiten zu verteilen!

6. DIE KOLONIESTADT CCAA

Nordtorbogen mit Inschrift CCAA (Ausschnitt)

6.1 ERHEBUNG KÖLNS ZUR KOLONIESTADT COLONIA CLAUDIA ARA AGRIPPINENSIUM (CCAA)

Wesentlichen Einfluss auf die fortschreitende Entwicklung der Stadt in römischer Zeit hatte die Geburt von Agrippina der Jüngeren, die 15 n. Chr. als Tochter von Germanicus und Agrippina der Älteren in Köln das Licht der Welt erblickte. Die Tochter des Germanicus wurde 49 n. Chr. mit Kaiser Claudius vermählt. Dieser Kaiser hatte zuvor seinen Geburtsort Lyon zu einer römischen Kolonie erhoben. Ihren Einfluss auf den Kaiser kann man daran ersehen, dass auch Agrippinas Geburtsort Ara Ubiorum um 50 n. Chr. zur Veteranenkolonie erhoben wurde. Köln wurde damit *colonia* nach italischem Recht und erhielt so die höchste Rechtsform, die einer Stadt in den römischen Provinzen verliehen werden konnte. Höchst bemerkenswert ist auch, dass Agrippinas Namen nun im neuen Namen der Stadt auftauchte. Denn das oppidum Ubiorum hieß fortan *Colonia Claudia Ara Agrippinensium* oder kurz CCAA. Die Kurzform für die Benennung der Bewohner der Stadt lautete fortan »*Agrippinenses*« (»Agrippinenser«). Die Erhebung zur Kolo-

Am Römerturm/St. Apernstraße: Der Römerturm, nordwestlicher Eckturm der CCAA

Agrippina II., 15–59 n. Chr. (Portraitstatuette als Glücksgöttin Fortuna)

Agrippina die Jüngere (15–59 n. Chr.)

Agrippina die Jüngere war eines von neun Kindern des Germanicus und Agrippina der Älteren. Einer ihrer Brüder war der spätere Kaiser Caius (»Caligula«). Agrippina wurde am 6. November 15 n. Chr. in Köln geboren. Sie heiratete in erster Ehe im Jahre 28 n. Chr. den römischen Adeligen Cnaeus Domitius Ahenobarbus, mit dem sie einen Sohn, den späteren Kaiser Nero, hatte. Im Jahre 39 n. Chr. wurde sie von ihrem Bruder, dem Kaiser Caligula, wegen des Verdachts einer Verschwörung auf eine einsame Insel verbannt. Nach der Ermordung Caligulas 41 n. Chr. kehrte sie nach Rom zurück, wo sie nach dem Tod ihres ersten Mannes zum zweiten Mal heiratete. Nach dem Tod ihres zweiten Mannes im Jahre 47 n. Chr. wurde sie im Jahre 49 n. Chr. die zweite Frau ihres Onkels, des Kaisers Claudius. Dieser ernannte im Jahre 50 n. Chr. Nero zu seinem Nachfolger, obwohl er selbst mit Britannicus einen leiblichen Sohn hatte. Claudius verlieh Agrippina als erster römischer Kaiserin den Ehrentitel Augusta. Ihr Einfluss auf den Kaiser bewirkte auch, dass ihr Geburtsort Köln (Ara Ubiorum) im Jahre 50 n. Chr. nunmehr als Veteranenkolonie *Colonia Claudia Ara Agrippinensium* (CCAA) eine erhebliche Aufwertung erfuhr. Im Jahre 54 n. Chr. starb Claudius, angeblich auf Betreiben der Agrippina vergiftet. Ihr Sohn Nero wurde nun Kaiser. Anfangs versuchte Agrippina noch in erheblichem Umfang, bei der Regierung mitzureden, doch dann verlor sie den Einfluss auf ihren Sohn. Dieser ließ sie schließlich – angeblich, weil sie in eine Verschwörung gegen ihn verwickelt war – im Jahre 59 n. Chr. ermorden.

nie gab wesentliche Impulse zur weiteren Entwicklung der Stadt in den folgenden Jahrhunderten. Diese hat sich durch die Erhebung der CCAA zur Hauptstadt der zwischen 85 und 90 n. Chr. eingerichteten Provinz Niedergermanien noch verstärkt.

RECHTSSTATUS UND VERWALTUNG DER KOLONIESTADT CCAA

Ob eine Siedlung als Stadt galt, hing in der Antike nicht – wie heute – von der Größe, der Wirtschaftskraft, der baulichen Ausstattung oder der Einwohnerzahl einer Siedlung ab, sondern alleine von der Rechtsstellung. Es gab in der römischen Kaiserzeit zwei Arten von Städten. Zum einen die Koloniestädte *(coloniae)*, deren Bürger das römische Bürgerrecht hatten und somit den Bewohnern Roms rechtlich gleichgestellt waren. Zum anderen gab es noch die *municipia*, also Städte, die das ursprünglich etwas eingeschränkte Stadtrecht der italischen Verbündeten Roms in der späten Republik besaßen. Diese Unterschiede sind in der Kaiserzeit kaum mehr von Bedeutung und verlieren sich immer mehr.

Wichtig war auch, dass römische Städte selbstverwaltete Gebietskörperschaften waren und neben der eigentlichen Kernsiedlung auch große Territorien besaßen, auf denen abhängige Kleinstädte *(vici)* und Gutshöfe *(villae rusticae)* lagen. Rechtlich waren die Bewohner der Kernsiedlung und des Territoriums gleichberechtigt (nicht wie im Mittelalter, wo nur die ›Stadtluft‹ frei machte!).

Durch die Ernennung zur Veteranenkolonie erhielt die Stadt kräftigen Zuzug von römischen Bürgern, nämlich den nach 25 Jahren Dienstzeit ehrenvoll entlassenen Veteranen. Diese waren ehemalige Soldaten der rheinischen Legionen, die als Altersversorgung Anspruch auf Geld aus einer Art ›Sozialversicherung‹ hatten, denn Teile ihres Soldes waren einbehalten worden, um ihre Altersversorgung sicher zu stellen. Ferner hatten sie Anspruch auf ein Stück Land innerhalb und außerhalb der Stadt. Ob dies mit Enteignungen verbunden war, oder ob die Verwaltung vorsorglich Land für diese Zwecke schon vorgesehen hatte, das sonst verpachtet war, diese Details wissen wir nicht. Jedenfalls sind keinerlei Konflikte mit den Ubiern durch die Ansiedlung der Veteranen überliefert. Im Gegenteil – bei den Wirren des Jahres 69 verteidigten die Ubier ihre neuen Mitbürger, mit denen bereits vielfältige verwandtschaftliche Beziehungen bestanden, gegen Übergriffe der Aufständischen (siehe unten S. 106f.)! Die Neubürger fassten also rasch Fuß, zumal sie ja auch über einen gewissen Wohlstand verfügten, den sie im Einzelfall noch kräftig zu vermehren wussten. Man denke nur an das prächtige Grabmal des Veteranen Poblicius!

STADTVERWALTUNG

Städte, oder besser gesagt, die wahlberechtigten römischen Bürger einer Stadt, verwalteten sich selbst. Die Bürgerschaft wählte aus den vornehmsten und wohlhabendsten Kreisen den Stadtrat, den *ordo decurionum*. Diese Wahl galt auf Lebenszeit. Wahlvoraussetzung war die Geburt als Freier, ein Mindestvermögen von 100.000 Sesterzen und entsprechender Grundbesitz, zumeist im Territorium der Stadt. Damit entstammten die Decurionen in der Regel der Schicht der Großgrundbesitzer, die neben dem Stadthaus auch einen entsprechend repräsentativen Wohnsitz auf einer *villa rustica* inmitten ihrer Latifundien hatten. Aus der Gruppe des *ordo decurionum* wählte man jährlich die jeweils beiden ehrenamtlichen Beamten, denn alle zu vergebenden Posten waren doppelt besetzt. An der Spitze standen die beiden Bürgermeister *(duumviri)*, denen die niedere Gerichtsbarkeit unterstand (die höhere lag beim Statthalter). Außerdem mussten sie alle fünf Jahre den Kommunalzensus, das heißt das Personenstandsregister, aufgrund dessen die Steuern erhoben wurden, aktualisieren

Digitale Rekonstruktion der CCAA, Ansicht von Osten

und überprüfen. Diese Bürgermeister hafteten mit ihrem privaten Vermögen für den Eingang der Steuern und weitere Sonderlasten, wie Straßenbau, Verpflegung durchziehender Truppen etc., die die römische Verwaltung den Städten auferlegen konnte. Die Finanzverwaltung besorgten zwei Kämmerer *(quaestores),* für die öffentliche Ordnung waren zwei aediles zuständig. Der Verwaltung standen auch – wohl hauptamtliche – Hilfskräfte zur Verfügung. Amtssitz war die *curia* (Rathaus), der eine Marktbasilika mit *forum* angegliedert war. Von diesen jährlich gewählten Beamten wurden allerlei Stiftungen, vor allem zur Errichtung und Unterhaltung der öffentlichen Bauten, erwartet. Auch für Freigelassene, die dem *ordo decurionum* nicht angehören konnten, gab es entsprechende Ehrenämter. Sie konnten als *seviri augustales* (Sechsmännerkollegium zur Pflege des Kaiserkultes) die Funktion öffentlich bestellter Priester ausüben und den obligatorischen Kaiserkult überwachen.

Für Köln ergaben sich nun komplizierte rechtlich-verwaltungstechnische Verhältnisse, denn die Stadt hatte nun eine Doppelfunktion: Einerseits blieb sie der Vorort der peregrinen Civitas der Ubier, andererseits bildeten nun Territorium und Stadt selber die Kolonie CCAA. Ähnliche, nicht ganz durchschaubare Verhältnisse kennt man auch aus anderen Städten, etwa Augst/*Augusta Raurica* in der Schweiz. Das Problem löste sich wohl mit der Zeit von selber, als immer mehr Ubier das Bürgerrecht erhielten.

In Niedergermanien gab es mit Köln/*Colonia Claudia Ara Agrippinensium* und Xanten/*Colonia Ulpia Traiana* zwei Städte, die die Rechtsstellung einer *colonia,* also das römische Recht, besaßen. Ihre freien Bewohner waren in römische *cives* und peregrine *incolae* geteilt. Die römischen Bürger besaßen viele Privilegien und stellten insgesamt nur eine Minderheit der Stadtbewohner dar: Nur sie konnten Grund erwerben und vererben und waren von der Grundsteuer befreit. Sie besaßen noch weitere steuerliche Privilegien und waren auch vor Gericht besser gestellt. Die Mehrheit der Bewohner Kölns stand rechtlich nicht so gut da. Sie bestand aus peregrinen Ubiern, Freigelassenen und Sklaven.

6.2 KÖLN IM BATAVERAUFSTAND

Im Jahre 68 n. Chr. geriet Köln unversehens für einen Moment in das Zentrum weltgeschichtlicher Ereignisse, die sich für die Stadt beinahe zur Katastrophe auswachsen sollten: Der Kaiser Nero (54–68 n. Chr.), der sich bei Volk, Senat und Armee gründlich unbeliebt gemacht hatte, wurde abgesetzt, geächtet und zum Selbstmord gezwungen. Nach seinem schändlichen Tod am 9. Juni 68 n. Chr. fiel er der *damnatio memoriae* anheim, das heißt, alle seine Denkmäler und Huldigungsinschriften wurden beseitigt, sein Andenken wurde gelöscht. So auch in Köln: Im Jahre 66 n. Chr. hatte man noch eine Bauinschrift mit Neros sämtlichen Titeln gesetzt, als die 15. Legion Primigenia ein heute nicht mehr identifiziertes Bauwerk errichtet hatte. Nach Neros

Claudius, 41–54 n. Chr. (Münzportrait)

Claudius (10 v.–54 n. Chr.)

Claudius, mit vollem Namen und Titel Tiberius Claudius Caesar Augustus Germanicus, wurde am 1. August 10 v. Chr. in *Lugdunum*/Lyon geboren. Sein Vater Nero Claudius Drusus entstammte der Familie des Augustus. Drusus war unter Augustus ein erfolgreicher Feldherr in Germanien, bis er im Jahre 9 v. Chr. bei einem Reitunfall verstarb. Die Mutter des Claudius war Antonia die Jüngere. Claudius war der erste römische Kaiser, der außerhalb von Italien geboren war, er galt als körperlich und geistig behindert und daher nicht für die Thronfolge geeignet. Daher konnte er sich in aller Ruhe mit dem Studium der Geschichte befassen. Nach der Ermordung des Caligula am 24. Januar 41 n. Chr. wurde Claudius von der Prätorianergarde zum Kaiser ausgerufen und schließlich vom Senat akzeptiert. Claudius eroberte Britannien und konsolidierte die Grenzen an Rhein und Donau durch die Gründung von Kastellen. Er organisierte in vorbildlicher Art die römische Reichsverwaltung und förderte die Integration der Provinzen, etwa durch Ernennung von Angehörigen der provinziellen Oberschicht in den römischen Senat. Auch erhob er seine Vaterstadt *Lugdunum* in den Rang einer Koloniestadt. Dieses Vorgehen bildete dann auch den Anlass für die jüngere Agrippina, ihre Vaterstadt Köln ebenfalls zur *colonia* zu erheben. Sein Tod am 13. Oktober 54 n. Chr. wird auf ein vergiftetes Pilzgericht zurückgeführt, das ihm angeblich seine Frau Agrippina habe servieren lassen, um ihren Sohn Nero auf den Thron zu bringen.

Bauinschrift im Namen des Kaisers Nero (54–68 n. Chr.) für ein unbekanntes Gebäude. Errichtet unter dem Statthalter Publius Sulpicius Scribonius Rufus (63–67 n. Chr.) durch Soldaten der 15. Legion Primigenia. Südlich des Doms in Zweitverwendung als Bodenplatte eines Abwasserkanals gefunden

Tod wurde diese nunmehr kompromittierende Inschrift sofort entfernt. Man dachte aber praktisch und hat die kostbare Kalksteinplatte mit der Inschrift nicht zerschlagen, sondern mit der Schriftseite nach unten als Bodenplatte für einen Abwasserkanal südlich des Domes verwendet.

Nach Neros Tod waren die Verhältnisse an der Spitze des Staates unsicher geworden, die Macht hatte der, der über die meisten Soldaten als Anhänger verfügte. Wenn diese nicht mehr mitspielten, verlor auch der Kaiser seine Macht. Diese schmerzliche Erfahrung musste auch Galba, der Nachfolger Neros machen, der nur ein gutes halbes Jahr regieren konnte, bis er am 15. Januar 69 n. Chr. von den eigenen Soldaten erschlagen wurde. Kurz zuvor hatte es plötzlich zwei Kaiser gegeben, denn in Mainz rief die Rheinarmee Vitellius am 2. Januar zum Kaiser aus. Auf Galba folgte in Rom Otho, der wiederum von der Rheinarmee am 14. April bei Cremona in Oberitalien geschlagen wurde und Selbstmord beging. Damit war Vitellius Kaiser geworden.

Nero, 54–68 n. Chr., Münzportrait

Doch auch er konnte sich nicht sehr lange seines Kaisertums erfreuen: Am 24. und 25. Oktober des Jahres 68 n. Chr. verlor er die zweite Schlacht bei Cremona gegen die Donau- und Ostarmeen des Flavius Vespasianus, der Anfang Juli in Ägypten zum Gegenkaiser ausgerufen worden war. Dieser zog nach seinem Sieg nach Rom, wo es zu schweren Kämpfen kam. Am 20. oder 21. Dezember des Jahres 69 n. Chr. beseitigte man Vitellius und warf seine Leiche ohne Bestattung in den Tiber.

Die Rheinarmee hatte sich nun in großen Teilen aufgelöst: Nur wenige Soldaten waren beim Abzug des Vitellius zurückgeblieben, die überlebenden Soldaten der geschlagenen Armee wurden nicht mehr an den Rhein zurückgeschickt, sondern man hat diese Einheiten zum großen Teil in den Donau- bzw. Balkanraum versetzt, wo man mit neuen Rekruten ihre Verluste im Bürgerkrieg kompensierte. Oft kommandierte man auch Soldaten der unterlegenen Rheinarmee zu anderen Truppenteilen ab: so beendeten einige geborene Agrippinenser, die im Rheinland in die Legion eingetreten waren, ihre Dienstzeit in Carnuntum in Pannonien.

So endete das sogenannte Dreikaiserjahr 69 n. Chr. mit dem Sieg des Vespasian, des Gründers der Flavischen Dynastie. Doch damit waren Roms militärische Probleme noch nicht beendet – im Gegenteil. Starke Truppeneinheiten waren in Judäa gebunden, wo Vespasians älterer Sohn und Mitregent Titus gerade dabei war, durch eine verlustreiche Belagerung Jerusalems den jüdischen Aufstand endgültig niederzuschlagen.

Am Rhein war die römische Herrschaft durch den sogenannten Bataveraufstand heftig ins Wanken geraten. Die einstmals so stolze und starke Rheinarmee war durch den Marsch nach Italien und die Niederlage des Vitellius gefährlich geschrumpft. Die verbliebenen Einheiten wurden in den Bürgerkrieg und den Bataveraufstand hineingezogen und liefen teilweise sogar zum Feind über.

Auch die Kölner waren von diesen Auseinandersetzungen betroffen und konnten sich mit knapper Not und mit viel Wendigkeit (um den Begriff Charakterlosigkeit zu vermeiden) immer wieder aus der Affäre ziehen. Dabei schlossen sich die Kölner in sehr flexibler Art zunächst den Batavern an, ohne, wie von den Aufständischen gefordert, ihre römischstämmigen Mitbürger preiszugeben, mit denen sie ja auch vielfältige verwandtschaftlichen Verbindungen hatten. Als Rom eine Gegenoffensive einleitete und das Blatt sich zu wenden begann, da verrieten sie ihre batavischen und anderen gallischen und germanischen Verbündeten und kehrten auf die Seite Roms zurück, ohne dass Vergeltungsmaßnahmen von Seiten der Römer überliefert wären.

Vitellius (12/15–69 n. Chr.)

Der Senator Aulus Vitellius war im Rahmen seiner politischen Laufbahn am 1. Dezember des Jahres 68 n. Chr. Statthalter von Niedergermanien geworden. In diesem Jahr war Nero am 9. Juni zum Selbstmord gezwungen worden. Bereits am 8. Juni hatte der Senat Galba, dessen Rebellion zum Ende Neros geführt hatte, als Kaiser anerkannt. Doch der neue Kaiser war beim Militär unbeliebt. Am 1. Januar verweigerten die obergermanischen Legionen in Mainz Galba den Treueeid, rissen seine Bilder von den Feldzeichen und riefen schon am 2. Januar des Jahre 69 n. Chr. zusammen mit den niedergermanischen Truppen der Rheinarmee Vitellius zum Gegenkaiser aus. Als ihm Boten diese Nachricht verkündeten, saß Galba gerade beim Essen im Praetorium von Köln. Man trug nun den neuen Kaiser im Triumph durch die Stadt, er hielt als glücksverheißendes Zeichen das Schwert Caesars in der Hand, das im Kölner Marstempel aufbewahrt worden war. Als der neue Kaiser von seinen Anhängern zum Praetorium zurückgebracht wurde, stand dort der Speisesaal in Flammen, was wiederum als unglückverheißendes Zeichen galt. Doch der neue Kaiser deutete diese widersprüchlichen Vorzeichen in seinem Sinne um, indem er behauptete, das Feuer weise auf den Weg nach Rom hin. Inzwischen hatten sich dort wichtige Dinge ereignet. Galba war ermordet worden und stattdessen Otho, ein Freund Neros, am 15. Januar zum Kaiser ausgerufen worden. Trotz der veränderten Lage gab es nun kein Zurück mehr – die Rheinarmee zog mit Vitellius an der Spitze durch die Schweiz und Gallien nach Italien. Vorher traf er noch eine fatale Entscheidung, indem er den batavischen Hilfstruppenführer Julius Civilis von einer nicht näher bekannten Anklage durch die Armee freisprach. Dieser sollte ein Jahr später einen gefährlichen Aufstand im Rheinland und in Gallien entfachen. Bei Bedriacum zwischen Mantua und Cremona in Oberitalien traf die Rheinarmee am 14. April auf das Heer Othos und schlug es vernichtend. Otho beging mit einem Dolch Selbstmord, diesen Dolch ließ Vitellius nach Köln schicken, um ihn dort neben dem Schwert Caesars im Marstempel aufzubewahren. Doch er sollte sich seines Sieges nicht lange erfreuen: Am 1. und 2. Juli hatte Roms Ostarmee ihren Kommandeur Flavius Vespasianus, der gerade einen jüdischen Aufstand niederkämpfte, zum Gegenkaiser ausgerufen, sein Sohn Titus wurde Mitregent. Vespasian überließ Titus das Kommando über die Belagerung von Jerusalem und zog nach Italien, die Donauarmee schloss sich ihm an. Am 24. und 25. Oktober des Jahres 68 n. Chr. kam es zur zweiten Schlacht bei Cremona zwischen der Rheinarmee des Vitellius und den Truppen des Vespasian. Dieser siegte und zog nach Rom. Am 20. oder 21. Dezember des Jahres 69 n. Chr. wurde der unterlegene Vitellius in Rom ermordet, seine Leiche ohne Bestattung in den Tiber geworfen.

Vitellius, 69 n. Chr. (Münzportrait)

Möglicherweise war es aber – trotz gegenteiliger schriftlicher Überlieferung – dennoch zu gewaltsamen Auseinandersetzungen gekommen: Abschnitte von Wehrgräben der neronisch-flavischen Zeit, die beim U-Bahnbau am Breslauer Platz entdeckt wurden und in denen Brandschichten und menschliche Skelettreste lagen, könnten mit dramatischen Ereignissen während des Bataveraufstandes zusammenhängen, ansonsten fehlen aber bisher direkte archäologische Zeugnisse dieses dramatischen Abschnitts in der Geschichte Kölns.

Unter Kaiser Vespasian (69–79 n. Chr.) erfolgte nun der Wiederaufbau des von Krieg und Aufständen schwer betroffenen Rheinlandes. Da fast alle Lager und Kastelle an der Rheingrenze in Mitleidenschaft gezogen waren und viele überlebende Truppen sich im Bataveraufstand kompromittiert hatten, galt das vordringliche Interesse Roms der Widerherstellung des militärischen Schutzes der Rheingrenze. Zunächst einmal musste aber die Konsequenz aus den vorhergegangenen Rebellionen und Treuebrüchen gezogen werden: Sämtliche übriggebliebenen Legionen, die sich kompromittiert hatten, wurden versetzt und durch loyale Einheiten aus anderen Regionen des Reiches ersetzt oder sogar ganz aufgelöst. Dies galt auch für die Hilfstruppen, die vor dem Bataveraufstand mehrheitlich aus Germanen bestanden. Auch diese hat man durch Einheiten ersetzt, die in anderen Regionen aufgestellt worden waren. In Nijmegen stationierte man mit der 10. Legion Gemina wieder eine Legion, nachdem das Doppellegionslager schon in augusteischer Zeit verlassen worden war, in Vetera/Xanten erbaute man ein neues Legionslager abseits des zerstörten Doppellegionslagers auf dem Fürstenberg. Nach zweifachem Garnisonswechsel blieb dann die 30. Legion Ulpia Victrix die Xantener ›Hauslegion‹. Das Lager in Neuss wurde instand gesetzt und erhielt die 6. Legion Victrix als Besatzung; auch in Bonn kehrte mit der 21.Rapax eine neue Truppe ein. Nach deren Untergang um 83 n. Chr. zog nun bis zum Ende der Römerherrschaft die 1. Legion Minervia ins Bonner Lager ein.

Erstaunlich rasch scheint sich der zivile Sektor erholt zu haben. Gerade in Köln herrschte seit der flavischen Zeit keinerlei Krisenstimmung. Im Gegenteil – alles spricht weiterhin für einen kontinuierlichen wirtschaftlichen Aufschwung.

Breslauer Platz, Militärischer Spitzgraben der zweiten Hälfte des 1. Jahrhunderts während der Ausgrabung. Die Grabenverfüllung enthielt menschliche Gebeine, die vermutlich Gefallenen des Bataveraufstandes zuzurechnen sind

Bataver

Die Bataver, ein westgermanischer Volksstamm, hatten sich aufgrund eines internen Konfliktes von den Chatten im Bereich des rechtsrheinischen Lahntals getrennt und sich um 50 v. Chr. im linksrheinischen Rheinmündungsgebiet auf einer von Rheinarmen gebildeten Insel *(»insula Batavorum«)* niedergelassen. Im Jahre 12 v. Chr. gewann Drusus sie als Bundesgenossen der Römer, seither stellten sie Infanterie- und Reitertruppen für die römische Armee, die wegen ihrer Tüchtigkeit in hohem Ansehen standen und auch als kaiserliche Gardisten in Rom dienten. In den Wirren nach Neros Tod im Jahre 68 n. Chr. gerieten sie in einen Konflikt mit Vespasian und Teilen der römischen Armee, der sich unter ihrem Anführer Julius Civilis unter Teilnahme von linksrheinischen Galliern und rechtsrheinischen Germanen zu einem gefährlichen Aufstand gegen die römische Herrschaft ausweitete (›Civilis- oder Bataveraufstand‹). Angeblich sollen die Aufständischen ein *»Imperium Galliarum«*, ein »Gallisches Reich« anstelle des römischen Reiches angestrebt haben. Dabei wurden fast alle römischen Militärlager zerstört, einige Einheiten liefen sogar zu den Aufständischen über. Die Besatzung von *Vetera*/Xanten, die kapituliert hatte, nachdem man ihr freien Abzug versprochen hatte, metzelten die Bataver nieder. Nach der Niederlage des Civilis bei Xanten im Jahre 70 n. Chr. wurden auch die Bataver von Rom geschont, jedenfalls stellten sie weiterhin Truppen, und von Strafmaßnahmen ist nichts bekannt. Da gerade aber für die Endphase des Bataveraufstandes die einzige Überlieferung des Tacitus ausfällt, bleiben diese Vorgänge im Dunkeln, auch das weitere Schicksal des Civilis ist nicht geklärt. Der Bataveraufstand der Jahre 69/70 n. Chr. am Niederrhein hat auch in Niedergermanien archäologische Spuren geliefert. Dazu gehören neben Brand- und Zerstörungsschichten in Militärlagern und zivilen Siedlungen auch die Überreste von Schlachtfeldern: Tacitus berichtet in den Historien für das Jahr 69 n. Chr. (Historien, IV,26–34) eine Episode aus dem Bataveraufstand, die sich archäologisch dokumentieren lässt: Aufständische Bataver belagerten Vetera, ein von Bonn aus geschicktes Entsatzheer blieb bei Gelduba stecken und verschanzte sich in einem provisorischen Marschlager. Dort kam es zu einer Meuterei im Lager, noch während die Römer belagert wurden. Das Lager war schon fast gestürmt, da kam zufällig eine Kohorte von Hilfstruppen *(coh. Vasconum)* von Süden her anmarschiert, fiel den Batavern in den Rücken, fügte ihnen Verluste zu und vertrieb sie. Die Belagerten wurden gerettet. Archäologische Funde wie die Spuren des Feldlagers, römische Waffen sowie Pferdegräber und Teile von Pferdegeschirr lassen sich diesen Ereignissen zuweisen. Auch eine weitere Episode des Bataveraufstandes ist archäologisch nachweisbar: Die Entscheidungsschlacht bei Vetera des Jahres 70 n. Chr. ist durch zahlreiche Waffenfunde belegt, die nördlich von Xanten aus dem Rheinkies gebaggert worden sind. Diese Bataverschlacht von 70 n. Chr. ist auch durch eine Inschrift belegt, welche die 6. Legion Victrix nennt und von einem größeren Siegesdenkmal stammte. Auch diese Inschrift wurde beim Kiesbaggern geborgen.

Überreste der Bataverschlacht des Jahres 70 n. Chr.: Römische Waffen (darunter Helme und Schwerter) aus dem Rhein bei Xanten

6.3 NIEDERGERMANIEN WIRD PROVINZ, KÖLN PROVINZHAUPTSTADT (CAPUT PROVINCIAE)

DIE CHATTENKRIEGE UNTER DOMITIAN UND IHRE FOLGEN

Eine weitere Aufwertung nach der Ernennung zur Koloniestadt erlebte Köln gegen Ende des 1. Jahrhunderts n. Chr.: Die CCAA wurde nun Provinzhauptstadt. Das heißt, sie wurde es wieder, wenn man die These eines wahrscheinlichen kurzen Intermezzos mit der Funktion Kölns als Provinzhauptstadt der augusteischen Provinz Germania zwischen 7 und 9 n. Chr. akzeptiert. Die neuerliche Aufwertung Kölns geschah dadurch, dass man unter dem Kaiser Domitian (81–96 n. Chr.) zwischen 85 und 90 n. Chr. den seit der Regierungszeit des Tiberius (14–37 n. Chr.) bestehenden niedergermanischen Heeresbezirk zur Provinz Niedergermanien *(provincia Germania inferior)* umwandelte. Dieser niedergermanische Heeresbezirk war, zusammen mit dem obergermanischen Heeresbezirk, ein verwaltungstechnisches Provisorium gewesen, welches teilweise der Verwaltung der Provinz *Gallia Belgica* angeschlossen war. Dieses hatte sich so aus der Varuskatastrophe ergeben, als der allergrößte rechtsrheinische Teil der gerade neu gegründeten Provinz Germania verloren gegangen war.

Um zu erklären, warum gerade zu dieser Zeit die Germanischen Heeresbezirke in reguläre Provinzen umgewandelt

Domitian, 81–96 n. Chr. (Münzportrait)

Domitian (51–96 n. Chr.)

Titus Flavius Domitianus wurde im Jahre 51 n. Chr. in Rom als jüngerer Sohn des T. Flavius Vespasianus und der Flavia Domitilla geboren. Bei der Eroberung des von den Truppen des Vitellius belagerten Kapitols in Rom im Bürgerkrieg des Jahres 69 n. Chr. konnte er knapp entkommen. Als sich dann sein Vater Vespasian als Alleinherrscher durchgesetzt hatte, ernannte er ihn zum Mitregenten (Caesar). Nach dem Tod seines älteren Bruders Titus, der Vespasian als Kaiser gefolgt war, aber bereits nach zwei Jahren Herrschaft starb, riefen ihn Prätorianer und Senat in Rom im Jahre 81 n. Chr. zum Kaiser aus. Domitian musste bald gegen die Chatten und die Daker an der mittleren Donau Krieg führen. In den Jahren 83 und 89 feierte er Triumphe über sie, in den Jahren 86 und 89 über die Daker. Es kam immer wieder zu Verschwörungen gegen ihn, im Jahre 89 n. Chr. warf das niedergermanische Heer den Saturninus-Aufstand nieder. Als Konsequenz daraus wurden im Reich sämtliche Doppellegionslager aufgelöst. Zwischen 85 und 90 n. Chr. wandelte Domitian, legitimiert durch die im Chattenkrieg eroberten Gebiete, den nieder- und den obergermanischen Heeresbezirk in Provinzen um worden sind, ist es nötig, etwas weiter auszuholen: Die Entwicklung Kölns zur Provinzhauptstadt nahm südlich von Köln, an der römischen Grenze in Obergermanien östlich des Rheins, ihren Anfang. Dort führte Domitian in den Jahren 81–96 n. Chr. Krieg gegen das germanische Volk der Chatten. Diese lebten im Vorland von Mainz im Taunus, im Gießener Becken und im Taunusvorland. In den Beckenlandschaften der hessischen Senke sind die Chatten durch die Zeugnisse der antiken Schriftsteller seit 11 v. Chr. bezeugt. Sie erscheinen von vorneherein als Gegner der Römer. Domitian besiegte die Chatten. Der erzielte rechtsrheinische Geländegewinn Roms im Taunus und in der Wetterau wurde durch die ersten Phasen des Taunus- und Wetteraulimes gesichert.

Da die Chatten sich aus gutem Grund nicht zu entscheidenden Schlachten stellten, sondern zum Guerillakrieg übergingen, scheinen diese Auseinandersetzungen keineswegs ohne größere Anstrengungen Roms gelaufen zu sein. Domitian war selber an der Front anwesend und leitete von Mainz aus die Operationen. Neben den vier obergermanischen Legionen, der 1. Legion Adjutrix und der 14. Gemina aus Mainz, der 2. Augusta aus Straßburg und der 11. Claudia aus *Vindonissa* kamen die 21. Legion Rapax aus Bonn sowie eine legionsstarke Vexillation, die aus den vier britannischen Legionen aufgestellt worden war, zum Einsatz. Diesen

(Germania inferior – Niedergermanien und *Germania superior* – Obergermanien). Unter Domitian eroberte der britannische Statthalter Julius Agricola in den Jahren 77 bis 84 n. Chr. das schottische Tiefland, musste sich aber auf Befehl des Kaisers wieder aus Schottland auf eine Linie südlich der späteren Hadriansmauer zurückziehen. Denn für den Dakerkrieg, der Roms militärische Kräfte voll beanspruchte, musste Domitian auf Dauer Truppen aus Britannien und den germanischen Provinzen an die mittlere Donau abziehen.

In Rom hat Domitian eine rege Bautätigkeit entwickelt, er gab prächtige Spiele und kümmerte sich um die Getreideversorgung der Hauptstadt. Domitian kam mit seinem misstrauischen und wenig liebenswürdigen Naturell aber immer wieder mit dem Senat in Konflikt, mit dem Heer hatte er hingegen ein gutes Verhältnis. Bei einer Verschwörung von Senatoren wurde er am 18. September 96 n. Chr. in Rom ermordet. Er fiel der *damnatio memoriae* anheim. Aufgebrachte Militärs ließen allerdings seine Mörder hinrichten und setzten durch, dass nach der kurzen Herrschaft des Senators Nerva (96–98 n. Chr.) mit Traian ein hoher Militär als Kaiser eingesetzt wurde. Dieser setzte die Grenzpolitik Domitians in Germanien und die Kriege mit den Dakern fort. Obwohl vor allem der Geschichtsschreiber Tacitus kein gutes Haar an Domitian lässt, bescheinigt ihm die Forschung heute eine kluge Militär-, Provinz- und Grenzpolitik.

Legionstruppen von circa 30.000 Mann waren noch zahlreiche Auxiliartruppen zugesellt.

Zwischen dem ersten und dem zweiten Chattenkrieg kam es in Mainz im Winter 88/89 zu einem Aufstand des obergermanischen Statthalter Lucius Antonius Saturninus. Domitian eilte mit den Prätorianern und eilig abkommandierten Legionstruppen in Richtung Norden, doch erhielt er unterwegs bereits die Nachricht von der Niederschlagung des Putsches. Das aufständische obergermanische Heer war bereits Mitte Januar von den Truppen der benachbarten Provinz Niedergermanien unter ihrem Legaten Aulus Bucius Lappius Maximus irgendwo zwischen Mainz und Bonn in einer offenen Feldschlacht vernichtet worden. Dabei siegten die kaisertreuen Verbände trotz ihrer zahlenmäßigen Unterlegenheit, weil der zugefrorene Rhein plötzlich auftaute und germanische Verbündete (vermutlich die Chatten) dem Saturninus nicht mehr, wie vereinbart, zu Hilfe eilen konnten. Saturninus beging Selbstmord. Als Anerkennung ihrer Verdienste erhielten die treu gebliebenen und an den Kämpfen beteiligten Truppenteile die Ehrentitel *»pia fidelis Domitiana«* (»die ergebene und treue Domitianische Einheit«), mit deren Hilfe man das Heer des niedergermanischen Statthalters um 89 n. Chr. rekonstruieren kann.

Als Konsequenz aus dem Saturninus-Aufstand löste Domitian alle Doppellegionslager im Reich auf, um zu große Truppenkonzentrationen in der Hand eines einzigen Kommandeurs zu erschweren, die dem Kaiser gefährlich werden konnten. Aus Mainz wurde die 21. Legion Rapax an die untere Donau strafversetzt, wo sie bald darauf im Kampf mit den Dakern völlig aufgerieben wurde.

Im Zusammenhang mit dem Putsch des Saturninus, vermutlich nach dessen Niederschlagung, kam es zu Kämpfen mit den Chatten, die die moderne Forschung als zweiten Chattenkrieg Domitians bezeichnet hat; dabei wurde anscheinend eine Reihe von Kastellen zerstört, doch bald war das rechtsrheinische Gebiet, nicht zuletzt wohl dank der Tatkraft des späteren Kaisers Traian, wieder gesäubert.

Eine Konsequenz der Landgewinne gegen die Germanen rechts des Rheins, die man trotz des vorzeitig abgebrochenen Feldzuges gegen die Chatten erzielt hatte, war die oben erwähnte, zwischen 85 und 90 n. Chr. erfolgte Organisation des alten obergermanischen Heeresbezirkes zusammen mit dem neu besetzten Lande rechts des Oberrheins als kaiserliche Provinz *Germania superior* (Obergermanien) mit Mainz *(Mogontiacum)* als Hauptstadt. Gleichzeitig erhob man das nördlich anschließende linksrheinische Gebiet des niederrheinischen Heeresbezirkes zu Provinz *Ger-*

Domitian, 51–96 n. Chr.
Die besiegte Germania

mania inferior (Niedergermanien) mit der Hauptstadt *(caput provinciae)* Köln *(Colonia Claudia Ara Agrippinensium)*. Durch den – wenn auch kleinen – Gebietsgewinn im Germanengebiet konnte Rom nun das Gesicht wahren und trotz der endgültigen Aufgabe der ›großen Lösung‹, also der Eroberung Germaniens bis zur Elbe, die ›kleine Lösung‹ sanktionieren, indem man nun die Gebiete der ober- und niedergermanischen Militärverwaltungen offiziell in kaiserliche Provinzen mit dem Namen »Germania« umwandelte, ohne sich lächerlich zu machen.

6.4 DIE PROVINZ NIEDERGERMANIEN

Ebenso wie in Obergermanien erfolgte somit zwischen 85 und 90 n. Chr. die Umorganisation des alten niedergermanischen Heeresbezirkes in eine reguläre Kaiserliche Provinz – die Provinz *Germania Inferior* (Niedergermanien). Hauptstadt der Provinz und Sitz

Die augusteische Großprovinz Germanien bis zur Elbe und die späteren Provinzen Ober- und Niedergermanien

des Statthalters war nun Köln/*Colonia Claudia Ara Agrippinensium*. Die Grenzen Niedergermaniens sind auf drei Seiten klar: Im Süden markierte der Vinxtbach die Trennung zwischen ober- und niedergermanischem Territorium, die weitere Grenze lag wohl im Bereich des Brohltales, dessen Tuffsteinbrüche ausschließlich von den niedergermanischen Truppen betrieben worden sind. Im Osten bildete der Rhein, im Norden die Nordsee die Grenze der Provinz. Allerdings stellte der Rhein selbst strenggenommen keine völkerrechtlich anerkannte lineare Grenze dar. Es gibt nämlich zahlreiche Hinweise, dass auch das rechtsrheinische Gebiet im Vorland des Stromes von den Römern zwar nicht besiedelt, so doch wirtschaftlich genutzt wurde. Hier wurden Steine gebrochen, Ziegel hergestellt, Holz geschlagen und Viehweiden bzw. Wiesen zur Heugewinnung angelegt. Der Verlauf der Westgrenze dagegen ist weitgehend unklar. Sie verlief vielleicht östlich der Scheldemündung bei Antwerpen und dann weiter südlich bzw. westlich der Maas, wobei der Fluss anscheinend nicht die Grenze bildete. Denn inzwischen ist auch sicher, dass das Gebiet der *Tungri* mit dem Civitasvorort Tongeren/*Atuatuca Tungrorum* zu Niedergermanien und nicht zur *Gallia Belgica* gehörte.

Geographisch umfasste die Provinz die heutigen Niederlande zwischen Rhein und Maas mit ihrer wechselvollen, durch das Meer und die großen Flüsse Rhein und Maas immer wieder neu geprägten Topographie. Dieser Teil bestand in römischer Zeit in weiten Bereichen aus einem siedlungsfeindlichen Sumpfgebiet, dessen Sicherung und Besiedlung erst viel später dem Meer ab gerungen wurde. Südlich von Nijmegen bis zur Erftmündung bei Neuss erstreckt sich das Niederrheinische Tiefland mit seiner vom Rhein geprägten Landschaft. Hier gibt es nur wenige Erhebungen, wie die Stauchmoränen der letzten Eiszeit, unter denen sich auch der Fürstenberg bei Xanten befindet. Das Kernland Niedergermaniens bildete die Niederrheinische Bucht mit der Kölner Bucht im Süden, begrenzt im Osten von Siebengebirge und Bergischem Land, im Süden von der Voreifel und im Westen von der Maasniederung. Im Norden ist der Übergang zum Niederrheinischen Tiefland fließend. Diese Landschaft zwischen Neuss, Bonn und Aachen weist zumeist sehr fruchtbare Lössböden auf. Im Süden der Provinz bildet die Eifel zusammen mit den Ardennen und dem Hohen Venn ein zusammenhängendes Waldgebirge, dessen Bodenschätze (Bausteine, Kalk, Metalle) von den Römern bald erschlossen wurden. Im Süden zwischen Bonn und Remagen zählte auch ein kleiner Teil des Mittelrheingebietes zur Provinz Niedergermanien.

Im Unterschied etwa zu Obergermanien, wo bald eine recht einheitliche romanisierte Provinzkultur zu beobachten ist, gab es in Niedergermanien auch in der fortgeschrittenen Kaiserzeit größere lokale Unterschiede. Während die Militärorte und Städte in der direkten Grenzzone stark von der römischen Kultur und Bevölkerung geprägt waren, konnte sich, vor allem im Norden der Provinz, etwa nördlich einer Linie Mönchengladbach-Krefeld, in den rückwärtigen, mehr ländlich geprägten Regionen, die einheimisch-germanische Zivilisation viel stärker behaupten. Dies zeigt sich nicht nur im Festhalten an der traditionellen Bau- und Siedlungsweise (Wohnstallhäuser), sondern auch Grabriten, wie zum Beispiel die Beigabe von germanischen Sachgütern, verdeutlichen diese Tatsache.

PROVINZVERWALTUNG

Ein Weltreich wie das *Imperium Romanum* hätte nicht zusammengehalten und verwaltet werden können, wenn man den eroberten Gebieten zentralistisch ein einziges Verwaltungssystem mit einem dazugehörigen Beamtenapparat übergestülpt hätte. Das Gegenteil war der Fall: Bis zur Spätantike haben es die Römer verstanden, lokale Verwaltungseinheiten und -systeme möglichst zu belassen und für ihre eigenen Belange zu nutzen. Besonders den mediterranen Stadtstaaten beließ man ihre eigenen Verwaltungen, auch wenn sie mit der Zeit dem italisch-römischen System angepasst wurden. So kam es, dass in den östlichen Provinzen in der Regel als territoriale und verwaltungstechnische Untereinheiten autonome Städte vorhanden waren. Dazu kamen dann noch kaiserliche Domänen oder autonome Tempelgüter. Anders war die Situation in den Nordwest-Provinzen, die keine städtischen Traditionen besaßen. Hier hat Rom in einzelnen Fällen Städte mit eigenen Territorien, etwa als Veteranenkolonien, künstlich geschaffen. Doch damit war der zu verwaltende Raum keineswegs ausgefüllt. Hierzu hat sich Rom in den ehemals keltischen oder germanischen Gebieten – wenn vorhanden – vorrömischer Stammesstrukturen bedient, die dann als *civitates* selbstverwaltete Territorien innerhalb der Provinzen bildeten. Dazu kamen dann kaiserliche Latifundien und an der Grenze autonome Militärterritorien. Allerdings waren die Verhältnisse in der Rheinzone, also auch in Niedergermanien, schon vor Caesars Zeiten in Bewegung geraten: Es gab hier keine bodenständigen Stammesstrukturen aus vorrömischer Zeit mehr. Augustus hatte in diesem Gebiet, um es für die römische Verwaltung zu erschließen, erst Stämme und Stammesteile, wie die Ubier oder die Bataver ansiedeln müssen, die dann später als civitates organisiert worden sind. Demzufolge ist in Niedergermanien auch keine einzige größere Siedlung (Stadt oder Vicus) bekannt geworden, die unmittelbar auf eine vorrömische Ansiedlung zurückgeführt werden könnte.

DER STATTHALTER ALS CHEF DER PROVINZVERWALTUNG

Mit der Erhebung zur Provinz endete für Ober- und Niedergermanien das Provisorium, als Heeresbezirk von der Provinz *Gallia Belgica* aus verwaltet zu werden. Nun übernahm in Köln ein regulärer Statthalter *(legatus Augusti pro praetore)*, der vom Kaiser selbst aus der Reihe der stadtrömischen Senatoren ernannt worden war, die Amtsgeschäfte. Je nach Bedeutung einer Provinz bemaß sich auch die Erfahrung, das Ansehen und nicht zuletzt die Besoldung eines Statthalters. Der Statthalter besaß den militärischen Oberbefehl ebenso wie das Kommando über die Zivilverwaltung.

Bauinschrift für den Wiederaufbau eines Heiligtums des Jupiter Dolichenus, veranlasst durch den Statthalter Lucius Lucceius Martinus (211 n. Chr.), ausgeführt durch den Centurio Priscus der 30. Legion aus Xanten. Gefunden in der Elstergasse.

Nur in einem wichtigen Punkt war sowohl dem niedergermanischen Statthalter wie seinem obergermanischen Kollegen die Kompetenz entzogen: Die Oberhoheit über die Finanzen verblieb bei einem Finanzprocurator, der beim Statthalter der Provinz *Gallia Belgica* residierte. Auch hier scheinen die Erfahrungen des Saturninus-Aufstandes ihre Konsequenzen gefordert zu haben. Wer neben einer großen Armee auch noch über ausreichende Finanzen verfügte, konnte für den Kaiser in Rom ein Sicherheitsrisiko darstellen! Die relativ kurze Dienstzeit von oft nur zwei bis drei Jahren, die diese Statthalter jeweils hatten, war wohl auch damit begründet, die Gefahr der Rebellion und Usurpation zu bannen.

Der Statthalter war nicht nur für die Kampfbereitschaft der ihm unterstellten Truppen verantwortlich, sondern auch für deren Bauten. Besonders die Organisation der Grenzsicherung samt deren Bauten waren wichtige Pflichten seines Amtes. Auch für Straßen, Kanäle wichtige Wasserleitungen und andere überregionale infrastrukturelle Maßnahmen hatte er zu sorgen. Dazu konnte er auf Spezialisten der Legionen in seinem Amtsbereich zurückgreifen, die er bei Bedarf zu Stäben zusammenstellte – vom Schreiber bis hin zum Kurier und zum Scharfrichter.

Besonders bedeutsam war eine Art von Wirtschaftspolizei, die *beneficiarii consulares*. Es handelte sich dabei um circa 60 bewährte, alt gediente Legionssoldaten, die jeweils ein halbes Jahr auf entsprechende Posten an wichtigen Straßenstationen verteilt wurden – aber keinesfalls länger, um eventuelle Ansätze zur Korruption schon im Keim zu bekämpfen!

Zu seinem persönlichen Schutz wurde von den Truppen der Provinz eine Garde abkommandiert, Infanteristen und Reiter *(equites singulares)*. Diese waren im Praetorium oder in dessen Nähe stationiert. Werner Eck schätzt sie in Köln auf etwa 200 Mann.

Der Statthalter war auch als oberster Richter einer Provinz für deren Rechtssicherheit zuständig. Als Berater standen ihm dafür qualifizierte Juristen zur Verfügung. Dabei musste er Streitigkeiten zwischen Gebietskörperschaften schlichten, aber auch Streit zwischen einzelnen Bürgern. Der Statthalter war auch oberste Instanz für alle Zivilgerichtsfälle über einen gewissen Streitwert (aus Spanien sind einmal 1.000 Sesterzen überliefert). Bei Peregrinen war er oberste Instanz für alle Strafgerichtsfälle. Er konnte über solche Angeklagte auch die Todesstrafe verhängen, bei römischen Bürgern war seine Kompetenz hingegen begrenzt. Diese konnten im Falle der Verurteilung noch bei einer höheren Instanz in Berufung gehen: beim Kaiser in Rom selbst.

Auch um den ordentlichen Vollzug von wichtigen Staatskulten, etwa den Kaiserkult, oder um das Einhalten wichtiger staatlicher Feiertage musste sich der Statthalter in Zusammenarbeit mit den zuständigen städtischen Priesterkollegien kümmern.

Dienstsitz des Statthalters war in Köln das Praetorium. Doch war er dort nicht immer anzutreffen, denn römische Statthalter waren Reisestatthalter. Turnusmäßig zogen sie durch ihre Provinz, um an vorher festgelegten Tagen Recht zu sprechen und sonstige lokale Verwaltungsaufgaben zu übernehmen. Auch das Militär erforderte ständige Inspektionen. Seine Reisen machte der niedergermanische Statthalter auch auf dem Rhein. Aus St. Gereon stammt die Grabinschrift eines *barcarius consularis*, eines Kapitäns der Staatsyacht des Statthalters.

Eine Umweltkatastrophe im Römischen Köln

Für das Jahr 58 n. Chr. berichtet der römische Historiker Tacitus in seinen Annalen (50,57,3) von einer merkwürdigen Naturkatastrophe: »Doch die mit uns verbündete Gemeinde der Ubier wurde von einem unvorhersehbaren Unglück heimgesucht. Denn Flammen, die aus der Erde hervorbrachen, ergriffen weit und breit Landgüter, Felder und vici und breiteten sich sogar bis zu den Mauern der vor Kurzem gegründeten Kolonie aus. Sie konnten nicht gelöscht werden, weder durch Regen noch mit dem Wasser der Flüsse oder anderen Flüssigkeiten. Schließlich warfen einige Bauern in Ermangelung eines Gegenmittels und aus Zorn über den angerichteten Schaden aus der Ferne mit Steinen. Als dann die Flammen haltmachten, gingen sie näher heran, schlugen mit Knüppeln und Stöcken auf sie ein und versuchten, sie wie wilde Tiere zu verscheuchen.« Diese Naturkatastrophe muss den Zeitgenossen als etwas ganz Außerordentliches vorgekommen sein, sodass die Nachricht sich bis nach Rom verbreitete. Dort fand sie großes Interesse: Wie anders hätte ihr Chronist, der Senator und Historiker Tacitus sie in ein Werk aufnehmen können, das sonst nur aus der Sicht der Hauptstadt überregional bedeutende Nachrichten enthielt? Die Forschung ging bisher davon aus, es habe sich bei dieser Katastrophe um einen Moorbrand gehandelt. Doch Hochmoore, in denen bei extrem heißer Witterung ganz selten Brände ausbrechen können, gab und gibt es um Köln nicht. Es bietet sich aber, wenn man die speziellen geologischen Verhältnisse im Kölner Umland in Betracht zieht, eine ganz andere Möglichkeit für die Ursachen dieses hartnäckigen Feuers an:

Im Bereich des Vorgebirges südwestlich von Köln, etwa bei Brühl, streichen die Flöze des Braunkohlereviers in der Kölner Bucht bis an die Erdoberfläche aus. Dort in der unmittelbaren Umgebung Kölns könnte sich, etwa durch Blitzschlag oder einen Waldbrand, Braunkohle entzündet und das hartnäckige Feuer verursacht haben. Dieses hat dann immer wieder neue Wald- und Buschbrände verursacht und auch vor Getreidefeldern und Siedlungen nicht halt gemacht. Vor allem der dichte Rauch und der Gestank von brennender Braunkohle muss sehr unangenehm gewesen sein! Wenn man die etwas unklare Überlieferung des Tacitus richtig interpretiert, dann scheint es, man habe, nachdem das Löschen mit Wasser vergeblich war, die Brandherde langsam mit Steinen verfüllt und ihnen so den Sauerstoff entzogen. Denn sonst hätte ja das Feuer jahre-lang unlöschbar weiterschwelen können, wie man dies etwa bei Steinkohlevorkommen in den USA oder im Norden Chinas kennt, die seit Jahrzehnten oder gar Jahrhunderten brennen und die Luft verpesten.

Kurt-Hackenberg-Platz, im Erdblock geborgenes Hundegrab mit Keramikgefäß als Grabbeigabe, zweite Hälfte 1. Jahrhundert n. Chr.

6.5 DIE STADTMAUER DER CCAA

Die steinerne Wehrmauer der CCAA hat sich wie kein zweites antikes Bauwerk im modernen Stadtbild erhalten, denn sie diente noch bis zum 12. Jahrhundert dem Schutz der Stadt. Die Stadtfestung ist daher nicht wie die meisten antiken Bauwerke dem Abriss anheim gefallen, sondern wurde instand gehalten. An manchen Stellen lassen sich antike und mittelalterliche Reparaturen erkennen. Das Mauerstück entlang der Rheinfront, dessen Fundamente besonders tief in der alten Flussaue gründen, dient bis heute vielen jüngeren Häusern als Fundament. Und manch ein Turm an den drei Landseiten wurde in der Frühen Neuzeit zu einem Wohn- oder Studierhaus städtischer Gelehrter umfunktioniert.

Die römische Stadtmauer von Köln ist 3.911,8 Meter lang und umschließt das 96,8 Hektar große Stadtgebiet. Wie die über tausend Jahre später errichtete mittelalterliche Festung diente sie nicht nur dem Schutz, sondern auch dem Schmuck der Stadt, war sie doch ein überaus mächtiges, von weitem sichtbares Bauwerk, das höchsten repräsentativen Anforderungen gerecht wurde.

Der Verlauf der Stadtmauer orientiert sich im Osten und Süden an der natürlichen Topographie aus: Am Rhein verläuft die Mauer parallel zur Flussaue, im Süden folgt sie dem Duffesbach. Im Westen und Norden zeichnen sich keine markanten Geländekanten ab, hier geht das städtische Areal ohne erkennbare Zäsur in das Umland über. Vor der Stadtmauer lag auf den drei Feldseiten ein circa 13 Meter breiter und mindestens 3,5 Meter tiefer Spitzgraben, der abschnittweise aber spätestens Anfang des 2. Jahrhunderts n. Chr. aufgegeben und verfüllt wurde.

Kurt-Hackenberg-Platz, die römische Stadtmauer wurde Ende des 19. Jahrhunderts bei Kanalbauarbeiten durchtrennt. Man erkennt den Kern aus römischem Gussbeton *(opus caementitium)* und Mauerschalen aus sorgfältig behauenen Grauwackehandquadern, spätes 1. Jahrhundert n. Chr.

Der Stadtfestung liegt ein einheitlicher Bauentwurf zugrunde, der Vorbildern in Oberitalien – beispielsweise in *Tridentum*/Trento – folgt. Das Mauerfundament ist drei Meter mächtig, was zehn römischen Fuß entspricht. Die Fundamenthöhe schwankt je nach Geländesituation zwischen 1,2 und 2,75 Meter. Auf der zum Rhein gerichteten Seite sind es sogar 4,5 Meter. Dort gründet das Fundament auf einer Stickung aus großen Grauwacken, über die lagenweise *opus caementitium* gegossen worden ist (S. 80). An manchen Stellen sind zur Stabilisierung des Untergrund zusätzliche Pfosten in den Boden gerammt worden.

Das Fundament schließt in einem 0,3 Meter hohen, zu den Feldseiten um 45 Grad abgeschrägten, zur Stadtseite getreppten Absatz ab. Nur auf der Flussseite findet man auf beiden Mauerseiten zwei getreppte Steinlagen. Über dem Fundamentsockel ist das aufgehende Mauerwerk 2,4 Meter stark, misst also acht römische Fuß. Man vermutet, dass der Wehrgang auf den drei Landseiten 7,25 Meter und auf der Rheinseite mindestens 8 Meter hoch war. Darüber muss dann noch die mannshohe Brüstung mit Zinnen ergänzt werden.

Das Mauerwerk ist von hoher Qualität. Die aufgehende Stadtfestung besteht aus zwei Schalmauern, die aus Grauwackehandquadern sorgfältig aufgemauert wurden. Im Mauerkern ist Gussmauerwerk *(opus caementitium)* lagenweise aufgebracht worden. Die Fugen zwischen den Grauwacken der Außenschalen wurden sauber mit Mörtel verstrichen.

WANN WURDE DIE STADTMAUER ERRICHTET?

Die Frage, wann die römische Stadtmauer der CCAA errichtet wurde, hat die Forschung kontrovers diskutiert, denn schriftliche und archäologische Quellen gaben lange Zeit keine eindeutige Antwort. Erst die Ausgrabungen anlässlich des Baus der Nord-Süd Stadtbahn haben zu ihrer Beantwortung entscheidend beigetragen. Inzwischen ist es auch möglich, den Bauablauf entlang der Rheinfront im Detail zu rekonstruieren. Bei Ausgrabungen am Kurt-Hackenberg-Platz ließ sich nachweisen, dass der Bau der Stadtmauer 90/91 n. Chr. unter Kaiser Domitian begonnen und mit großer Wahrscheinlichkeit innerhalb weniger Jahre vollendet wurde. Da das Baukonzept der Stadtmauer auf Fluss- und Landseiten einem einheitlichen Entwurf folgt, sind die feldseitigen Abschnitte zeitgleich oder unwesentlich früher entstanden. Für Planung und Umsetzung des Bauvorhabens wird man maximal 20 Jahre anzusetzen haben.

Wie lief der Bau der Stadtmauer auf der Rheinseite im Detail ab? Soweit bekannt, war die Rheinfront der römischen Stadt lange Zeit unbefestigt, sieht man von den beiden Ecktürmen, dem Ubiermonument und seinem nördlichen Pendant, ab. Um ausreichend Baugrund zu schaffen, wurde ein circa zehn Meter breiter Uferstreifen planiert, anschließend eine hölzerne Spundwand aus mindestens 4,5 Meter langen Eichenbohlen mit Kantenlängen von durchschnittlich 25 x 35 Zentimeter zur Sicherung des Baugrundes eingebaut, indem man die tonnenschweren Eichenbohlen mit den spitzen Enden in den weichen Uferboden gerammt hat. Viele Hölzer waren vorzüglich erhalten und datieren das Fäll- bzw. Baujahr 89/90 n. Chr. An manchen Eichenhölzern der Spundwand finden sich wenige Zentimeter lange Brandstempel mit dem römischen Namenkürzel L IV IOV (möglicherweise Lucius Julius Iovinus), bei dem es sich um einen beteiligten Holzhändler handeln mag. Der Beruf des Holzhändlers ist auch von Kölner Grabinschriften überliefert *(negotiator lign[arius])*. Die Untersuchungen der Universität zu Köln ergaben, dass die Eichen an einem Standort in der Voreifel oder dem Bergischen Land geschlagen wurden. Von dort wurden die Hölzer auf Transportschif-

Spundwand aus Eichenhölzern in der Baugrube Kurt-Hackenberg-Platz. Die dendrochronologische Auswertung ergab, dass die Bäume 90/91 n. Chr. gefällt wurden

fen nach Köln gebracht. Um die Balken mit einem Kran aufnehmen zu können, wurden rechteckige Einlassungen herausgestemmt, die zur Aufnahme der Kranhaken geeignet waren.

Landseitig wurde eine 3 Meter tiefe und 3,1 Meter breite Baugrube steilwandig ausgehoben und mit einem Verbau aus Tannenhölzern stabilisiert. Der Baugrubenaushub wurde flussseitig angeschüttet, die Uferböschung mit Grauwacken befestigt. Anlandenden Schiffen bot sich so eine feste Lände, um Steine, Hölzer und andere Baumaterialien anliefern zu können. Die Sohle der Baugrube für die Stadtmauer reichte im Regelfall bis auf den anstehenden Terrassenkies. War dies nicht möglich, wurden zur Stabilisierung des Baugrundes Holzpfähle in den Boden gerammt. Die Breite der Baugrube entspricht der Breite des Fundamentes. Gesichert wurde der Graben mit einer ›verlorenen‹ Schalung aus

Kurt-Hackenberg-Platz: Tannhölzer der Verschalung für die Baugrube der römischen Stadtmauer, 90/91 n. Chr.

bis zu 13 Meter langen, 30 Zentimeter breiten und vier Zentimeter starken Brettern. Für den Bau der Stadtmauer wurden hunderte Tannen im Schwarzwald oder – weniger wahrscheinlich – in den Vogesen gefällt, zusammengebunden und nach Köln geflößt. Erst am Bauplatz wurden die Stämme gesägt, wie Sägeabfälle an Ort und Stelle beweisen. Untersuchungen der Universität zu Köln ergaben, dass auch die Tannenhölzer 89/90 n. Chr. geschlagen und verbaut wurden, zeitgleich mit den Eichenbohlen der Spundwand. Beim Einschalen wurden die Bretter dann an außerhalb senkrecht gesetzte Vierkanthölzer genagelt. Querhölzer (Aussteifungen) verliehen der Holzverschalung zusätzliche Stabilität. Die Baugrube zwischen Holzschale und Baugrubenrand hat man mit

In einige der Eichenbohlen der Spundwand waren Brandstempel gedrückt, die wohl den Namen des Holzhändlers nennen, 90/91 n. Chr.

Erde und Schutt verfüllt, um den später beim Gießen und Verpressen des römischen Betons entstehenden Druck auf die Verschalung aufzufangen.

Nach dem Ausschalen der Baugrube begannen die Maurer 90 n. Chr. mit ihrer Arbeit. Auf den tragfähigen Terrassenkies der Baugrubensohle legten sie zwei insgesamt 1,3 Meter starke Lagen unvermörtelter großer Grauwackeblöcke. Diese wurden mit einer Kalklage abgedeckt und darüber der 3,9 Meter hohe und drei Meter breite Fundamentsockel lagenweise aus *opus caementitium* gegossen. Der Gussbeton ist mit Grauwacke-, Trachyt- und anderen Bruchsteinen durchsetzt. Die Oberkante des Fundaments entsprach dem antiken Laufniveau.

Spätestens im Folgejahr wurde mit den Bauarbeiten am Aufgehenden begonnen. Über dem Sockelabsatz war die Stadtmauer 2,4 Meter breit und bis zum Wehrgang circa acht Meter hoch. Schalmauern aus sorgfältig gefertigten, handgroßen Grauwackequadern verliehen der Stadtfestung ein repräsentatives ›Gesicht‹. Der Mauerkern bestand, wie das Fundament, aus festen Gussbeton. Der Kalkmörtel war auch hier mit Grauwackebruch, Trachyt und Basalt durchsetzt, dessen Stabilität DIN-Normen im modernen Betonbau erfüllt. Die Handquader der Grauwackeschale wurden mit großer Präzision zugeschlagen. Steinabschläge und Grauwackesplitt legen nahe, dass die Handquader vor Ort dem Bedarf angepasst wurden. Einige Steine weisen Steinmetzzeichen auf, die vielleicht auf einzelne Baulose zurückgehen.

Nach Abschluss der Arbeiten wurde das Gelände mittels Erdschüttungen rund drei Meter angehoben, um das steile Gefälle zwischen Geländeplateau bzw. Stützmauern und rheinseitiger Stadtmauer zumindest in Teilen anzugleichen.

TORE UND TÜRME

Auf ihren Feldseiten war die Stadtmauer in Abständen von 77 bis 158 Meter mit 19 Rundtürmen und mindestens neun Toren bestückt. Die Türme folgen einem grundsätzlichen Bauschema. Der im Regelfall runde Turm ruhte auf einem drei Meter mächtigen quadratischen Fundamentsockel von 9,8 x 9,8 Meter, der auf gleicher Höhe mit dem Mauerfundament abschloss. Die Höhe der Türme ist nicht bekannt; einen ungefähren Eindruck vermittelt der in nachrömischer Zeit wieder aufgemauerte Helenenturm. Im äußeren Durchmesser erreichten die Türme 9,2 Meter. Während die Mauerstärke zur Feldseite 2,4 bis 2,5 Meter betrug, waren es zur Stadtseite nur 1,2 bis 1,3 Meter. Ebenerdige Zugänge zu den Türmen sind nicht nachgewiesen. Der Bau der Stadtmauer rich-

Kurt-Hackenberg-Platz: Die rheinseitige römische Stadtmauer mit dem in spätrömischer Zeit zugemauertem Hafentor und dem Abwassersammler. Spätes 1. bzw. 4. Jahrhundert n. Chr. Blick von Osten auf die Rheinfront

tete sich am bestehenden Straßennetz aus, denn auf alle Türme führen Straßen der römischen Kolonie zu.

Sechs Tore öffneten sich zum Umland, eines im Norden, drei im Westen und zwei im Süden. Hinzu kommen mindestens drei Tortürme im Osten. Jüngste Untersuchungen anlässlich des Baus der Nord-Süd Stadtbahn machen es wahrscheinlich, dass es auf der Rheinseite aber mindesten fünf Tortürme gab.

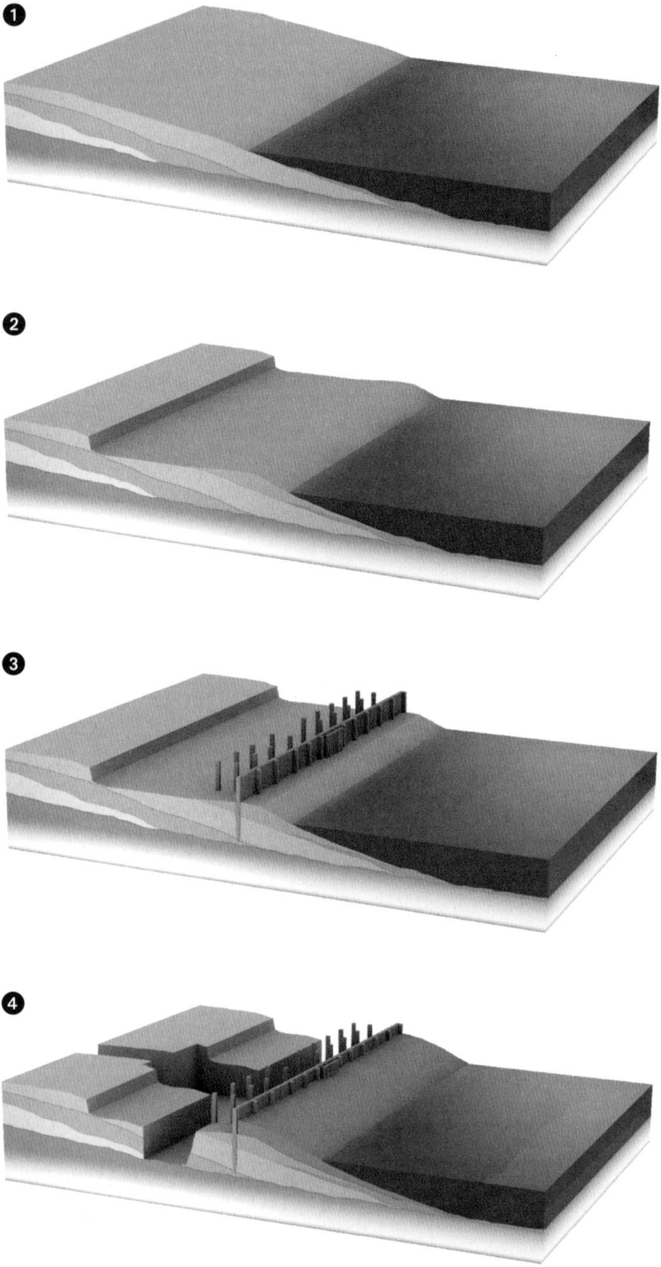

Kurt-Hackenberg-Platz, Rekonstruierter Bauablauf der rheinseitigen römischen Stadtmauer, Ende 1. Jahrhundert n. Chr., siehe S. 125/126

5

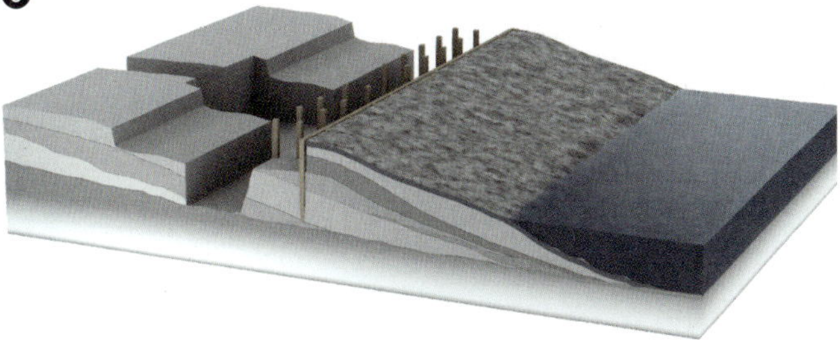

6

7

8

Köln, Kurt-Hackenberg-Platz: ›Nachtschicht‹ – Die Ausgrabungsfläche wird von Jupiterlampen hell erleuchtet. Ansicht von Westen

Zehn Jahre U-Bahn-Archäologie Köln

Die Ausgrabungen, die zwischen 2003 und 2012 anlässlich des Baus der Nord-Süd Stadtbahn Köln unternommen wurden, sind der größte Eingriff in die unterirdische Geschichte der Stadt. Dank der überwiegend unterirdischen Bauweise im Tunnelvortrieb beschränkten sich die Ausgrabungen auf die Haltestellen, Versorgungs- und Anfahrschächte der vier Kilometer langen Trasse. Zwischen den Haltestellen wurde der anstehende Terrassenkies weit unterhalb der anthropogen beeinflussten Schichten im unterirdischen Tunnelvortrieb abgetragen. Die archäologischen Untersuchungsflächen umfassten trotzdem mehr als 30.000 Quadratmeter, eine Fläche so groß wie etwa fünf Fußballfelder. Stellenweise erreichten die Schichten Mächtigkeiten von über 13 Meter. So ergab sich ein archäologisches Gesamtvolumen von 150.000 Kubikmeter. Mehr als einhundert Archäologen, Bauhistoriker, Techniker, Zeichner und Grabungshelfer kamen während der Grabungen zum Einsatz. Sie wurden bei der ersten Auswertung des Materials, etwa von Tier- und Pflanzenresten, Münzen und Inschriften durch Naturwissenschaftler, Numismatiker und Epigraphiker unterstützt. Dem Römisch-Germanischen Museum oblag die Fachaufsicht. Gleichzeitig mit den Geländearbeiten wurden die Funde aus den Ausgrabungen im Innendienst gereinigt, beschriftet und bestimmt. Insgesamt kamen rund zweieinhalb Millionen Objekte ans Tageslicht. Die Auswertung der Ausgrabungen wird noch viele Jahre in Anspruch nehmen.

Stilistisch lassen sich hierbei die aufwändigeren Torburgen mit zwei oder drei Durchgängen von einfachen Türmen mit einem einfachen Tor unterscheiden. Die Torburgen standen westlich des Doms, bei St. Aposteln, in der Weyerstraße und an der Hohen Pforte.

Von den Torburgen ist nur die Architektur des Nordtors am Dom in Teilen bekannt, während von allen anderen Toren nur die Position und Teile der Gründungen überliefert sind. An dieser Stelle öffnete sich die Kolonie zum nördlichen Suburbium und der Fernstraße in Richtung *Novaesium*/Neuss. Das Nordtor war ein mächtiger Bau, der bis in die Frühe Neuzeit hinein instand gehalten wurde. Erst 1657 wurde es baulich grundlegend umgestaltet, als man den Bau in die barocke Dechanei einbezog. Als man diese 1826 im Zuge einer Straßenerweiterung niedergelegt hat, wurden auch die damals noch erhaltenen Teile des Nordtores abgerissen, wichtige Architekturteile jedoch geborgen. Beim Abriss der Domkurie wurde auch der östliche Seitendurchgang gerettet. Er steht seit 1971 auf der Domplatte, wenige Meter vom antiken Standort entfernt.

Das Nordtor war rund 30 Meter breit, 11,6 Meter tief und mindestens 24 Meter hoch. Im Zentrum öffnete sich die 8,6 Meter hohe und 5,6 Meter breite Hauptdurchfahrt, begleitet von zwei kleineren

Der rekonstruierte Bogen des Nordtores der CCAA im Obergeschoss des RGM

Digitale Rekonstruktion des römischen Nordtores der CCAA (Außen- und Innenansicht)

Seitendurchgängen und flankiert von zwei im Grundriss quadratischen Türmen. Die Torfassade war zur Feldseite hin architektonisch reich gegliedert. In den Hauptbogen, der heute im Obergeschoss des Römisch-Germanischen Museums zu bewundern ist, waren die Stadtinitialen CCAA eingearbeitet. Unterhalb der Stadtinitialen hatte man den Zusatz (Valeria)na Galliena eingearbeitet, der auf die Anwesenheit der Kaiser Valerian und seines Sohnes und Mitregenten Gallienus Mitte des 3. Jahrhunderts hinweist. Eine Zweigeschossigkeit des Bauwerks ist aus den Führungen des Fallgitters zu erschließen. Allerdings ist die Rekonstruktion des Obergeschosses bis heute nicht befriedigend gelungen. Italischen Vorbildern folgend, könnte über den drei Jochen des Sockelgeschosses ein Obergeschoss mit acht Jochen gelegen haben. Nach einer neueren These wurde das Nordtor in dieser Form erst unter Valerian und Gallienus neu errichtet (siehe S. 322).

Rundgang römische Stadtmauer

Wir beginnen unseren Rundgang, der nur die wichtigsten Bestandteile der römischen Stadtmauer berücksichtigen kann, vor dem Westportal des Kölner Doms, am Torbogen des im Lichten 1,9 Meter breiten und 3,9 Meter hohen Seitendurchgangs des römischen Nordtores ❶, das um wenige Meter versetzt, den alten Standort markiert. Steht man auf der Domplatte, die Kathedrale zur Rechten, sieht man an der Außenseite des Torbogens, durch den Fußgänger in die antike Stadt gelangten, eine senkrechte Rille von 0,25 Metern Breite und 0,31 Metern Tiefe, in der das Falltor des Haupttores geführt wurde. Dessen aus 13 großen Kalksteinquadern gebauter Bogen ist im Obergeschoss des Römisch-Germanischen Museums ausgestellt. In das Zentrum sind die Buchstaben CCAA eingemeißelt. Fundamentreste des Tores und der östlich anschließenden Wehrmauer sind in der Tiefgarage ❷ unter der Domplatte und in der Ausgrabungszone ❸ unter dem Kölner Dom zu besichtigen. In der Dom-Tiefgarage ist auch der berühmte Anno-Stollen zu sehen, durch den Erzbischof Anno II. sich 1074 vor aufgebrachten Bürgern gerettet hat.

Wandert man von dort aus entlang der Nordseite der römischen Kolonie, erreicht man nach wenigen Metern den ›Sarg der Agrippina‹ ❹, ein Teilstück der Stadtmauer. Nur einen Steinwurf weiter liegt der ›Lysolphturm‹ ❺, benannt nach den Herren von Lyskirchen, die im Mittelalter für das angrenzende Wychhaus zuständig waren. Das 32 Meter lange Teilstück mit Turm gibt in regelmäßigen Abständen Gerüstlöcher (Rümpflöcher) zu erkennen, in die das nachgezogene Baugerüst eingebracht worden war.

Nebentorbogen des Nordtores am Dom. Der Torbogen ist wenige Meter vom originalen Standort entfernt mit Originalsteinen aufgebaut

Rundgang entlang der römischen Stadtmauer Kölns; die Nummern bezeichnen auf S. 133–141 beschriebene Denkmäler

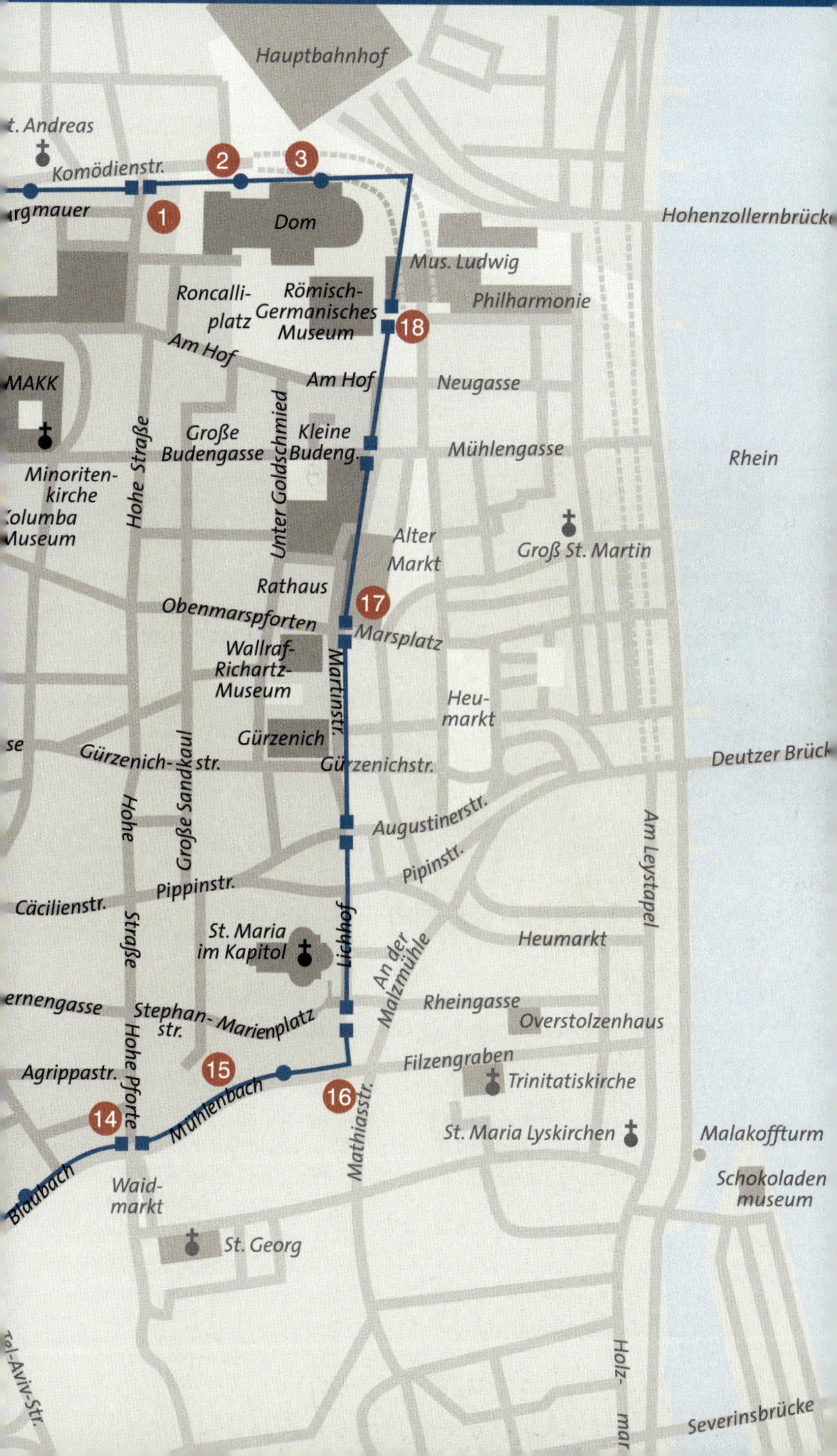
Hauptbahnhof
t. Andreas
Komödienstr.
2
3
1
ırgmauer
Dom
Hohenzollernbrücke
Mus. Ludwig
Philharmonie
Roncalli-
platz
Römisch-
Germanisches
Museum
18
Am Hof
Am Hof
Neugasse
MAKK
Große
Budengasse
Kleine
Budeng.
Mühlengasse
Rhein
Hohe Straße
Unter Goldschmied
Minoriten-
kirche
Columba
Museum
Alter
Markt
Groß St. Martin
Rathaus
17
Obenmarspforten
Marsplatz
Wallraf-
Richartz-
Museum
Martinstr.
Heu-
markt
Gürzenich
Gürzenich-
str.
Gürzenichstr.
Deutzer Brück
Hohe
Große Sandkaul
Augustinerstr.
Am Leystapel
Pipinstr.
Pippinstr.
Cäcilienstr.
Straße
St. Maria
im Kapitol
Lichhof
An der
Malzmühle
Heumarkt
ernengasse
Stephan-
str.
Marienplatz
Rheingasse
Overstolzenhaus
Hohe Pforte
Agrippastr.
15
Mühlenbach
Filzengraben
Trinitatiskirche
16
14
Mathiasstr.
St. Maria Lyskirchen
Malakoffturm
Blaubach
Waid-
markt
Schokoladen
museum
St. Georg
Tel-Aviv-Str.
Holz-
mar
Severinsbrücke

Komödienstraße/Tunisstraße, der sogenannte Lysolphturm im heutigen Straßenbild von Süden gesehen

Unser Weg führt uns vorbei am Zeughaus 6, dem mittelalterlichen Waffendepot der Stadt, das im 16. Jahrhundert auf die Fundamente der römischen Stadtmauer gesetzt wurde. Unmittelbar südlich an die preußische Hauptwache neben dem Kölnischen Stadtmuseum grenzend folgt eine 90 Meter lange Kurtinenmauer. Nur wenige Meter weiter westlich erreichen wir den sogenannten ›Römerturm‹ 7, das wohl bekannteste Bauwerk der antiken Stadtumwehrung. Der ›Römerturm‹ markiert die Nordwestecke der CCAA. Seit Jahrhunderten zieht er die Aufmerksamkeit von Bürgern und Touristen auf sich. In historischen Ansichten und zahllosen bildlichen Darstellungen lässt sich seine wechselvolle Geschichte seit dem 16. Jahrhundert nachzeichnen. Anfang des 14. Jahrhunderts wurde er Teil des örtlichen Klarissenklosters, das den Turm als Kloake nutzt! Nach der Säkularisierung des Klosters und dem Abriss der Klostergebäude zu Beginn des 19. Jahrhunderts kam der Turm in privaten Besitz. Er wurde überbaut – oder vielmehr überhöht – und verlor so zeitweilig seinen antiken Charakter. Der Kölner Dombaumeister ließ die ›entstellenden‹ Aufbauten schleifen und mit einem historisierenden, dem Zeitgeschmack angepassten Zinnenkranz besetzen. Heute zeigt sich der Römerturm als 5,75 Meter hohes Bauwerk. Bemerkenswert ist seine reich mit musivischem Schmuck verzierte Fassade. Das sonst einheitliche Grauwackeschalmauerwerk ist hier von farbigen geometrischen Mustern durchbrochen, die aus verschiedenfarbigen Sandsteinen, Tuffen, rotem Porphyr, Kalkstein, Trachyt und Ziegeln gesetzt sind.

Die römische Stadtmauer auf Höhe der Zeughausstraße nahe dem Kölnischen Stadtmuseum

Die Stadtmauer verläuft von nun an entlang der Westseite der CCAA. Wir folgen ihr in Richtung Süden und erreichen nach wenigen Metern den Helenenturm 8 in der St.-Apern-Straße. Am Abzweig der Helenenstraße steht der gleichnamige Turm, der lange Jahre von wildem Wein und anderen Pflanzen bis zur Unkenntlichkeit überwuchert war. Nachdem der Bewuchs jüngst zurückgeschnitten wurde, ist der antike Turm, der seit dem Mittelalter mehrfach baulich umgestaltet wurde, wieder gut zu erkennen. Mit seiner Höhe von zehn Metern vermittelt er einen Eindruck von der Wehrhaftigkeit der antiken Türme. Allerdings sind nur noch die unteren Lagen sowie die Fundamente des Bauwerks und der angrenzenden Kurtine antiken Ursprungs.

Am Apostelplatz 9 ist noch ein kleiner Mauerabschnitt im Untergeschoss einer namhaften Konditorei zu bewundern. Von dort aus gelangen wir zum Ostchor von St. Aposteln, wo wir auf ein indirektes Zeugnis der römischen Stadtbefestigung treffen. Ein vermauertes Türgewände in der Ostapsis der staufischen Dreikonchenanlage 10 liegt rund fünf Meter über dem modernen Platzniveau. Beim Bau der Kirche war die römische Stadtmauer noch bis zum Wehrgang erhalten. Die Legende berichtet, dass der Kölner Erzbischof Heribert über diese Tür von seinem Haus aus nachts zum Gebet in die Kirche gelangte. Das Türgewände gilt als Beleg für die Höhe des antiken Wehrgangs. Das bedeutende Tor über der Straße Richtung Westen ist nur in Ausschnitten archäologisch dokumentiert. Es dürfte ähnliche Dimensionen wie das Nordtor besessen haben.

Der Römerturm in einem Aquarell von G. Osterwald aus dem Jahr 1836

Weiter südlich ist die römische Stadtmauer an mehreren Stellen unterirdisch und obertägig erhalten. Das zweite wichtige Tor der Westseite öffnete sich zur antiken Straße Richtung Trier auf Höhe der Bobstraße, vis à vis von St. Mauritius. Bemerkenswert ist ein 160 Meter langes Teilstück der Stadtmauer 11 mit Resten eines Rundturmes, das, von Pflanzen teilweise überwuchert, im Hof zwischen Alexianerstraße und Mauritiussteinweg zugänglich ist. Von dort aus sind es nur wenige Schritte zum südwestlichen Eckturm der Stadtumwehrung, dessen Ruine an der Griechenpforte 12 nur noch schemenhaft an die einst mächtige Anlage erinnert.

Die Stadtmauer führt nun in Richtung Osten entlang der Rinne des Duffesbaches in Richtung Rhein. Dem Duffesbach verdanken die ›Bäche‹ –

St. Apernstraße/Helenenstraße, der Helenenturm von Westen gesehen

Neumarkt, im Ostchor der romanischen Kirche St. Aposteln erkennt man die vermauerte Tür, über die man früher auf den Wehrgang der römischen Stadtmauer gelangte

Die Südwestecke der römischen Stadtmauer an der Griechenpforte von Südwesten gesehen

die bis in das Mittelalter zurückführenden Straßen Rothgerberbach, Blaubach und Mühlenbach – bis heute ihren Namen. Zwischen Griechenpforte und Nord-Süd-Fahrt sind Mauerteilstücke 13 in moderner Bebauung erhalten. Die alte Abbruchkante vom antiken Stadtplateau zum südlichen Vorfeld spiegelt sich bis heute markant im Stadtbild wider. Vom südlichen Haupttor, das in seinen Dimensionen denen des Nordtores nicht nachgestanden haben dürfte, sind an der Hohen Pforte 14 geringe Teile belegt.

Weiter östlich, auf Höhe des Mühlenbachs, stößt man auf ein 78 Meter langes und noch bis zu 6,2 Metern hoch erhaltenes Teilstück der Mauer am Mühlenbach 19–49 15, das einerseits die wechselvolle Geschichte in nachrömischer Zeit zu erkennen gibt, andererseits von den vielfältigen Problemen, die mit dem konservatorischen Unterhalt der antiken Stadtbefestigung verbunden sind, berichtet. Tiefe ›Wunden‹ zeichnen sich hier im antiken Mauerwerk ab, die teilweise weit in den antiken Gusskern hineinreichen. An vielen Stellen ist die römische Mauerschale im Mittelalter und in der Neuzeit überprägt worden. Auch zahlreiche Wurzeln der höher gelegenen nördlichen Nachbargrundstücke greifen in das antike Bauwerk ein.

Rothgerberbach, Teilstück der römischen Stadtmauer

An der Ecke Mühlenbach/Am Malzbüchel erreichen wird die alte Rheinfront und das beim Bau der Stadtmauer in Teilen abgebrochene Ubiermonument aus dem frühen 1. Jahrhundert n. Chr. (S. 80f.). Das Ubiermonument 16 ist ›Am Malzbüchel 1‹ in einem unterirdischen Besucherraum für die Öffentlichkeit zugänglich.

Kurt-Hackenberg-Platz, Stadtmauer und Hafentor während der Sicherungsarbeiten

Entlang der 900 Meter langen Rheinfront der Kolonie sind mehrere Festungsabschnitte in Kellern und im Abgang der neuen U-Bahn-Haltestelle ›Heumarkt‹ erhalten. An das wichtigste Tor der Rheinseite, die 1545 niedergelegte Marspforte, erinnert die Straße Obenmarspforten und eine Inschrift am Haus Marsplatz 3–5 17. Der Name des Tores leitet sich von der mittelalterlichen Bezeichnung »Markttor« ab, da man hier aus der Innenstadt zum mittelalterlichen Marktgelände am Heumarkt und Alter Markt gelangte. Unter humanistischem Einfluss wurde dann aus dem Markttor das Marstor.

Das neben dem ›Römerturm‹ wohl beeindruckendste Teilstück der römischen Stadtmauer wird ab 2014 am Kurt-Hackenberg-Platz 18 zu besichtigen sein. In einem unterirdischen Besucherraum kann ein zwölf Meter langes Teilstück der rheinseitigen Stadtmauer besucht werden. Erhalten sind die Reste des Torturmes mit dem nördlichsten der fünf bekannten Hafentore. Die Pforte wurde im 4. Jahrhundert zum Schutz vor Angreifern zugemauert. Unter dem Tor mündete einer der großen Abwassersammler in die Rheinrinne.

1a
2

DAS ›NEUNTE TOR‹ VON KÖLN

1960 kamen bei Bauarbeiten für ein Wohnhochhaus an der Ecke Schartgasse/Rothgerberbach, wenige Meter östlich des südwestlichen Eckturms der römischen Stadtmauer, Fundamente des sogenannten ›Neunten Tores‹ ans Tageslicht. Der Befund lieferte seiner Zeit neue Erkenntnisse zur Funktionalität und Architektur der einfachen Tortürme. Der Turm ruhte auf einer bis zu 2,4 Meter starken und 8,5 Meter breiten Fundamentplatte, die im Verbund mit der südlichen Stadtmauer stand. Das Tor kragte drei Meter feldseitig aus der Mauerflucht vor. Unterhalb der 5,8 Meter breiten Toröffnung führte ein 0,7 Meter im Lichten messender, 1,85 Meter hoher Abwasserkanal aus dem Stadtgebiet in Richtung Wehrgraben. Der Kanalboden war mit Ziegeln verkleidet, auf denen das Grauwackemauerwerk der Kanalwangen mit einfachem Tonnengewölbe stand. Die Kanalsohle gründete rund einen Meter unter dem Torfundament im gewachsenen Hochflutlehm.

EIN RÖMISCHES HAFENTOR AUF DEM KURT-HACKENBERG-PLATZ

Das bedeutendste zum Fluss gerichtete Tor, die Marspforte *(porta martis),* lag am Marsplatz Nr. 3–5 und ragte sechs Meter in Richtung Rhein aus der Stadtmauerflucht vor. Die Anlage wurde erst im 16. Jahrhundert abgerissen. Im 19. Jahrhundert kamen starke Gussmauerfundamente und eine kiesgeschotterte Straßendurchfahrt ans Tageslicht. Mehr ist nicht bekannt. Auch vom südlichsten Tor auf Höhe von St. Maria im Kapitol wissen wir wenig. Die Tordurchfahrt, so Notizen des 19. Jahrhunderts, hatte eine Breite von 5,5 Metern. Eine mit Basalten gepflasterte Straße verlief in Richtung Rhein. Später wurde die Straße mit Kiesmörtel repariert und verstärkt.

1893 stießen Arbeiter beim Bau eines neuen Abwasserkanals sechs Meter unter der Bischofsgartenstraße auf die römische Stadtmauer und große Kalksteinquader, die vier Meter aus der Flucht der römischen Stadtmauer zum Fluss vorkragten. Lage und Qualität des Bauwerks veranlassten Rudolf Schultze und Carl Steuernagel, dort eines der Hafentore der römischen Kolonie zu suchen. Heute wissen wir, dass sie Recht hatten. Allerdings gehörten die Kalksteinquader nicht zum Tor, sondern zu einem Kanal, der an dieser Stelle in die alte Rheinrinne mündete.

Rothgerberbach, unter dem sogenannten »Neunten Tor« verlief ein Abwasserkanal, der Abwässer in den römischen Stadtgraben führte, Ausgrabung 1960

Das nördliche Hafentor wurde bei den U-Bahn-Ausgrabungen untersucht. Es entspricht architektonisch in vielen Details dem ›Neunten Tor‹, das wir bereits kennengelernt haben. Dies mag als weiterer Beleg für die einheitliche Planung gelten, die der Kölner Stadtmauer zugrunde liegt. Allerdings wurde der Bauentwurf dem Ufergelände am Rhein angepasst. Das im Grundriss 6,5 x 7,4 Meter große Torhaus ragte stadtseitig 3,7 Meter weit aus der Mauerflucht vor. Der mit Ziegeln gedeckte Torturm war integraler Bestandteil der rheinseitigen Stadtmauer und nach Aussage des Grundrisses und der angrenzenden Mauern bis zu 14 Meter hoch. Im Torturm öffnete sich ursprünglich eine 2,7 Meter breite Toröffnung mit Gewänden aus tonnenschweren Sandsteinblöcken. Unter dem Torturm führte ein Kanal in Richtung Rhein. Es handelt sich um den nördlichsten der großen Abwassersammler der CCAA. Sein aus der Mauerflucht vorkragender Auslass besteht aus großen Tuffblöcken; die Kanalöffnung ist mit großen Kalksteinblöcken repräsentativ ausgestaltet. Verließ man das Tor in Richtung Hafen, so gelangte man über Holzrampen zu einem circa 2,3 Meter unterhalb des Tores liegenden holzgedeckten Weg an der Außenseite der Stadtmauer. Das Hafentor erkennt man im Befund heute erst bei genauem Hinsehen, denn es wurde im 4. Jahrhundert mit recyceltem Steinmaterial zugemauert (vgl. S. 348).

Kurt-Hackenberg-Platz, Digitale Rekonstruktion des römischen Hafentors mit Kanalauslass und Holzbefunden (Grundlage 3D-Laserscan)

Die mit Basalten gepflasterte römische Hafenstraße neben dem RGM. Am linken Straßenrand ein Teilstück des Abwassersammlers und die Rekonstruktion eines Straßenbrunnens.

Hafenstraße und Abwasserkanal

Zwischen dem Römisch-Germanischen Museum und seinem Verwaltungsbau (Studiengebäude) verläuft die mit Basalten gepflasterte Hafenstraße, die aus dem Stadtgebiet in Richtung nördliches Hafentor führte. Die heute noch 33 Meter lange und sechs Meter breite Straße wurde 1969/70 bei Ausgrabungen freigelegt und um sechs Meter nach Süden versetzt wieder aufgebaut. Ursprünglich waren die durchschnittlich 0,4 bis 0,5 Meter langen und 0,3 Meter breiten Säulenbasalte allerdings auf Fuge verlegt und bildeten so eine gut befahrbare, leicht gewölbte Straßendecke. Die heutige Rekonstruktion erinnert nur bedingt an den Originalzustand. Die Ursprünge der Straße gehen auf die Gründungszeit der römischen Stadt zurück. Wohl erst im 3. oder 4. Jahrhundert n. Chr. wurde die Fahrbahn mit Basaltsäulen gepflastert.

Unmittelbar südlich der Hafenstraße steht ein fünf Meter langes und bis zu drei Meter hohes Teilstück jenes Abwassersammlers, der auf Höhe des Kurt-Hackenberg-Platzes die alte Rheinrinne erreicht. Der Sammler entstand zeitgleich mit der rheinseitigen römischen Stadtmauer Ende des 1. Jahrhunderts n. Chr. Bei Reparaturen wurden später Spolien in der Abwasserleitung verbaut. Der zwischen Straße und Abwassersammler errichtete Brunnen ist kein Original, sondern pompejanischen Vorbildern nachempfunden.

Roncalliplatz, die römische »Hafenstraße« während der Freilegung 1969

Hinweise auf zumindest ein zusätzliches Tor an der Rheinfront ergaben sich im Zuge der U-Bahn-Grabungen. Auf Höhe des großen Abwasserkanals in der Budengasse wurde jedenfalls ein zur Stadtinnenseite vorspringendes Fundament freigelegt, das im Verband mit der rheinseitigen Stadtmauer entstanden ist und in seinen Dimensionen an den Torturm des Hafentores am Kurt-Hackenberg-Platz erinnert.

An der Ecke Martinstraße/Augustinerstraße konnte bei den Ausgrabungen für die Haltestelle ›Heumarkt‹ ein weiterer rechteckiger Turm angeschnitten werden. Auch dieser Bau war integraler Bestandteil der Stadtmauer. Er hatte lichte Maße von 5,2 x 3,65 Metern und ragte 1,6 Meter aus der Flucht der Stadtmauer in Richtung Rhein vor. Zur Stadtinnenseite ist die Mauer 1,2 Meter mächtig. Der Standort markiert exakt die Südostecke des Terrassenbauwerks (S. 180), das dem Zentralheiligtum zuzurechnen ist. Die Nordostecke besetzt das Tor auf Höhe der Straße Obenmarspforten.

HOCHWASSERSCHUTZ IM RÖMISCHEN KÖLN?

Die in der Rheinaue errichtete Stadtmauer begleitete das Rheinufer auf einer Länge von fast 900 Metern. Bei früheren Ausgrabungen waren in der zum Rhein gewandten Stadtmauer zwei mit großen Kalksteinblöcken gefasste Öffnungen erkannt worden: Eine direkt neben dem Ubiermonument ›An der Malzmühle 1‹, die andere auf Höhe von Sankt Maria im Kapitol, ›Am Lichhof 10-12/ Pipinstraße 16‹. Ursprünglich nahm man an, es handle sich um Kanalauslässe innerstädtischer Abwassersammler.

Bei den U-Bahn-Ausgrabungen kamen auf Höhe der Ecke ›Unter Taschenmacher/Am Hof‹ und ›Am Domhof‹ zwei weitere, nahezu identische Konstruktionen zutage. ›Unter Taschenmacher‹ besteht die 0,4 Meter breite Öffnung aus vier großen Kalksteinquadern von bis zu 1,4 Metern Breite, die von einem 2,4 Meter breiten Entlastungsbogen aus Tuffsteinen überspannt werden. Ähnlich gestaltet war auch die Konstruktion ›Am Domhof‹. Allerdings lagen die beiden Öffnungen auf unterschiedlichen Höhen: Die ›Unter Taschenmacher‹ gleich über dem Sockelabsatz der römischen Stadtmauer, die zweite circa 1,5 Meter darüber.

Der Abstand zwischen den beiden Öffnungen im Süden der Stadt beträgt rund 130 Meter, der im Norden 100 Meter. Etwa mittig zwischen den beiden letztgenannten liegt das nördliche Hafentor. Da die Rheinfront der Stadtmauer knapp 900 Meter lang war, die Abstände zwischen den Öffnungen 50 bis 100 Meter betragen, dürfte eine größere Zahl bislang unbekannter Durchlässe zu vermuten sein.

Am Hof/Unter Taschenmacher, römischer Hochwasserüberlauf in der rheinseitigen Stadtmauer, Ende 1. Jahrhundert n. Chr.

Um Kanäle hat es sich nicht gehandelt, denn keine der Öffnungen wurde zumindest in ihrer Erstfunktion von einem Abwasserkanal ›gespeist‹. Warum hat man aber beim Bau der Stadtmauer regelhaft Öffnungen im Mauerwerk auf unterschiedlichen Höhen geschaffen? Vermutlich ist dieses technische Detail auf die Lage am Rheinufer und die Angst vor Hochwasser zurückzuführen. Wenngleich bis zur Regulierung des Rheins seit dem 18. Jahrhundert katastrophale Hochwasser seltener waren, dürfte damals der Wasserdruck auf die mehr als acht Meter hoch aufragende Stadtmauer im Krisenfall erheblich gewesen sein. Durch die Öffnungen in der Stadtmauer konnte je nach Wasserstand dieser Druck gemindert werden, in dem Rheinwasser in den Bereich zwischen Stadtmauer und Terrassenstützmauern eindringen konnte und Flächen geflutet wurden. Auch konnte so das Wasser rasch wieder abfließen.

Hohe Straße, Spitzgraben der ältesten Straßentrasse aus augusteischer Zeit, eingetieft in den gewachsenem Lehmboden

6.6 INFRASTRUKTUR: STRASSEN, FRISCHWASSER, ABWASSER

STRASSEN

Die Ursprünge des städtischen Straßennetzes reichen zurück bis in die Anfänge der Stadt in der frühen Kaiserzeit. Das Straßennetz blieb in den folgenden Jahrhunderten der römischen Herrschaft am Rhein nahezu unverändert. Die Hauptstraßen, der *cardo maximus* (Hohe Straße) und der *decumanus maximus* (Schildergasse), gliederten das Stadtgebiet in vier etwa gleich große Bezirke. Parallel zu *cardo* und *decumanus* verliefen untergeordnete Straßen, die das Stadtareal netzartig in mehr als 70 rechteckige Baublöcke *(insulae)* aufteilten.

Bis zu 22 Meter betrug der Abstand zwischen straßenbegleitenden Laubengängen und sogar 32 Meter zwischen den Hausfassa-

Die moderne Hohe Straße, Blick nach Süden.

Hohe Straße, Trachytplatten des Straßenpflasters aus dem späten 1./frühen 2. Jahrhundert n. Chr.

den. Die untergeordneten Straßen waren immerhin bis zu 23 Meter breit, davon fielen 14 Meter auf die Fahrbahnen. Reste römischer Straßen, unterirdischer Kanäle, begleitender Entwässerungsgräben oder begleitender Säulengänge (Portiken) wurden an zahlreichen Stellen innerhalb der Kolonie freigelegt. Insofern sind wir über das städtische Straßennetz gut informiert.

Die anfangs maximal 4,5 Meter schmalen, in den Lehm planierten Straßen der Zeit um Christi Geburt wurden so rasch es ging verbreitert, schadhafte Fahrbahnen immer wieder repariert. Auf Höhe des Waidmarktes entstand so im Laufe einer Jahrhunderte langen Nutzung ein vier Meter starkes Schichtenpaket. Seit der ersten Hälfte des 1. Jahrhunderts wurden Straßen mit Kies geschottert, in spätrömischer Zeit – wie die Hafenstraße – auch mit Basalt gepflastert. Die wichtigsten innerstädtischen Straßen, der *cardo* (Hohe Straße) und vielleicht auch der *decumanus* (Schildergasse), wurden allerdings schon viel früher mit Steinplatten ausgestattet und zu ›Prachtstraßen‹ ausgebaut.

Hohe Straße, ein quer zur Fahrbahn verlaufender Abwassersammler ist mit Steinplatten straßengleich abgedeckt, 4. Jahrhundert n. Chr.

Das Beispiel des *cardo maximus* mag dies verdeutlichen. Der Verlauf dieser bedeutendsten Nord-Süd-Achse ist fast deckungsgleich mit der heutigen Hohe Straße. Bei Sanierungen an der Kanalisation wurden die antiken Straßenvorgänger auf einer Länge von 600 Metern im unterirdischen Stollenvortrieb archäologisch untersucht. Damit wurden die halbe Nord-Süd-Ausdehnung der römischen Stadt dokumentiert und neue Erkenntnisse über die Entwicklung dieser bedeutendsten Straße der CCAA ermöglicht. Wenngleich wohl nur die wichtigsten innerstädtischen Straßen derart aufwändig gestaltet waren, ermöglicht der Befund doch beispielhafte Einblicke in die ausgefeilte Infrastruktur der römischen Stadt.

Die älteste bei den Ausgrabungen nachgewiesene Straßenbefestigung liegt auf dem gewachsenen Hochflutlehm, 5,5 Meter unter dem modernen Straßenpflaster. Die antike Fahrbahn hatte man nach Abtrag des Humus in den anstehenden Lehmboden planiert und zunächst – so der archäologische Befund – nicht geschottert. Zweifellos war dies eine der ersten Baumaßnahmen bei der Gründung des römisch-ubischen Zentralortes. Dabei griffen die römischen Ingenieure vermutlich auf eine bereits bestehende ältere Wegführung zurück. Erst später hat man dann feinkörnigen Rheinkies auf den Lehm geschüttet und verdichtet. Die frühe

Hohe Straße, der spätrömische Abwassersammler nach Entfernen der Deckplatten, 4. Jahrhundert n. Chr.

Wegtrasse wurde über zwei Meter breite und 0,7 Meter tiefe, parallel verlaufende Spitzgräben entwässert, in die Mitte des 1. Jahrhunderts n. Chr. hölzerne Wasserleitungen eingebracht wurden. Dichte Randbebauung mit Säulengängen flankierte die Hauptstraße.

An der Wende vom 1. zum 2. nachchristlichen Jahrhundert wurde der *cardo* dann zu einer 24 Meter breiten Prachtstraße nach südlichen Vorbildern ausgebaut. Durch die tief greifende Neugestaltung der städtischen Hauptstraße wurden die älteren Straßenhorizonte stark in Mitleidenschaft gezogen. Über einem Unterbau aus großen unbehauenen Trachytstücken und einer fast einen Meter mächtigen Deckschicht aus fest gestampftem Sand und Kies wurden große Trachytplatten von bis zu 0,9 x 0,3 Meter quer zur Fahrbahn verlegt. Tief in den Trachyt eingeschnittene Geleisespuren zeugen vom innerstädtischen Wagenverkehr in römischer Zeit.

Der steingepflasterte Straßendamm wurde durch ein aufwändiges System aus unterirdischen Rinnen entwässert, die in das Pflaster eingetieft und durch Steinplatten straßengleich abgedeckt waren: Über Gullys wurden nicht versickerte Niederschlagsmengen und Brauchwässer regelmäßiger Straßenreinigung in quer zur Fahrbahn verlaufende, 0,6 Meter breite Zubringer geleitet. Sie führten von beiden Straßenrändern zu einer in der Mittelachse des *cardo* verlaufenden, Nord-Süd ausgerichteten Hauptrinne, die rund 0,9 Meter breit und einen Meter tief ist. Durch diese Rinne wurden die Brauchwässer in das städtische Gesamtkanalnetz weitergeleitet und über die tief unter dem Straßenpflaster verlaufenden großen Hauptsammler in Richtung Rhein geführt.

Durch die intensive Nutzung wurde das Straßenpflaster des *cardo* so stark beansprucht, dass es im 4. Jahrhundert n. Chr. schadhaft und mit Fehlstellen durchsetzt war. Vielleicht 356 n. Chr. – nach der Vertreibung der Franken aus der Stadt – begann man, die Straße und ihr Entwässerungssystem wieder in einen ordentlichen Zustand zu versetzen. Fehlstellen im Pflaster wurden unter

Hohe Straße, Straßenpflaster aus Kiesschotter und kleinteiligem römischem Bauschutt, frühes 5. Jahrhundert n. Chr.

Verwendung von altem Steinmaterial mit Trachytplatten, Basalten, Kalk- und Sandsteinen aus dem Stadtgebiet instand gesetzt. Für Reparaturen an der Straße verschleppte man unter anderem Grabsteine von den außerhalb der Stadtmauern liegenden römischen Friedhöfen in das Stadtzentrum. Auch Architekturteile, zerschlagene Statuen, Altar- und Weihesteine wurden in zweiter Verwendung für die Instandsetzung des Straßenpflasters herantransportiert. Alte Pflastersteine hat man, nachdem die Oberfläche infolge intensiver Befahrung schadhaft geworden war, herumgedreht und wieder in das Pflaster eingefügt.

Die darüber liegenden Planierschichten und Straßenpflaster bezeugen eine ungebrochene Entwicklung der Stadt Köln am Übergang von der Antike zum Mittelalter. In der ersten Hälfte des 5. Jahrhunderts hat man den cardo durch eine bis zu 0,2 Meter dünne Lage aus Kies und römischem Abbruchschutt neu befestigt. Das Entwässerungssystem der Straße wurde damals ersatzlos aufgegeben. Es wurde nicht mehr gereinigt und setzte sich zu.

FRISCHWASSERVERSORGUNG

Um die römische Stadt mit Frischwasser zu versorgen, wurden umfassende Bau- und Infrastrukturmaßnahmen unternommen, denn allein über Schöpfbrunnen und Zisternen war die Frischwasserversorgung von mindestens 15.000 Menschen nicht zu gewährleisten. Bis heute sind etwas mehr als 30 Brunnen aus dem antiken Stadtgebiet bekannt, die bis zu 17 Meter tief in den anstehenden Kiessand abgeteuft wurden, um das Grundwasser zu erreichen. Zuletzt wurden im Zuge der U-Bahn-Archäologie römische Brunnen am Breslauer Platz, am Kurt-Hackenberg-Platz und in der Severinstraße und nahe St. Johann Baptist freigelegt. Weitere Neufunde der 2000er-Jahre sind aus der Augustinerstraße und vom Josef-Haubrich-Hof bekannt. Wenngleich sich die bekannten Schöpfbrunnen meist nur allgemein dem 1. bis 4. Jahr-

Joseph-Haubrich-Hof, ein spätrömischer Brunnen während der Ausgrabungen 2004/05

hundert zuweisen lassen, nimmt ihre Zahl im Verlauf des 4. Jahrhunderts n. Chr. allem Anschein nach deutlich zu. Die spätrömischen Brunnen waren dabei häufig mit einem Brunnenkranz aus Spolien, also aus zweitverwendeten Werksteinen ausgekleidet. Die Frischwasserleitung aus der Eifel war damals nicht mehr in Funktion; Trinkwasser musste auf anderem Weg gewonnen werden.

Im Jahr 2000 wurde ein Brunnen auf dem Grundstück des ehemaligen Stadthauses sechs Meter unter dem neuzeitlichen Straßenpflaster angeschnitten. Die Brunnensohle lag zehn Meter tiefer. Der Brunnenring bestand aus großen, sorgfältig behauenen Tuffblöcken mit Lehm verstrichenen Fugen. In den 1,6 Meter im Lichten messenden Brunnenring war ein hölzerner Brunnenring eingelassen. Das Ergebnis der dendrochronologischen Analyse überraschte dann alle: Es zeigte sich, dass der antike Brunnen in den letzten Jahrzehnten des 13. Jahrhunderts wieder in Betrieb genommen wurde. Offenbar nutzten die Mönche des dort errichteten Augustinerklosters den noch intakten antiken Brunnenring.

VORGEBIRGS- UND EIFELWASSERLEITUNG

Schon vor der Erhebung des oppidum zur Kolonie erforderte es der immense Frischwasserbedarf, insbesondere der öffentlichen Großbauten, der Thermen, aber auch privater Hausherren und Gewerbetreibender, eine leistungsfähige Fernwasserleitung zu bauen. Die erste Gussbetonleitung, wohl um 30 n. Chr. errichtet, führte Frischwasser aus Quellen am Osthang des Vorgebirges nach Köln. Vier vermutlich nicht gleichzeitig genutzte Quellen sind bekannt: bei Knapsack, in Berrenrath, nahe der Aldenrather Burg und in Bachem südlich von Frechen. In Hürth-Hermühlheim wurden die Stränge zu einer Sammelleitung vereint. Wohl anlässlich der Erhebung des oppidum Ubiorum zur Kolonie wurde die ältere Vorgebirgsleitung ausgebaut, indem man die Bogenpfeiler in bzw. auf die ältere Leitung gesetzt hat: In der Realschule von Hürth-Hermühlheim

Ein Teilstück der älteren Eifelwasserleitung nahe dem Museum für Angewandte Kunst (MAKK).

Teilstück der römischen Wasserleitung bei Hürth-Hermülheim: Die Pfeiler und Segmentbögen der Eifelwasserleitung ruhen auf der älteren Vorgebirgsleitung

kann man erkennen, wie man die neue Bogenkonstruktion auf die ältere Wasserleitung gesetzt und so eine Leitungshöhe von bis zu sieben Metern erreicht hat.

Die Vorgebirgsleitung wurde angesichts quantitativ und qualitativ gestiegener Ansprüche der »boomenden« CCAA Ende des 1. Jahrhunderts n. Chr. durch die Eifelwasserleitung ersetzt. Auf dem Höhepunkt ihres Ausbaus war diese Fernwasserleitung einschließlich aller Quellstränge mehr als 98 Kilometer lang und versorgte die römische Stadt täglich mit bis zu 20.000 Kubikmetern Frischwasser. Es handelte sich um eine der längsten Fernwasserleitungen des römischen Imperiums. Auch die Eifelleitungen wurden im Laufe ihrer langen Nutzungsgeschichte aus verschiedenen Quelltöpfen gespeist. In Nettersheim wurde das Hangquellwasser in einer 80 Meter langen Sickergalerie gesammelt und einer Quellfassung zugeführt, die heute »Grüner Pütz« genannt wird. Die Gefälleleitung führte von weiteren Quellen bei Sötenich, Urft und Kall aus über Mechernich, vorbei an Euskirchen bis Rheinbach. Von dort wurde die Fernwasserleitung meist frostsicher im Boden geführt, abschnittweise aber auch über bis zu 1.400 Meter lange und rund elf Meter hohe Aquäduktbrücken die Erft und den Swistbach querend auf den Villerücken geführt, von dort aus via Buschhoven, Walberberg und Hürth bis zur CCAA. Auf seinem langen Weg von der Eifel nach Köln passierte das Trinkwasser diverse Sammel-, Absetz-, Verteiler- und Tosbecken. Das Bauvorhaben war ein wahrer Kraftakt, der in einzelnen Baulosen vergeben wurde. Werner Eck vermutet, dass für den Bau

Das Absatzbecken der Vorgebirgsleitung an der Berrenrather Straße

Absatzbecken an der Berrenrather Straße

1927 stieß man auf einen etwa 7 x 7 Meter großen Fundamentblock mit zwei Becken. Das Bauwerk diente als Absatzbecken oder Schlammfang der ersten, um 30 n. Chr. angelegten Vorgebirgsleitung. Das größere der beiden miteinander verbundenen Becken misst 3,7 x 1,5 x 1,6 Meter und hatte damit ein Fassungsvermögen von rund zehn Kubikmetern. Ein- und Auslauf zu diesem Becken lagen 1,8 Meter über der Sohle. Der verlangsamte Durchfluss führte dazu, dass sich Sand und andere Schwebeteilchen, die das eingeleitete Frischwasser enthielt, auf dem Boden des Beckens absetzten. Hatten sich ausreichend Schwebstoffe auf dem Beckenboden angesammelt, wurde das abgelagerte Material über eine im rechten Winkel verlaufende, 0,7 Meter breite und 1,8 Meter lange Ableitung in ein zweites Becken geführt. Ein Absperrschieber regelte die Verbindung zwischen den beiden Becken. Wahrscheinlich gab es auch zwischen dem ersten Becken und der Hauptleitung Richtung Köln eine entsprechende Absperrvorrichtung. Dieses zweite Becken misst 1,2 x 1,2 Meter. Über eine steinerne Kanalrinne konnte der Schlamm dann endgültig abgeleitet werden. Mit der Aufstockung der Vorgebirgsleitung um 50 n. Chr. wurde das Absatzbecken aufgegeben, da es nunmehr zu tief lag.

Berrenrather Straße, Pfeilerfragment der römischen Fernwasserleitung nach Köln

der Leitungen 500.000 Kubikmeter Erde ausgehoben, 150.000 Kubikmeter bzw. Millionen von Grauwackebrocken verbaut wurden.

In Hürth-Hermühlheim mündete die Eifelwasserleitung in die bestehende ältere Konstruktion. Von dort wurde das Frischwasser in einem acht Kilometer langen Aquädukt in Richtung Köln geführt. Von diesem Aquädukt sind heute nur noch marginale Reste oberirdisch erhalten. Vor dem Haus Berrenrather Straße 436 steht der Gusskern eines Aquädukt-Pfeilers von circa 1,8 Metern Höhe.

Auf Höhe des Marsilsteins erreichte die Wasserleitung schließlich die römische Kolonie. Unmittelbar vor der Stadtmauer wurden in den 1950er-Jahren Fundamente eines Großbaus nachgewiesen, der als *castellum divisorium,* als Wasserreservoir und Verteileranlage interpretiert wird. Vergleichbare Wassertürme in den mediterranen Landschaften konnten 10.000 Kubikmeter und mehr aufnehmen. Über Rohrsysteme *(fistulae)* wurde das Trinkwasser zu den Endverbrauchern in den einzelnen Stadtvierteln geleitet. Wie man das Frischwasser von dort aus in das Kölner Stadtzentrum verteilt hat, ist im Detail jedoch nicht bekannt.

Die Frischwasserverteilung *intra muros* verlief über steingefasste Stammleitungen und ein dichtes Netz von Druckwasserleitungen, von dem sich wenig erhalten hat. Die Gründe hierfür liegen auf der Hand: Holz hat sich nur in seltenen Fällen und bei günstigen Bodenverhältnissen erhalten; metallene Leitungsteile wurden im Regelfall eingeschmolzen und einer Zweitverwendung zugeführt. So wundert es nicht, dass im Stadtgebiet bislang wenige Metallteile antiker

Domhof, bronzener Absperrhahn einer römischen Wasserleitung

Wasserleitungen entdeckt wurden, beispielsweise Bleirohre mit und ohne Flanschen, oder ein Absperrhahn mit Bleirohranschlüssen aus dem »Haus mit dem Dionysosmosaik«. Diese Funde sind gewiss nur die Spitze des Eisbergs.

Die Ende des 1. Jahrhunderts n. Chr. errichtete Frischwasserleitung aus der Eifel versorgte die Stadt mindestens 200 Jahre lang mit Trinkwasser. Im Laufe ihrer Nutzung bildeten sich mächtige Kalksinterlagen, die in nachrömischer Zeit ein außerordentlich begehrter Baustoff, etwa zur Ausstattung von Kirchen, waren (›Eifelmarmor‹). Denn der Kalksinter, wenn man ihn polierte, ähnelt dem Marmor. Wann die Wasserleitung außer Betrieb genommen wurde, ist nicht bekannt. Die Forschungsmeinungen gehen hier auseinander. Die einen glauben an eine Aufgabe um 270 n. Chr., andere sehen das Ende im Verlauf des 4. Jahrhunderts.

ABWASSERENTSORGUNG

Die städtische Gesellschaft ›produzierte‹ große Mengen Schmutzwasser durch gewerbliche Aktivitäten, Wasser aus privaten oder öffentlichen Thermen, nicht genutztes Trinkwasser aus den Fernleitungen, Regen- und Schneewasser. Es waren unzählige Kubikmeter, die Tag für Tag entsorgt werden mussten. Die einfachen Abwasserleitungen der frühkaiserzeitlichen Stadt wurden seit der Mitte des 1. Jahrhunderts n. Chr. durch ein leistungsfähiges und aufwändiges System aus steinernen Abwasserleitungen ersetzt, das von römischen Ingenieuren zentral geplant worden und wesentliche Voraussetzung für die urbane Entwicklung der römischen Stadt war.

Der Marsilstein

Der Marsilstein, nach dem die heutige Straße ›Marsilstein‹ benannt ist, geht auf ein Teilstück der alten Eifelwasserleitung zurück. Bis zur zweiten Hälfte des 18. Jahrhunderts hatte sich an dieser Stelle ein Aquäduktbogen mit zwei Pfeilern und den Resten der römischen Wasserleitung erhalten, die an einen Sarkophag erinnert haben soll. Der ›Legende‹ nach soll es sich hierbei um das Grab des sagenhaften Helden Marsilius gehandelt haben, der durch eine List Köln aus der Belagerung eines römischen Kaisers befreit haben soll. 1566 stürzte ein Teil des Bauwerks ein. Der letzte Rest mit dem vermeintlichen Sarkophag wurde zwischen 1730 und 1740 bei einer Straßenregulierung niedergelegt. Heute erinnert nur noch der Straßenname an die Geschichte des Platzes.

Der große Abwassersammler unter der Budengasse ist vom Praetorium aus zu erreichen und auf fast 120 Metern Länge begehbar, spätes 1. Jahrhundert n. Chr.

Budengasse, Öffnung eines Reinigungs- und Wartungsschachtes in der Einwölbung des großen Abwassersammlers.

Die Auslässe von mindestens vier großen, von Westen in den Rhein führenden Kanalsammlern waren integraler Bestandteil der rheinseitigen Stadtmauer, deren Entstehungszeit im letzten Jahrzehnt des 1. Jahrhunderts bereits vorgestellt wurde. Neben den vier großen Hauptleitungen gab es unzählige untergeordnete Kanäle, die Abwasser aus dem Stadtgebiet in Richtung Rhein führten. Die bis heute bekannt gewordenen Abwassersammler, deren Sohlen abschnittweise bis zu sechs Meter unter dem antiken Laufniveau lagen, verlaufen unter der sogenannten Hafenstraße, der Großen Budengasse, Obenmarspforten und der Augustinerstraße. Sie folgen einem Gesamtkonzept, weisen aber in den baulichen Details zahlreiche Unterschiede auf.

Unter der Großen Budengasse verläuft der wohl bekannteste der großen Abwassersammler, die in den Rhein entwässerten. Der Kanal wurde 1830 vom damaligen Stadtbaumeister Weyer entdeckt und anschließend von einer örtlichen Gastwirtschaft als Bierkeller genutzt. Der vorzüglich erhaltene Hauptsammler beeindruckt durch seine Scheitelhöhe von bis zu 2,5 Metern und eine lichte Weite von 1,2 Metern. Er liegt bis zu neun Meter tief unter der heutigen Straßendecke und führt mit einem durchschnittlichen Gefälle von einem Prozent vorbei an der Nordseite des römischen Praetoriums in Richtung Rhein. Ein fast 140 Meter langes Teilstück des Sammlers kann vom Praetorium aus begangen werden. Begeht man den Kanal, so sieht man, dass die bis zu einen Meter mächtigen Kanalwangen aus mörtellos gefugten Tuffblöcken gesetzt sind, manche davon vielleicht in zweiter Verwendung. Die selbsttragende Tonnendecke besteht aus keilförmigen Tuffquadern, die über einem hölzernen Lehrgerüst gesetzt wurden. Nur die letzten Meter vor dem Austritt aus der rheinseitigen Stadtmauer sind in Gussmauerwerk eingewölbt, an dessen Unterseite sich Abdrücke der Holzbrettern erhalten haben.

In der Gewölbedecke des Kanals lassen sich gemauerte Schächte nachweisen, die als Einstiegsöffnungen für Wartungs- und Reinigungsarbeiten dienten. Seitlich führen zahlreiche Zuleitungen aus untergeordneten Leitungen, wie der des Sammlers in der Mittelachse des *cardo maximus,* in den Kanal, der seinerseits über Gullys und Hausanschlüsse gespeist wurde. Allein auf den letzten 20 Metern vor Erreichen des Kanalauslasses wurden vier seitliche Zuleitungen nachgewiesen.

Bei Ausgrabungen anlässlich des Baus der Nord-Süd Stadtbahn wurde 2004 der Kanalauslass aus der römischen Stadtmauer freigelegt. Meterlange Tuffblöcke der alten Kanalüberdeckung lagen im Versturz. Erhalten hatte sich aber der repräsentativ mit großen lothringischen Kalksteinquadern ausgebaute Kanalaustritt. Das Abwasser wurde ohne Klärvorrichtung über eine muldenförmig ausgearbeitete Rinne und einen überkragenden Ausguss in den rund einen Meter tiefer liegenden Flusshafen geleitet. Bei Hochwasser konnte man die Kanalöffnung wohl verschließen, um zurückdrängendes Wasser aufzuhalten.

130 Meter nördlich der Budengasse liegt der Kanal unter dem Basaltpflaster der sogenannten römischen Hafenstraße. In Laufe des 20. Jahrhunderts wurden mehrfach Teilstücke dieses Kanals freigelegt. Ein aus Originalsteinen rekonstruierter, fünf Meter langer Abschnitt der Abwasserleitung steht nahe der ehemaligen Fundstelle südlich des Römisch-Ger-

Kanalauslass in der Budengasse. Die hafenseitige Front war mit großen Kalksteinquadern repräsentativ ausgestaltet, Ende 1. Jahrhundert n. Chr.

manischen Museums. Der Abwassersammler ist gut zwei Meter hoch, misst in der Höhe im Lichten 1,2 Meter und in der Breite 0,8 Meter. Das Fundament aus Grauwackequadern mit Gussmauerkern war abschnittweise mit Kalksteinplatten abgedeckt. Die Kanalwangen bestehen aus fast zwei Meter langen Tuffblöcken; die Decke aus quer liegenden,2,5 Meter langen, 0,6 Zentimeter starken und bis zu 0,8 Meter breiten Tuffriegeln.

U-Bahn-Ausgrabungen am Kurt-Hackenberg-Platz haben gezeigt, dass dem Sammler keine spätere Planung zugrunde liegt, sondern dass er fest in das Torhaus der Stadtmauer integriert war, also zeitgleich Ende des 1. Jahrhunderts gebaut wurde. Der Kanalauslass ragte, genau wie in der Budengasse, vier Meter aus der Flucht der Stadtmauer zum Rhein in das Hafenbecken vor. Auch die repräsentative Gestaltung mit großen Kalksteinquadern war identisch. Erhalten hatte sich die Kanaldecke aus großen Tuffblöcken.

Im 4. Jahrhundert war der Kanal offenbar sanierungsbedürftig. Die Ausgrabungen im Bereich der Domplatte ergaben, dass die nördliche Kanalwange mit wiederverwendeten Werksteinen, darunter Säulentrommeln, Basaltsäulen und Tuffbrocken, ausgebessert wurde. Ein Reparatur- und Wartungsschacht war mit einer 1 x 1,2 Meter großen, rechteckigen Trachytplatte abgedeckt. Vier

Augustinerstraße, römischer Hauptsammler während der Ausgrabungen 2008.

ähnliche Trachytplatten deckten in regelmäßigen Abständen in die Kanaldecke (Tuffriegel) geschlagene Kontrollöffnungen ab.

Unter der Straße Obenmarspforten liegt circa 180 Meter südlich der Budengasse der nächste Hauptsammler, der nahe dem Marstor das Rheinufer erreichte. Der im Lichten rund 1,5 Meter breite Sammler wurde in den 1950/60er-Jahren und zuletzt anlässlich der Ausgrabungen am Rathausplatz archäologisch dokumentiert. Der in seiner Flucht etwas nach Süden verschobene Sammler ist, soweit bekannt, verhältnismäßig schlecht erhalten. Das Gewölbe wurde abgebrochen, um Kalksteinblöcke der Kanalsohle bergen zu können. Die mächtigen Kanalwangen des circa vier Meter breiten Kanals sind aus Grauwacken gemauert.

Der südlichste der in Richtung Rhein führenden römischen Hauptsammler liegt 210 Meter weiter südlich unter der Augustinerstraße. Der Stammkanal wurde seit dem 19. Jahrhundert über eine Länge von mehr als 230 Metern in großen Teilstücken zwischen Hohe Straße und Martinstraße ausgegraben. Zwei längere Abschnitte unter dem ehemaligen Stadthaus und in der ›Großen Sandkaule‹ sind erhalten, allerdings nicht für die Öffentlichkeit zugänglich. Der Sammler verläuft über weite Strecken unter dem öffentlichen Straßenland der Stadt. Auf Höhe der westlichen Umfassungsmauer des heiligen Bezirks mit dem großen Rundtempel (S. 178f.) wurde der Sammler durch eine Bogenkonstruktion geführt, um das Grundstück bis zum Erreichen der Hangstützmauer und der rheinseitigen Stadtmauer unterirdisch zu queren.

Die *cloaca maxima* fällt auf der bislang untersuchten Strecke um 2,5 Meter zum Rhein ab, was einem Gefälle von etwas mehr als einem Prozent gleichkommt. Der Bau des im Lichten 1,5 Meter breiten und 2,5 Meter hohen Sammlers unterlag einem einheitlichen Entwurf: Sohle, Kanalwangen und Kanaldecke bestanden aus bis zu 1,4 Meter mächtigen Gussmauern mit lagenweise eingebrachten Grauwacken. Auf der Kanalsohle, die nahe dem Auslass in den römischen Rheinhafen rund 8,5 Meter unter dem modernen Straßenniveau ansteht, lagen Ziegelplatten, die Innenseiten der Kanalwangen waren mit Grauwackeschalen verkleidet, und der Einwölbung hatte man durch keilförmige Grauwacken zusätzliche Stabilität verliehen. Kleinere Abweichungen in der Bauausführung sind wohl darauf zurückzuführen, dass mehrere Baukolonnen beteiligt waren. Einige Kanalabschnitte wurden in offener abgeböschter Baugrube errichtet, andere in einem holzverschaltem Graben.

Das östliche Teilstück des Sammlers kam bei den Ausgrabungen für die Nord-Süd Stadtbahn ans Tageslicht. Innerhalb der Unter-

Römischer Tuffsteinbruch Grube Meurin bei Kretz, Kreis Mayen-Koblenz. Heute als Museum der Vulkanpark GmbH eingerichtet

Baustoffe für die Colonia

Im unmittelbaren Umland der CCAA gab es keine Steinbrüche. Daher mussten Bausteine mit Schiffen über den Rhein herangeschafft werden – ein kraft- und kostenaufwändiges Verfahren! Die in Köln verwendeten Baustoffe stammen vom Drachenfels (Trachyt), aus dem Brohltal bzw. der Osteifel (Tuffstein) und vom Mittelrhein (Basalt). Das Steinmaterial wurde je nach Qualität als Bauquader, Verblendmauerwerk oder als Zuschlag im Gussmauerwerk *(opus caementitium)* verwendet. Kalkmörtel als Bindematerial gewann man aus gebranntem Kalk. Eine nach industriellen Maßstäben produzierende Kalkfabrik wurde nahe dem Eifeldörfchen Iversheim von Soldaten verschiedener Legionen betrieben. Wichtige Bezugsquellen lagen auch an den verkehrsgünstig angeschlossenen Steinbrüchen der Mosel. Lothringischer Kalkstein wurde vor allem beim Bau überdurchschnittlich ausgestatteter Gebäude zur Wand- und Fußbodenplattierung, für Säulen, Gesimse, Kapitelle und Skulpturen verwendet. Besonders kostbar gestaltete Häuser wertete man mit importiertem Marmor aus Italien, Griechenland, Nordafrika und Kleinasien auf.

Ziegel wurden im römischen Bauwesen in vielerlei Funktionen verwendet. Die gewerbliche Produktion von Ziegeln ist im Vorland der CCAA archäologisch nachgewiesen. Die Ziegeleien wurden sowohl von privaten Unternehmern als auch vom Militär betrieben. Reiche Tonlagerstätten im Niederungsbereich des Rheins wurden nördlich der Stadt zwischen Köln und Dormagen genutzt. In den Kölner Vororten Rhein- und Feldkassel, Worringen und Chorweiler lassen sich mehrere große Ziegeleien nachweisen, in denen Dachziegel *(tegulae* und *imbrices)*, Hohlziegel *(tubuli)*, Platten für Hypokaustpfeiler *(lateres)* und anderes mehr nach industriellen Maßstäben hergestellt wurden. Aufwändig konstruierte Ziegelbrennöfen standen zum Schutz vor der Witterung in überdachten Arbeitshäusern. Die fertigen Produkte wurden in Lagerhallen getrocknet, anschließend auf dem Wasserweg zum Bauplatz verschifft.

suchungsfläche für die Haltestelle ›Heumarkt‹ wurde die Abwasserleitung durch die Hangstützmauer zur rheinseitigen Stadtmauer geführt. Wenige Meter vor Erreichen der Stadtmauer nahm das Gefälle der Abwasserleitung deutlich zu und führte auf einem Fundament aus großen Tuffblöcken in zehn Grad Gefälle zur Kanalöffnung.

Auch der römische Hauptsammler unter der Augustinerstraße nahm in regelmäßigen Abständen unterschiedlich groß bemessene Zubringer auf. Ein in Süd-Nord-Richtung zum Hauptsammler führender Kanal mündete in einer steilen Rutsche (ein Meter auf vier Meter nachgewiesener Länge) von Süden kommend in den Hauptsammler. Zuleitung und Hauptsammler wurden in einem Arbeitsgang errichtet. Fünf Meter östlich mündete von Norden kommend ein weiterer Zubringer ein, der bei Leitungsarbeiten im späten 19. Jahrhundert in der ›Großen Sandkaule‹ entdeckt worden war. Auch dieser mündete mit starkem Gefälle im Hauptsammler, doch war er erst später ›angeschlossen‹ worden. Der Zubringer hat eine lichte Weite von 0,4 Meter und eine Höhe von 1,57 Meter. Abschnittweise hat man den römischen Kanal Ende des 19. Jahrhunderts wieder in Nutzung genommen, dabei aber die Fließrichtung durch bauliche Veränderungen ›umgedreht‹. Eine Begehung des 20 Meter langen Teilstückes im Jahre 2000 ergab, dass die römischen Kanalwangen heute noch 0,7 Meter hoch erhalten sind und der immer noch genutzte Kanal mit Ziegeln neu eingewölbt ist.

6.7 ÖFFENTLICHE GROSSBAUTEN AN DER RHEINFRONT

Die meisten der in öffentlichem Besitz befindlichen Großbauten standen im Osten der Stadt zwischen rheinseitiger Stadtmauer und *cardo maximus* auf dem hochwassersicheren Geländeschild, nahe der Abbruchkante des natürlichen Prallhangs, der in einem steilen Winkel von circa 45 Grad zum Rheinufer abfiel, wie Ausgrabungen im Bereich der Haltestelle ›Heumarkt‹ zwischen 2004 und 2009 ergaben. Entlang der Rheinfront stand in der östlichen Verlängerung des *decumanus maximus* das zentrale Heiligtum mit dem Altar für Roma und Augustus, nördlich davon das Praetorium, der Statthalterpalast der Provinz Niedergarmanien. Südlich der Ara lagen zwei große Tempelbezirke, darunter das Kapitol.

Um große Baugrundstücke für die Errichtung dieser monumentalen Gebäude zu schaffen, wurden am Fuß des Prallhangs mächtige Terrassenstützmauern errichtet und die Senke zwischen Hangkante und Stützmauern mit Erde aufgefüllt. Ältere Vorgängerbauten am Platz wurden aufgegeben und einplaniert. Spätestens seit dem ausgehenden 1. Jahrhundert, als man mit dem Bau der rheinseitigen Stadtmauer begann, muss die Rheinfront der CCAA einer Großbaustelle geglichen haben. Die parallel zur Stadtmauer verlaufenden Hangstützmauern standen in ihren Dimensionen denen der Stadtmauer kaum nach. Mauer und halbrunde Entlastungsbögen gründeten auf einem wahrhaft gewaltigen Fundamentsockel von 3,8 Metern Höhe und 5,2 Metern Stärke. Die imposante Konstruktion sollte den Hangdruck des zwischen steil abfallender Terrassenkante und Stützmauer aufgeschütteten Erdreichs auffangen. Bereits Ende des 19. Jahrhunderts und in den 1970er-Jahren waren nahe Klein St. Martin Hangstützmauern abschnittweise freigelegt worden, doch erst anhand der jüngsten Untersuchungen lässt sich die Konstruktion in ihren Details und ihrer Dimension vollständig erkennen.

Trajan, 98–117 n. Chr. (Münzportrait)

Trajan (53–117 n. Chr.)

Marcus Ulpius Traianus wurde am 18. September 53 n. Chr. geboren. Seine Familie war spanischer Herkunft. Seine Karriere als Militärtribun, Statthalter und Legionslegat in der Zeit der flavischen Kaiser (69–96 n. Chr.) führte ihn nach Kleinasien, Syrien und Spanien. Unter Nerva (96–98 n. Chr.) wurde er Statthalter von Obergermanien und vom kinderlosen Kaiser als Nachfolger adoptiert und als Mitregent eingesetzt. Beim kurz danach erfolgten Tod des Nerva hielt er sich in Köln auf. Die Nachricht vom Tod Nervas und damit seiner Erhebung zum Kaiser überbrachte ihm ein junger Verwandter, der damalige Mainzer Militärtribun Publius Aelius Hadrianus, sein späterer Nachfolger (117–138 n. Chr.). Zunächst sicherte der neue Herrscher die Militärgrenzen an Rhein und Donau. Dann begannen die Dakerkriege, ein Konflikt, den er von seinem Vorgänger Domitian (81–96 n. Chr.) übernommen hatte. Um diese schweren Kriege erfolgreich ausfechten zu können, reduzierte er die Legionstruppen von Britannien sowie von Ober- und Niedergermanien um die Hälfte und verstärkte so Roms Truppen an der mittleren Donau. Nach der Eroberung Dakiens und der Besetzung Arabiens im Jahre 106 n. Chr. und der nur kurzfristigen Eroberung Mesopotamiens (114–116 n. Chr.) hatte das römische Reich seine größte Ausdehnung erreicht. Doch bald brach Roms Herrschaft über Mesopotamien durch den geschickten Widerstand der Parther wieder zusammen und Traian, bereits schwer erkrankt, musste sich nach Syrien zurückziehen. Er setzte seinen Neffen Hadrian als Nachfolger ein. Am 8. August des Jahres 117 n. Chr. ist er auf dem Rückweg nach Rom in Selinus in Kilikien in der heutigen Südtürkei verstorben.

Augustinerstraße/Pipinstraße: Zu Füßen des Turm der ehemaligen Pfarrkirche Klein St. Martin sind mächtige Stützmauern aus Grauwacke-Gussmauerwerk freigelegt, die den zum Rhein abfallenden Hang sicherten, spätes 1. Jahrhundert n. Chr. Ansicht von Süden

Sie zeigen, dass die auf dem Fundamentsockel gründende, Nord-Süd ausgerichtete und 2,3 Meter starke Grauwackegussmauer auf der zur Stadt gerichteten Westseite mit halbrunden Mauerzügen von fünf Metern Außendurchmesser stabilisiert wurde. Stellenweise waren rechteckige Öffnungen im Mauerwerk erhalten, in denen das hölzerne Baugerüst verankert war. Das Gussmauerwerk *(opus caementitium)* war auf der zum Rhein gerichteten Sichtseite mit sorgfältig behauenen Grauwackehandquadern und Ziegelbändern verblendet. Zu einem späteren Zeitpunkt wurde die fast sieben Meter hoch erhaltene Mauer mit einer östlich vorgeblendeten Grauwackegussmauer ähnlicher Dimension und Bauweise verstärkt. Um deren Standfestigkeit zu erhöhen, hatte man auf der Ostseite pilasterartige Verstärkungen von bis zu 1,8 Metern Tiefe und 1,5 Metern Breite vorgesetzt.

Nach Abschluss der Bauarbeiten an den repräsentativen Gebäuden entlang der Ostfront der Stadt muss sich Reisenden auf dem Rhein ein imposanter Anblick geboten haben. Auf dem Geländeschild hoch über dem Rhein erhoben sich Großbauten, die mit ihren Giebelkonstruktionen die rheinseitige Stadtmauer deutlich überragt haben dürften. Allem Anschein nach führte die Einrichtung der Provinz Niedergermanien und die Erhebung der CCAA zu deren Hauptstadt in den Jahren 85/90 n. Chr. in der Regierungszeit der Kaiser Domitian und Trajan zu einem gewaltigen Bauboom, der vielleicht auch mit kaiserlicher Finanzhilfe ermöglicht wurde.

DER STATTHALTERPALAST (PRAETORIUM)

Im Bereich des Kölner Rathauses stieß man bei den Arbeiten zum Wiederaufbau nach dem Zweiten Weltkrieg auf die gut erhaltenen Reste des Praetoriums, das zunächst als Hauptquartier der niederrheinischen Armee, dann seit den 80er-Jahren des 1. Jahrhunderts als Statthalterpalast diente. Otto Doppelfeld und Gundolf Precht legten Teile der Ruinen frei, die in weiten Bereichen konserviert und der Öffentlichkeit zugänglich gemacht worden sind. Die komplizierte Baugeschichte des Praetoriums samt frühmittelalterlicher Nachnutzung als Palast der fränkischen Könige ist immer noch nicht ganz geklärt.

An zentraler Stelle zwischen *cardo maximus* und der Hafenmauer an der Schauseite der CCAA, der östlichen Rheinseite, erstreckte sich, wahrscheinlich über vier *insulae,* das Praetorium. Die Schauseite der ständig veränderten Architektur blieb stets zum Rhein hin orientiert. Im westlichen Bereich ist ›Unter Goldschmied‹ 5–7 eine Badeanlage zu vermuten, möglicherweise lagen hier auch die Unterkünfte der Garde des Statthalters. Das älteste dort erfasste Gebäude aus der frühen Kaiserzeit mit einer Porticus zur Rheinseite könnte mit dem bei Tacitus erwähnten Haus des Germanicus identisch gewesen sein (siehe S. 95). Dann entstand im Süden der Anlage eine Halle mit Apsis im Osten. Eine Bauphase II setzte in claudischer Zeit ein und datiert bis in das 2. Jahr- hundert n. Chr. Zunächst entstand im Nordteil eine massivere Baueinheit mit zwei großen, zum Rhein hin offenen Nischen (Konchen). Die ältere Porticus wurde durch Geländeaufschüttungen zu einer unterirdischen Anlage *(cryptoporticus)* umgestaltet. Dieser setzte man eine neue Porticus vor. Ein gründlicher Ausbau des Praetoriums in spätflavischer Zeit ist durch entsprechend datierte militärische Ziegelstempel zu erschließen und hängt sicherlich mit der Einrichtung der Provinz Niedergermanien zusammen. In dieser Zeit hat man der Anlage im Osten noch die Stadtmauer vorgeblendet. Insgesamt ging so durch zahlreiche An- und Umbauten die klare Fassadengliederung zur Rheinseite verloren. Ein völliger Neubau des Praetoriums erfolgte zwischen 180 und 185 n. Chr. unter dem Statthalter Didius Julianus, der sich durch entsprechend gestempelte Ziegel als Bauherr zu erkennen gibt. Auch setzte er unter Kaiser Commodus (180–192) eine Bauinschrift des Praetoriums. Dieser Bau diente den Kaisern des Gallischen Sonderreiches (siehe S. 323) auch als Kaiserpalast. Eine nächste grundlegende Erneuerung, auch in mindestens zwei Bauphasen zu gliedern, erfolgte im 4. Jahrhundert n. Chr. im Stil eines spätantiken Palastes. Die freigelegten Teile der jüngsten Bauphase weisen nun wieder eine klarere Gliederung auf: An der Ostseite befindet sich eine mit Pilastern gegliederte Frontmauer, die heute noch in Teilen gut erhalten ist. Im Zentrum des in zwei Flügel gegliederten Baus steht ein mächtiges Oktogon, dem symmetrisch im Norden und Süden massive Apsidenbauten angegliedert sind. Ein quadratischer Sockel im Inneren des Oktogons könnte eine Statue getragen haben (Kaiser? Victoria?). Nach Westen zu begleiten zwei Flügelbauten mit kleineren Räumen und einem vorgelagerten Gang einen großen Innenhof, von dessen Schmalseite aus führen Treppen zum Oktogon. Die südlich angrenzende große Basilika mit Apsis im Osten, die noch aus älteren Bauzuständen stammte, blieb erhalten. Dieser Baukomplex war es, der nach der Übernahme Kölns durch die Franken im 5. Jahrhundert als Residenz fränkischer Kleinkönige diente.

Digitale Rekonstruktion des römischen Statthalterpalastes der CCAA. Ansicht von Osten

Rathausplatz (unter dem heutigen Spanischen Bau): Ausgrabungen im römischen Statthalterpalast 1953. In der linken Bildhälfte erkennt man das mächtige Oktogon.

Rathausplatz (Spanischer Bau): Im Untergeschoss sind die monumentalen Fundamente des römischen Statthalterpalastes (Praetorium) erhalten

Praetorium/Archäologische Zone

Schon seit der Entdeckung in der Nachkriegszeit bestanden Pläne, die besser erhaltenen Teile des Praetoriums samt den Überresten der hochmittelalterlichen Synagoge unter dem Rathaus und auf dem Rathausvorplatz museal zu gestalten und der Öffentlichkeit als ›Archäologische Zone‹ zugänglich zu machen. Eine erste Etappe waren diejenigen Teile des Praetoriums, die unter dem Spanischen Bau des Rathauses lagen. Mit einer mächtigen Spannbetondecke überwölbt, präsentieren sich hier Reste des Praetoriums aus seinen verschiedenen Bauphasen. Besonders eindrücklich sind die Spuren der letzten Bauphase erhalten: die rheinseitige Frontmauer mit ihrer Pilastergliederung und das Oktogon. Ein Vorraum bietet die Möglichkeit für Wechselausstellungen zur Geschichte des Baus sowie weiterer Themen aus der römischen Geschichte Kölns. Auch das begehbare Stück eines mächtigen, zum Rhein hin entwässernden Abwasserkanals ist hier noch auf 140 Metern Länge zu besichtigen. Diese beeindruckende Installation unter dem Rathaus hat im Jahre 1959 Rudolf Pörtner zum Titel seines Bestsellers über das römische Deutschland »Mit dem Fahrstuhl in die Römerzeit« inspiriert.

Schon beim Wiederaufbau des Rathauses hat man im Keller weitere Teile des Praetoriums vorsorglich erhalten, aber noch nicht der Öffentlichkeit zugänglich gemacht. Diese Partien des Praetoriums sollen zusammen mit auf dem Rathausvorplatz freigelegten Bauresten des römischen bis neuzeitlichen Köln museal gestaltet und – in direkter Verbindung mit den konservierten Resten unter dem Spanischen Bau – zu einer in Deutschland einzigartigen unterirdischen Präsentation, der ›Archäologischen Zone‹, zusammengefasst werden. Darüber soll über den Resten der mittelalterlichen Synagoge ein Haus der jüdischen Geschichte und Kultur entstehen.

DER KAPITOLSTEMPEL

Seit dem 12. Jahrhundert trägt die ehemalige Stiftskirche St. Maria im Kapitol den Beinamen *»in Capitolio«*. Die Vermutung, die im Südosten der römischen Kolonie gelegene Kirche stehe am Platz des römischen Kapitolstempels nw3e4, wurde Anfang des 20. Jahrhunderts durch bauhistorische und archäologische Untersuchungen bestätigt. Die Studien ergaben, dass das Langhaus der romanischen Kirche auf den vier Meter mächtigen und 4,5 Meter tief gründenden Fundamenten des römischen Tempels ruht, in dem die capitolinische Trias von Jupiter, Juno und Minerva geehrt wurde.

Das mächtige Bauwerk wurde nach Aussage der erhaltenen, qualitativ hochwertigen Bauornamentik am Ende des 1. oder in den ersten Jahren des 2. Jahrhunderts n. Chr. auf dem gut 6.000 Quadratmeter großen aufgeschütteten Baugrundstück errichtet. Im Zentrum der Anlage stand der eigentliche Tempel auf einem Podium von 32,5 x 29,5 Metern. Bis zu 4,5 Meter tief reichten die Fundamente in den Boden. Anhand der Proportionen der einzelnen Architekturteile lässt sich eine Gebälkhöhe von über 20 Metern rekonstruieren. Das Gebäude hat die rheinseitige römische Stadtmauer damit um mehrere Meter überragt und war vom Rhein aus gut zu sehen. Betreten konnte man den Tempel über eine breite Freitreppe im Osten, die auf einem fundamentierten Mauerblock von 8 x 29,5 Metern ruhte. Pilaster gliederten die Seitenwände des Tempels. Zur Front standen acht, zu den Seiten je drei korinthische Säulen von circa 15 Metern Höhe. Die innere Fundamentgliederung lässt auf eine für derartige Bauten typische Unterteilung in drei langrechteckige Räume schließen.

Römische Spolien im frühmittelalterlichen Kirchenfundament von St. Maria im Kapitol

Didius Julianus (133–193 n. Chr.)

Marcus Didius Severus Julianus wurde am 30. Januar 133 n. Chr. als Angehöriger einer wohlhabenden Senatorenfamilie geboren. Er kam im Rahmen seiner üblichen Laufbahn als Politiker und Soldat in den Jahren circa 180–185 n. Chr. als Statthalter der Provinz Niedergermanien nach Köln. Dort ließ er, wie gestempelte Ziegel belegen, das Praetorium renovieren und umbauen. Nach der Ermordung des Pertinax am 28. März des Jahres 193 n. Chr. kam es zu einer unwürdigen Episode: Die Prätorianer versteigerten die römische Kaiserwürde an den Meistbietenden. Didius Julianus erhielt den Zuschlag, konnte sich seiner neuen Würde aber nicht lange erfreuen. Die allgemein als anstößig empfundenen Begleitumstände seiner Thronbesteigung riefen gleich drei Gegenkaiser auf einmal auf den Plan: Clodius Albinus, den Statthalter von Britannien, Septimius Severus, den Statthalter von Oberpannonien (der sich nach längerem Bürgerkrieg als Alleinherrscher durchsetzte) und Pescennius Niger, den Statthalter von Syrien. Am 2. Juni des gleichen Jahres wurde Didius Julianus im Auftrag des Senats getötet.

Didius Julianus, 193 n. Chr. (Münzportrait)

Digitale Rekonstruktion des Kapitoltempels mit Umfassungsmauer. Ansicht von Osten

Das Heiligtum der capitolinischen Trias stand inmitten eines mit Trachytplatten gepflasterten Hofes, der die gesamte *insula* von 90 x 70 Metern Seitenlänge einnahm. Zu den umliegenden Straßen war der heilige Bezirk (Temenos) mit einer 1,5 Meter starken Umfassungsmauer begrenzt. Die Mauer war zur Hofseite in Pfeiler und Trabanten gegliedert, die Nischen mit rotem Wandputz verkleidet. Die massive Umfassungsmauer könnte darauf hinweisen, dass der Bezirk zur Hofseite ringsum von anderthalbschossigen Säulengängen umschlossen war. Ähnlich ›umfriedet‹ war beispielsweise der römische Hafentempel in Xanten. Dort öffneten sich Säulengänge auf drei Seiten zum Hof; nur im Westen war eine Kolonnade zur Straße hin orientiert.

Durch einschlägige Funde bei den Ausgrabungen belegt, spiegelt sich die reiche architektonische Ausstattung wider, die der Bedeutung des Tempels entspricht. Von weither wurden kostbare Steine nach Köln geschafft, darunter auch mediterraner Marmor und andere wertvolle Gesteine. Nachweisen lassen sich beispielsweise bunte Marmorplatten aus Nordgriechenland und Mittelitalien (Carrara), aber auch ägyptischer und griechischer Porphyr. Vieles dürfte allerdings verloren sein, denn antike Werksteine des Kapitols dürften überwiegend in den früh- und hochmittelalterlichen Kirchenbauten verbaut oder zu Kalkmörtel verbrannt worden sein. Im ehemaligen Heizungskeller der Pfarrei haben sich mächtige Kalksteinquader erhalten, die in den Nordwestturm der Kirchen des 10. Jahrhunderts verbaut worden sind.

Der neu entdeckte Rundtempel während der Ausgrabungen in der Augustinerstraße 2006 (siehe S. 178f.)

Religion im römischen Köln

In einer Stadt wie der CCAA und ihrer Vorgängersiedlung, dem oppidum Ubiorum, gibt es vielerlei Belege für die Kultausübung der Bewohner. Religion und Kult spielten ja im öffentlichen und privaten Leben der Menschen eine wesentlich größere Rolle, als es sich heute unser säkulares Zeitalter vorstellen kann. Zunächst einmal brachten die Römer ihre Staatskulte mit, mit denen sich die neue Staatsmacht direkt den Untertanen präsentierte. An erster Stelle steht hier die *ara Ubiorum,* der Altar für den Kult für Augustus und seine Nachfolger und für die als Göttin personifizierte Roma. Dafür gab es festgelegte Zeremonien an bestimmten Feiertagen, an denen Stadt und Umland dem Kaiser und Rom Opfer darbrachten. Hierfür gab es ein eigenes sechs Mann starkes Priesterkollegium, sie *seviri Augustales,* zu dem Freigelassene Zugang hatten. Im Kölner Kapitolstempel wurde, wie auf dem Kapitol in Rom, die sogenannte Kapitolinische Trias verehrt, also der Göttervater Jupiter, seine Gattin Juno und seine Tochter Minerva. Diese drei Götter waren schon seit Urzeiten für den Schutz der Stadt Rom besonders verantwortlich gewesen, nun schützten sie auch Roms Provinzen. Dass auch das Militär unter dem besonderen Schutz des Jupiter stand, zeigen die Legionsadler, das wichtigste Feldzeichen einer Legion. Sie symbolisieren mit dem Adler des Göttervaters, der auf einem Blitzbündel sitzt, den besonderen Schutz, den Jupiter der Truppe zukommen lässt. Im öffentlichen und privaten Bereich wurden auch andere ›klassische‹ Götter oder Halbgötter des Mittelmeerraums in

Weihestein für die boudunneischen Matronen. Gefunden Unter Fetthennen, Ecke Burgmauer

Weihestein für die germanischen Kriegsgöttin Vagdavercustis, gesetzt vom Prätorianerpräfekten Titus Flavius Constans, Mitte des 2. Jahrhunderts n. Chr., gefunden Wolfstr. 16

Köln verehrt: So etwa Mars, Venus, Merkur, Apollo, Dionysos, Aesculap, Diana, Fortuna oder Herkules. Auch ägyptische und orientalische Götter fanden in Köln ihre Anhänger: So sind Apis, Isis, Jupiter Ammon oder Osiris bezeugt. Aus dem Osten kamen Jupiter Dolichenus, Kybele/Magna Mater, Sabazius oder Mithras.

Dabei kann es zu Problemen bei der Deutung kommen. Denn die Römer mit ihrer weitgehenden Toleranz in religiösen Dingen ließen es zu, dass einheimische keltische oder germanische Götter unter römischem Namen verehrt wurden *(interpretatio Romana)*. Waren diese mit einem Beinamen gekennzeichnet, so war die Sache klar: Apollo Grannus war dann eben weniger der klassische Apollo, sondern der keltische Heilgott Grannus. Ähnliches gilt auch für den germanischen Kriegsgott Hercules Magusanus. Besonders häufig sind keltische und germanische Beinahmen bei den zahlreichen Zeugnissen des Matronenkults. Schwieriger wird die Sache schon bei den zahlreichen Jupitersäulen, die so typisch für Niedergermanien sind: Die Einzelelemente, also Darstellungen des thronenden Gottes und die Einzelteile der Säulen, stammen aus dem Mittelmeerraum. In ihrer speziellen Kombination sind sie aber typisch für Niedergermanien. Ist hier also wirklich der ›klassische‹ römische Jupiter gemeint oder doch eher ein einheimischer Gott? Dabei ist es keineswegs so, dass keltische oder germanische Götter nur von Einheimischen verehrt wurden und nicht von Römern: Im Gegenteil! So stammt zum Beispiel aus Köln ein Weihealtar für die germanische Kriegsgöttin Vagdavercustis, deren zentrales Heiligtum bei Kalkar am Niederrhein erst vor wenigen Jahren entdeckt worden ist. Der Stifter stammt aus Rom selber, es war der Prätorianerpräfekt Titus Flavius Constans aus der zweiten Hälfte des 2. Jahrhunderts n. Chr. Zeugnisse dieser Götterkulte sind Inschriften, vor allem Weiheinschriften öffentlicher oder privater Stifter und bildliche Darstellungen. Sie reichen von Kultstatuen bis hin zu Weihestatuen- und -reliefs aus Stein, seltener Metall. Aus privaten Hausheiligtümern stammen Götterstatuetten aus Metall und Terrakotta. Mit dem Vordringen des Christentums im 4. Jahrhundert n. Chr. ist dann diese vielfältige Götterwelt rasch verschwunden.

Für Niedergermanien typische Jupitersäule aus Kalkstein, Höhe circa 3,5 Meter, um 200 n. Chr., gefunden in einer Kiesgrube in Köln-Weidenpesch

Heumarkt/Pipinstraße: Digitale Rekonstruktion des monumentalen Rundtempels mit Umfassungsmauer. Ansicht von Südosten

EIN NEU ENTDECKTER RUNDTEMPEL

Nördlich des monumentalen Tempels unter St. Maria im Kapitol lag ein zweites Heiligtum, das eine nahezu gleich große Bauinsel an der heutigen Pipinstraße/Ecke ›Kleine Sandkaul‹ einnahm. Die von einer Säulenhalle eingefasste öffentliche Platzfläche, unter der der Hauptsammler in der Augustinerstraße in Richtung Rhein verlief, reichte im Osten bis zur rheinseitigen Terrassenstützmauer. Dass an dieser Stelle ein weiterer Großtempel stand, ist seit Längerem bekannt. Doch erst seit den Ausgrabungen für die Kölner Nord-Süd Stadtbahn lassen sich Art und Umfang der Bebauung in Teilen erschließen. So ist heute nachzuweisen, dass eine schmale Treppe aus dem Tempelbezirk zu der rund sechs Meter tiefer gelegenen Stadtmauer herab führte. Die Treppe öffnete sich über einem zehn Meter langen und 3,4 Meter breiten Fundamentstreifen, der rechtwinklig auf die Hangstützmauer zuläuft.

Der Hauptzugang zum Tempelbezirk lag auf der Westseite. Betrat man das Heiligtum, so stand man einem leicht nach Westen verschobenen mächtigen Rundbau gegenüber. Seine noch erhaltenen Fundamentreste machen es möglich, einen Bau von 27 Metern Durchmesser zu rekonstruieren. Die 1,3 Meter starke Fundamentplatte war lagenweise aus *opus caementitium* gegossen und setzte sich aus zwei ringförmigen Fundamenten gleicher Bauweise zusammen. Der kreisrunde Bau geht auf italisch-römische Vorbilder zurück. Zur Höhe lässt sich nichts Konkretes sagen. Angesichts des benachbarten Kapitols darf man aber vermuten, dass auch die Dachkonstruktion des Rundtempels die Stadtmauer deutlich überragt haben dürfte.

Nach Westen, Norden und Süden haben offene Säulenhallen den Bezirk eingefasst. Mangels datierender Bauornamentik lässt sich zur Entstehungszeit wenig sagen. Vermutlich ist der monumentale Rundtempel unmittelbar nach der Fertigstellung der rheinseitigen Stadtmauer und der begleitenden Hangstützmauer errichtet worden, das heißt etwa zeitgleich mit dem Kapitol am Ende des 1. oder Anfang des 2. Jahrhunderts n. Chr.

Unbeantwortet bleibt die Frage, welcher Gottheit der Rundtempel geweiht war? Bau- oder Weiheinschriften fehlen, ebenso Votive oder andere Funde, die mit der Funktion als Kultbau verbunden waren. Die schriftlichen Quellen berichten von einem Marsheiligtum in der Stadt (Sueton, vita Vitellii 8). Der Überlieferung nach soll dort noch im Jahr 69 n. Chr. ein Schwert Caesars aufbewahrt worden sein. Die historische Forschung lokalisierte den Marstempel lange Zeit nahe der Straße Obenmarspforten, da man in der Straßenbezeichnung einen Hinweis auf den Marstempel sah. Tatsächlich aber erinnert der Name der Straße – wie oben schon erklärt – an das ehemalige Hafentor der römischen Stadtmauer, das im Mittelalter Mar- bzw. Martporz genannt wurde und als »Marktpforte« den Durchgang zum Heu- bzw. Altermarkt ermöglichte. Mit der Gottheit Mars hatte das Tor nichts zu tun.

ARA UBIORUM/ZENTRALHEILIGTUM

Zwischen Rheinfront und Forumsbezirk ist das Zentralheiligtum der Stadt, die ara Ubiorum zu suchen. Allem Anschein nach hatten die römischen Stadtplaner von Beginn an eine ausreichend groß bemessene Fläche an zentraler Stelle für dieses Heiligtum reserviert. Heute erheben sich dort die Kirchenruine Alt St. Alban, der Gürzenich und das Museum Wallraf.

Im Vorfeld des Museumsbaus fanden zwischen 1990 und 1996 umfangreiche Ausgrabungen statt, die vor allem Keller und Grundmauern des mittelalterlichen Quartiers ans Tageslicht brachten. Dadurch zeigte sich die römische Vorbebauung stark gestört. Gleichwohl haben sich eine Reihe von Befunden und rund 300 zerschlagene römische Werksteine erhalten, die zusammen mit punktuellen Aufschlüssen am Platz von Alt St. Alban Aussagen zur römischen Nutzung des Areals möglich machen.

Das Areal der Ara greift die zentrale Achse des *decumanus maximus* auf. Die Fläche entspricht mit ihrer nord-südlichen Ausdehnung von 194 Metern und einer west-östlichen Breite von 120 Metern der Größe von vier insulae, die im Norden und Süden von zwei untergeordneten decumani bzw. Praetorium und Rundtempel begrenzt wurden. Im Osten reicht das Grundstück bis zur

Digitale Rekonstruktion des Zentralheiligtums für Roma und Augustus (»Ara Ubiorum«). Ansicht von Osten

rheinseitigen Stadtmauer. Hier markieren das Tor in der Straße Obenmarspforten bzw. der Turm Ecke Martin-/Augustinerstraße (S. 146) das Areal. Zur Westseite trennte die Forumsbasilika den Bezirk von der großen öffentlichen Versammlungsfläche (Forum).

Die Ausgrabungen ermöglichen es, eine getreppte Platzanlage zu rekonstruieren, deren Architektur und Gestaltung italisch-römischen Terrassenheiligtümern folgt. Das Heiligtum reichte 15 bis 20 Meter an die rheinseitige Stadtmauer heran. Dort wurde es von einer bis zu 1,5 Meter starken Grauwackemauer mit starken pilasterähnlichen Vorlagen nach Osten und halbrunden Stützkonstruktionen nach Westen begrenzt. Sie sicherte die Abbruchkante zur Stadtmauer und überbrückte einen Geländeunterschied von 2,6 Metern. 14 Meter weiter westlich folgte die zweite, im Fundament bis zu zwei Meter mächtige Stützmauer, die abermals einen etwa 2,5 Meter hohen Geländeunterschied aufgefangen hat.

Die westlich anschließende Platzfläche flankierten im Norden und Süden monumentale zweigeschossige Portiken. Zahlreiche

Architekturteile aus lothringischem Kalkstein zeugen von reich geschmückter, repräsentativer Architektur. Die Säulenhöhe des Untergeschosses lag bei rund neun Metern, mit zugehörigem Gebälk waren es elf Meter, sodass für den zweigeschossigen Bau eine Gesamthöhe von mehr als 20 Metern zu erschließen ist.

Aufgrund seiner zentralen Lage kann es sich bei diesem Grundstück eigentlich nur um den Platz mit dem Zentralheiligtum der geplanten germanischen Großprovinz gehandelt haben, an dem der oben erwähnte Cherusker Segimundus als Priester tätig war. Die bauliche Gestaltung dieses frühkaiserzeitlichen Heiligtums ist nicht klar. Anhand der vorliegenden Befunde ist aber nachgewiesen, dass dieser Platz Ende des 1. Jahrhunderts n. Chr. im Zuge des großen öffentlichen Bauprogramms, das zumindest Stadtmauer, Rundtempel und Kapitol umfasst hat, grundlegend neu gestaltet wurde. Was im Zentrum dieser großzügigen Anlage stand, ist nicht bekannt. Auf dem Grundstück des Museum Wallraf wurden Reste eines sehr festen, aus Grauwackesteinen gemauerten Fundamentrostens von 7 x 6 Metern Größe freigelegt. Das Fundament war bis zu 1,8 Meter mächtig und könnte zu einem Altarfundament gehört haben. Vielleicht war dies der Altar des Provinziallandtags, die bei Tacitus genannte *ara Ubiorum.*

Obenmarspforten/Unter Goldschmied, Blick auf die Ausgrabungen anlässlich des Baus des Wallraf-Richartz-Museums, dahinter Alt St. Alban

Reste des Cryptoporticus. Freigelegte Säulenblöcke (Plinthen) aus Kalkstein mit eingearbeiteten Standflächen, spätes 1. Jahrhundert n. Chr., gefunden im Perlenpfuhl, 1995

6.8 ÖFFENTLICHE GEBÄUDE IM ZENTRUM DER KOLONIE

FORUM, CRYPTOPORTICUS UND BASILIKA

Im Zentrum der Kolonie lag eine gewaltige Versammlungsfläche, die vier *insulae* einnahm. Der imposante Platz reichte im Osten bis an den *cardo maximus*. Zwischen Forum und dem östlich anschließenden Zentralheiligtum stand die Forumsbasilika, ein repräsentatives Gebäude von fast 180 Metern Länge und 25 Metern Breite. Die Architektur der Basilika ist weitgehend unbekannt. Es dürfte sich um einen dreiflügeligen Bau mit einer großen zentralen Säulenhalle gehandelt haben. Entlang der zum *cardo* gerichtete Gebäudefront verlief ein Säulengang (Portikus).

Die Ursprünge der großen, sich nach Westen öffnenden Platzfläche reichen bis in die Zeit des oppidum Ubiorum zurück. Nach der Erhebung zur Kolonie wurde das Gelände dann mit erheblichem Aufwand neu gestaltet, der Platz aufgehöht und mit Schotter gedeckt.

Nach dem Vorbild anderer Städte Italiens und Südgalliens wurde im Westen des Forums ein gewaltiger halbrunder Bau errichtet. Abschnitte dieser Ringcrypoporticus wurden immer wieder bei

Ausgrabungen dokumentiert. Heute wissen wir, dass es sich um ein Gebäude von 141 Metern Außendurchmesser, elf Metern Breite und 111 Metern Innendurchmesser handelt. Der *decumanus maximus* lief mittig auf die westliche Stirnseite des Gebäudes zu. Im Untergeschoss standen 65 Säulen von 0,5 Metern Durchmesser in einem Achsabstand von 2,96 Metern (zehn römischen Fuß) auf einer 126,4 Meter langen Kreislinie, die das Innere der Cryptoporticus in einen zweischiffigen Raum unterteilten und die Holzbalkendecke stützten. In die westliche Außenwand des Untergeschosses waren fünf Nischen integriert. In der zentral positionierten, sieben Meter tiefen und 16,5 Meter breiten Nische lag ein 6,5 x 3,5 x 1,5 Meter großer und geschätzt 70 Tonnen schwerer Block aus *opus caementitium* in Versturzlage, der erahnen lässt, welche Dimensionen der aufgehende Bau einst hatte. Der mächtige Block ist im Untergeschoss eines örtlichen Schnellrestaurants Ecke Herzogstraße/Schildergasse zu sehen. Neben der Hauptnische öffneten sich jeweils zwei spiegelbildlich angeordnete, 3,2 Meter tiefe und 4,4 Meter breite Nischen. Beleuchtet wurde das Kellergeschoss über gewölbte Lichtschächte auf Platzhöhe. Über Treppen, deren Stufen mit Marmorplatten gedeckt waren, erreichte man das Erdgeschoss des Gebäudes. Zwar lassen die archäologischen Befunde keine konkreten Aussagen zur Architektur der

Digitale Rekonstruktion des Forums mit Cryptoporticus. Ansicht von Westen

Portikus zu, doch sprechen analoge Architekturbefunde dafür, dass eine große Säulenhalle das Forum nach Westen begrenzt hat. Der Bau muss höchste repräsentative Ansprüche erfüllt und ein beeindruckendes Bild geboten haben.

Die 250 Meter lange Platzfläche, die im Norden und Süden von Hallenbauten eingerahmt worden ist und so eine Breite von fast 200 Metern erreichte, war unbebaut. Über die Architektur der flankierenden Hallen wissen wir so gut wie nichts. Sie dürften sich zum Platz hin in Säulenstellungen geöffnet haben. Etwas östlich der halbrunden Säulenhalle liegt in der zentralen Achse ein 5,4 Meter breiter Fundamentsockel, der vermutlich ein kolossales Standbild der kaiserlichen Familie, vielleicht des Koloniegründers Claudius trug.

THERMEN

Körperpflege war in römischer Zeit selbstverständlich, auch in den nordalpinen Städten des Reiches. Männer und Frauen besuchten regelmäßig öffentliche oder private Thermen, um dort zu baden, sich salben, schminken, massieren oder ihre Haare frisieren zu lassen. Und natürlich waren die Thermen auch ein Ort der Zusammenkunft, der Diskussion und der geschäftlichen Beziehungen.

Im römischen Köln gab es eine große Zahl an Badeanlagen, sowohl in öffentlichem Besitz als auch in vornehmen Privathäusern. Auch der Statthalterpalast besaß eigene Thermen. Über eine eigene Badeanlage verfügte das Flottenkastell Alteburg. Bäder lagen zudem in stadtnahen Villen und ländlichen Gutshöfen im Umfeld der CCAA.

Im Zentrum der Kolonie standen die großen öffentlichen Thermen inmitten von Wohn- und Gewerbequartieren. Die repräsentativ gestaltete Anlage nahm vier *insulae* auf 120 x 150 Metern Fläche ein. Auf dem Gelände dieser Thermenanlage fanden seit dem 19. Jahrhundert immer wieder Ausgrabungen statt, zuletzt anlässlich eines Büroneubaus an der Ecke Cäcilienstraße/Tunisstraße 2007/2008. Die Untersuchungen machen es möglich, die komplexe Bau- und Nutzungsgeschichte zumindest in Teilen zu rekonstruieren. Die erste Badeanlage wurde Mitte des 1. Jahrhunderts errichtet, nachdem man ältere Wohnbebauung beiseite geräumt hatte. Der Bau wurde nach einer Generation planmäßig niedergelegt und durch einen repräsentativen Neubau ersetzt, der bis in das 4. Jahrhundert hinein immer wieder baulich verändert und genutzt wurde. Für die Befeuerung der Anlage waren gewaltige Mengen Brennholz erforderlich, das wahrscheinlich überwiegend rechts des Rheins oder in der Eifel geschlagen

Die römischen »Zentralthermen« der CCAA. Ergebnisse der archäologischen Ausgrabungen 2007/08

Cäcilienstraße, die Ausgrabungen im Bereich der Thermen 2007/2008

wurde. Das Frischwasser lieferten die großen Wasserleitungen aus dem Vorgebirge und der Eifel.

Der in der zweiten Hälfte des 1. Jahrhunderts errichtete Gebäudekomplex besaß einen großen zentralen offenen Innenhof *(palaestra)*, der als Sport- und Versammlungsplatz diente. Östlich schlossen die drei wichtigsten Räume der Thermen an: Heiß-, Warm- und Kaltbad, die dem ›Reihentypus‹ nach dem Vorbild italisch-römischer Badeanlagen entsprechen.

Der Besucher entkleidete sich zunächst in der Garderobe *(apodyterium)* und betrat zunächst das Warmbad *(tepidarium)*, dann das Heißbad *(caldarium)* im Norden der Achse. Fußbodenheizung und Badebecken des Caldariums wurden über einen gemeinsamen Feuerungskanal beheizt. Die Ostwand des Raumes gliederten drei markante Nischen unbekannter Funktion. Häufig ist auch ein Schwitzbad *(laconicum, sudatorium)* an das Heißbad angebunden. Von hier aus gelangte der Besucher wieder in das südlich angrenzende Warmbad *(tepidarium)*, in dem der erhitzte Badegast leicht abkühlen konnte. Das Kölner Tepidarium besaß einen halbrunden Abschluss im Westen mit einem über eine Fußbodenheizung erwärmten Badebecken. Südlich des Tepidariums schloss das Kaltbad *(frigidarium)* an, dessen Boden mit rechteckigen Granitplatten bedeckt war. In einem angrenzenden Raum lag ein Kaltwasserbecken *(piscina)*, das dem Badegast zusätzliche Abkühlung bot. Neben dieser klassischen Abfolge, die der Besucher in einer Art Rundgang durchschritten hat, gab es im Norden der Thermen ein zweites großes Heißbad in einem großen Apsidensaal von 15 Metern lichter Weite. Erhalten sind die mächtigen Fundamentmauern, der Estrich mit Abdrücken von Hypokaustsäulen sowie zwei einander gegenüberliegende Heizkanäle. Der nordwestliche Heizkanal hatte eine eigene Heizvorrichtung *(praefurnium)*, die wohl südöstlich an das südlich angrenzende Heißbad im Drei-Nischen-Saal angeschlossen war.

Cäcilienstraße, Blick auf den Grundriss eines monumentalen Gebäudetraktes der großen römischen Thermen im Zentrum der Colonia

Über den aus Ziegel errichteten Schürkanal des sogenannten Drei-Nischen-Saals wurde Heißluft aus der Brennkammer in die Fußbodenheizung des Kanals geleitet, 2007/08

Wie lange die Thermen in Gebrauch waren, ist nicht bekannt. Um- und Einbauten des 4., möglicherweise sogar des frühen 5. Jahrhunderts zeigen, dass der Gebäudekomplex lange in Nutzung war, allerdings am Schluss wohl in anderer Funktion. Denn mit der Aufgabe der Eifelwasserleitung im späten 3. oder im Laufe des 4. Jahrhunderts waren die Voraussetzungen für einen geregelten Badebetrieb dort kaum noch gegeben.

Eine zweite öffentliche Badeanlage stand in der Richmodstraße im Westen der CCAA, wenige hundert Meter nordwestlich der großen Thermen. Bei Ausgrabungen im Jahre 1990 wurden Grundmauern, mehrere hypokaustierte Räume mit aufwändigen Heizkanälen und Präfurnien dieses Badehauses freigelegt. Anhand der Kleinfunde lässt sich eine Nutzung vom 1. bis 4. Jahrhundert belegen. Ziegelstempel der 16. Legion Gallica, die bis 69 n. Chr. in Neuss stationiert war, sprechen für den öffentlichen Status dieses Bades, dessen Grundfläche und Ausdehnung nicht bekannt ist. Die Thermen in der Richmodstraße bestanden in jedem Fall zeitgleich mit dem großen Badekomplex an der Cäcilienstraße.

CIRCUS, AMPHITHEATER?

Als Hauptstadt der römischen Provinz Niedergermanien und als eine der wichtigsten antiken Städte am Rhein muss Köln ein monumentales Amphitheater besessen haben, in dem Spiele, Gladiatoren- und Tierkämpfe stattgefunden haben. Eine solche Anlage war Ort oft blutig inszenierter Massenveranstaltungen und gehörte zum urbanen Selbstverständnis einer antiken Metropole. Bislang konnte jedoch nicht ermittelt werden, wo dieser Großbau in Köln gestanden hat. Ob in Köln jemals eine Rennbahn für Wagenrennen *(circus)* vorhanden war, ist ebenfalls unbekannt.

Nur einige Funde aus dem Stadtgebiet geben Hinweise auf die Existenz eines Amphitheaters in der CCAA: Neben Kleinfunden mit bildlichen Darstellungen von Kampf- und Rennveranstaltungen, sind einige Steindenkmäler aus Köln bekannt. Der Grabstein des Exsochus, der im 2./3. Jahrhundert n. Chr. von einem Mann namens Cimber und einer Dame Pietas gesetzt wurde, nennt die beiden Männer essedarii, die nach ›britannischer Art‹ in der Arena im Wagen kämpften. In einer Weiheinschrift dankt der Centurio Quintus Tarquitius Restitutus im 2. Jahrhundert Diana, da er in sechs Monaten 50 Bären (für Tierhetzen!) gefangen hatte. Ob diese Tiere alle bei Kämpfen in einer Kölner Arena präsentiert wurden, ist nicht bekannt. Überliefert sind Weihe- und Grabinschriften des Sechsmännerkollegiums, der sogenannten *seviri Augustales,* die sich nicht nur der Pflege des Kaiserkultes, sondern auch der Ausrichtung öffentlicher Spiele widmeten. Aus dem Umfeld des Flottenkastells Alteburg ist ein Grabstein mit der Darstellung zweier kämpfender Gladiatoren bekannt. Und zu guter Letzt berichtet Salvian von Mar-

Weihestein des 2. Jahrhunderts n. Chr. für Diana, gesetzt von dem Centurio der 1. Legion Minervia aus Bonn, Quintus Tarquitius Restitutus, der innerhalb von sechs Monaten 50 Bären gefangen hat. Gefunden an der Südwestecke des Doms

seille in der ersten Hälfte des 5. Jahrhunderts, dass in Trier, Mainz und Köln aufgrund der fränkischen Eroberungen keine Spiele mehr stattfinden, wie sie bis dahin veranstaltet wurden.

Doch wie sah eine solche Arena in vergleichbaren römischen Städten aus, etwa in Xanten? Das Amphitheater der zweitgrößten Stadt Niedergermaniens, der *Colonia Ulpia Traiana* (CUT), liegt in der Südostecke der römischen Stadt. Die im 1. Jahrhundert n. Chr. errichtete Arena bot bis zu 10.000 Menschen Platz. Der ovale Grundriss hatte eine Ausdehnung von 99 x 87,5 Meter. Geht man von einer zumindest gleichwertigen repräsentativen Anlage in der Provinzhauptstadt Köln aus, so beanspruchte der Bau mit einer ihn umgebenden Platzfläche mindestens zwei insulae. Größer bemessen waren beispielsweise die Amphitheater im südgallischen Arles, das 136 x 107 Meter misst, oder in Nîmes, das eine Ausdehnung von 133,4 x 101,4 Meter aufweist.

Ältere Vermutungen, die Arena habe im Süden der CCAA gelegen, sind durch jüngere Ausgrabungen und den Nachweis von Wohnhäusern übrigens widerlegt. Und auch die Annahme, die Arena habe in einer großen Sandgrube unmittelbar nördlich der Kolonie gelegen, hat sich im archäologischen Befund nicht bestätigt. Konkrete Anhaltspunkte zur Lage können bis heute nicht benannt werden. Es ist nicht ausgeschlossen, dass der Monumentalbau im Bereich der Suburbien, außerhalb der Kolonie errichtet wurde. In Frage käme am ehesten das Gelände nordwestlich der CCAA. Hier bestehen die größten Wissenslücken zur römischen Topographie. Wie drückte es Werner Eck zutreffend aus: »Der Ort wird sich wohl eines Tages noch irgendwo finden.« Die vorauszusetzenden mächtigen und tief reichenden Fundamente, oder das, was der nachrömische Steinraub davon übrig gelassen haben, werden wohl eines Tages bei Ausgrabungen ans Tageslicht kommen und eine der größten noch offenen Fragen zur römischen Topographie von Köln beantworten.

ANDERE ÖFFENTLICHE GEBÄUDE

Natürlich gab es neben den repräsentativen Gebäuden entlang der Rheinfront, Forum und Thermen weitere römische Großbauten in der Kolonie. Repräsentativ gestaltete Architektur lässt sich auch anhand von Inschriften und Fundamenten erschließen, ohne jedoch Näheres zur Lage oder Funktion dieser Bauten sagen zu können. Auf ein Marsheiligtum an unbekanntem Platz wurde bereits hingewiesen (S. 179). Eine Bauinschrift in Kalkstein, die 1866 an der Nordseite des Doms gefunden wurde, geht auf einen dem Mercurius Augustus geweihten Tempel zurück. Demzufolge

Kalksteinplatte mit Weiheinschrift des Stadtrates Lucius Carinius Sollemnis. In Zweitverwendung als Deckel einer Aschenkiste genutzt. Gefunden am Waidmarkt, 2011

wurde das Heiligtum unter Kaiser Titus (79–81 n. Chr.) an nicht bekanntem Ort innerhalb der Kolonie errichtet oder erneuert. Eine erst kürzlich am Waidmarkt entdeckte Weiheinschrift, dort in zweiter Funktion als Deckel einer Aschenkiste verwendet, nennt den Mercurius Valdivahanus. Die Inschrift berichtet über eine Spende des Lucius Carinius Sollemnis, Decurio (Stadtrat) der CCAA, in Höhe von 4.000 Sesterzen. Vielleicht wurde mit diesem Geld eine Statue aufgestellt. Für einen eigenen Kultbau reichte es sicher nicht. Schriftquellen nennen hohe sechsstellige Baukosten für Tempelneubauten.

Fundamente und Teilgrundrisse mehrerer mächtiger Bauten, offenkundig der öffentlichen Hand, wurden nördlich des Straßentores an der Bobstraße freigelegt. Hier öffnete sich die Stadtfestung zur Fernstraße in Richtung Trier. Diese Gebäude lagen zwischen der Lungengasse im Norden, der Spinnmühlengasse im Süden und der Clemensstraße im Westen. Es scheint sich um eine öffentliche Bauzone gehandelt zu haben, die über dem bekannten frühkaiserzeitlichen Töpfereigelände entstanden ist.

Zwei rechteckige Grundrisse werden in der Literatur bislang meist als gallo-römische Umgangstempel bezeichnet. Die beeindruckenden Fundamente konnten 1962 allerdings nur notdürftig dokumentiert werden. Der nördliche Bau hatte eine Länge von 31,6 Metern und eine Breite von 20,4 Metern. Die 1,2 Meter, im Osten sogar 1,9 Meter starken Fundamente reichten fünf Meter tief in den Boden. Im Zentrum der starken Grundmauern zeigte sich ein nach Westen verschobener kleinerer Rechteckgrundriss von 12,4 x 9,6 Metern. Ein zweiter, allem Anschein nach identischer Bau stand in derselben nord-südlichen Achse 15,4 Meter weiter südlich. Aufgrund ihres monumentalen Charakters und der Grundrisse wurden die beiden Bauten, deren Funktion letztlich nicht schlüssig erklärt werden konnte, als gallo-römische Umgangstempel gedeutet. Anna-Barbara Follmann-Schulz hat darauf hingewiesen, dass die tiefe Vorhalle im Osten und die langrechteckige Form eher gegen diese Deutung sprechen. Aussagekräftige Kleinfunde fehlen, allerdings kam hier in größerer Menge wasserdichter Putz zum Vorschein. Möglicherweise haben diese Bauten etwas mit der Wasserverteilung in der CCAA zu tun.

Wenige Meter weiter westlich wurden 1998 bei Rettungsgrabungen in der Lungengasse 33, an der Stelle, wo heute ein großes öffentliches Parkhaus steht, drei breite, sorgfältig angelegte Mauerzüge freigelegt. Ein West-Ost ausgerichteter Mauerzug war 1,8 Meter breit und mindestens 19,7 Meter lang. Rechtwinklig gingen zwei noch 5,3 Meter lange Mauern von 1,1 Metern Breite ab, die auf die beiden vorgenannten Bauten mittig zuliefen. Ein Mauerstück ist heute im Erdgeschoss des Parkhauses zu besichtigen. Aus der Lungengasse stammt der 1845 entdeckte Weihestein des Arcus Aemilius Crescens, einem Präfekten der Germanischen Flotte.

Rund 450 Meter weiter südlich wurden im Jahr 1881 ›Am Kleinen Griechenmarkt‹ – nur einen Steinwurf vom Südwestturm der Stadtmauer entfernt – Fundamente eines weiteren Heiligtums entdeckt. Die Mauer soll mindestens zehn Meter lang gewesen sein, bei »größerer« Breite. Am selben Platz kamen auch zwei dem I(ovi) O(ptimo) M(aximo) geweihte Altäre sowie eine überlebensgroße, sitzende Jupiterstatue ans Tageslicht, die heute im LVR-LandesMuseum Bonn aufbewahrt werden. Nach Peter Noelke handelt es sich bei der in das dritte Viertel des 1. Jahrhunderts datierten Großskulptur um die älteste plastische Darstellung eines thronenden Jupiters in Germanien. Das Kultbild war Teil eines Heiligtums, ob an diesem Platz, muss offen bleiben. Bemerkenswert ist, dass einer der Weihealtäre seitlich ein achtspeichiges Rad zeigt, dass als Attribut des keltischen Gott Taranis gedeutet wird.

Im Obergeschoss des RGM thront die große Jupiterstatue, 1. Jahrhundert n. Chr.

6.9 WOHN- UND GEWERBEBAUTEN

Die Mehrzahl der mehr als 70 großen quadratischen und rechteckigen Stadtquartiere *(insulae)*, die durch das regelmäßige Straßennetz im Inneren der Stadtbefestigung vorgegeben waren, waren mit Häusern von Privatleuten bebaut. Hier sind leider in Köln noch große Defizite bei der archäologischen Erschließung festzustellen, sodass man auf die Befunde besser erschlossener Städte, etwa Augst und Xanten oder gar Pompeji und Herculaneum zurückgreifen muss, um hier ein realistisches Gesamtbild zu zeichnen. Bei der Einrichtung der Kolonie hatte man, wie zum Beispiel in Augst oder Xanten belegt, diejenigen *insulae*, welche den Kolonisten zugeteilt wurden, in gleichgroße langrechteckige Parzellen aufgeteilt. Ursprünglich dürften wohl einfachere Bauten mit zwei Stockwerken aus Lehmfachwerk mit Dachschindeln aus Holz, sogenannte Streifenhäuser, in den weniger wohlhabenden Vierteln das Bild der Stadt geprägt haben. Auch diese Hausformen kommen aus Italien. Doch schon bald wandelte sich das Bild: Die kleineren Parzellen konnten zu größeren Besitzeinheiten zusammengelegt werden, und es entstanden zwischen den Streifenhäusern größere Stadthäuser nach römisch-italischem Vorbild. Je nach

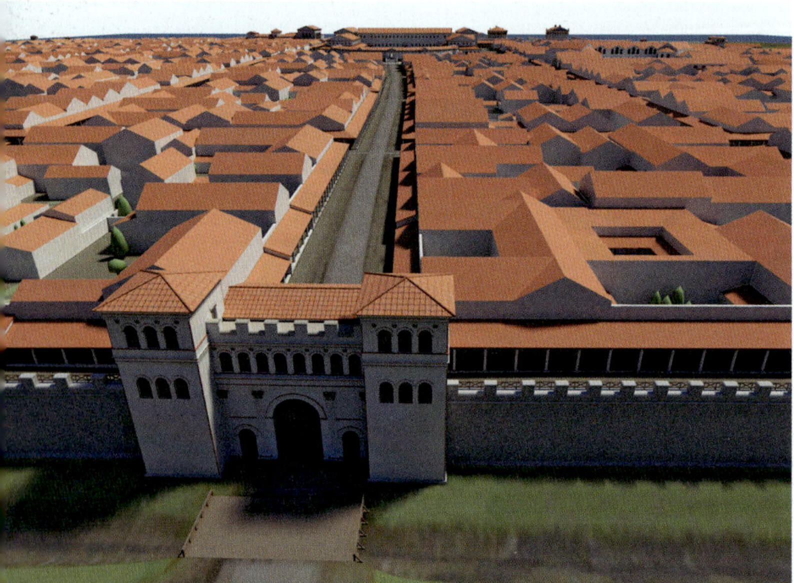

Digitale Rekonstruktion des römischen Nordtors. Entlang der Straßen reihten sich zahlreiche Wohn- und Gewerbehäuser aneinander, Ansicht von Norden

Depot von Terra-Sigillata Gefäßen Peterstraße, Leonard-Titz-Straße, 2. Jahrhundert n. Chr.

Ein Tag im römischen Köln

Eine Straßenszene im römischen Köln kann man sich so vorstellen: An den gepflasterten Straßen verliefen entlang der Häuser über den Bürgersteigen gedeckte offene Säulengange (porticus). So konnte man auch bei schlechtem Wetter dort trockenen Fußes flanieren, die Auslagen der Geschäfte betrachten oder in einer Garküche einen Imbiss nehmen und einen Becher Wein oder Bier trinken. Denn die zweistöckige Bebauung der Insulae bestand aus einer bunten Mischung von reinen Wohnbauten, Häusern von Handwerkern, und Händlern, die an der Straßenseite der Häuser ihre Waren feilboten und aus Kneipen aller Art (mit und ohne ›Damenbedienung‹). Die oberen Stockwerke waren oft an ärmere Bewohner vermietet. Die Vorzüge und Spezialitäten der Geschäfte und Kneipen waren sicherlich auch in Köln in bunten Bildern oder großen Schriftzügen an die Wand gemalt, wie man das aus den Vesuvstädten kennt.

Das Straßenbild präsentierte sich sicherlich bunt gemischt: Vornehme Damen ließen sich mit der Sänfte durch die dicht gedrängten Straßen tragen, schwer bepackte Esel trotteten geduldig dahin, und über das Basaltpflaster rumpelten Lastwagen, die von Ochsen oder Maultieren gezogen wurden. Dazwischen eilten Sklaven und Dienerinnen, die Besorgungen und Einkäufe für

Kurt-Hackenberg-Platz, Doppelflöte (auloi) spielender Zwerg aus Bronze (Geräteaufsatz), 1. Jahrhundert n. Chr.

ihre Herrschaft durchführten. Germanische Besucher von der anderen Rheinseite, durch ihre Tracht und Frisuren leicht zu erkennen, bestaunten die Herrlichkeiten der Stadt, bevor sie auf den Markt gingen, um ihre Einkäufe zu machen. Und immer wieder gab es lautstarke Streitereien, etwa, wenn sich im dichten Gewühl Passanten anrempelten. Doch machte diese ganze bunte Menge bereitwillig Platz, wenn eine Patrouille der Statthaltergarde im Gleichschritt ihre genagelten Sandalen aufs Pflaster knallen ließ. Denn mit diesen harten Burschen wollte sich niemand anlegen.

Die Geräuschkulisse bei einem Gang durch das römische Köln muss beachtlich gewesen sein: Kinder lärmten und Esel schrien, Händler boten lauthals ihre Waren an, Eisen- und Bronzeschmiede hämmerten, Wagen und Webstühle ratterten und die Diskussionen in den zur Straße hin offenen Kneipen waren sicherlich auch nicht leiser als heute. Und gelegentlich mischten sich unter diesen Lärm auch noch lieblichere Töne, etwa aus dem Innenhof einer Stadtvilla, wo die Hausherrin während ihres Nachmittagsempfangs Gäste mit Leier- und Flötenmusik unterhalten ließ. Auch die Gerüche, die sich dem Besucher des römischen Köln boten, waren sehr vielfältig und widersprüchlich: Der Weihrauchduft aus den Tempeln oder die Wohlgerüche in den Läden der Parfümhändler schmeichelten immer wieder der Nase, doch was da aus den Abwasserkanälen, Latrinen, Leimsiedereien oder Gerbereien etc. kam, das wollen wir uns lieber gar nicht erst vorstellen. Wenn die Dämmerung kam, begleiteten Diener mit Laternen ihre besseren Herrschaften zu Gastmälern, denn eine öffentliche Straßenbeleuchtung, wie in manchen Städten des Ostens, gab es in Köln sicherlich nicht. Und in manchen Vierteln, etwa in Hafennähe, war es dann besser, nachts mit einem Messer oder zumindest einem Stock bewaffnet zu gehen, wenn man sich nicht einen Veteranen der Rheinarmee als bewaffneten Leibwächter leisten konnte.

Geldbeutel der Bauherren setzte sich langsam auch im privaten Bereich der Steinbau mit Fußbodenheizungen, Privatbädern und Dachdeckung aus Ziegeln oder Dachschiefer aus der Eifel durch. Solche größeren luxuriöseren Wohnhäuser werden von der Forschung Stadtvillen genannt. Typisch für römische Städte wie Köln war es, dass man sich um eine einheitliche Außenwirkung der wahrscheinlich durchgehend zweistöckigen insulae bemühte, auch wenn dort ganz verschiedene Haustypen mit unterschiedlicher Nutzung vertreten waren.

RÖMISCHE STADTVILLEN

Es gab im römischen Köln aber auch ›bessere‹ Viertel, etwa um den heutigen Dom. Wer es sich leisten konnte, nannte ein großzügig angelegtes Stadthaus mit Badetrakt, Fußbodenheizung, Garten und säulenbestandenem Innenhof – ein sogenanntes Peristylhaus – sein eigen. Diese Villen im Besitz der städtischen Oberschicht orientierten sich architektonisch an römischen Bauten in Italien. Hochwertig ausgestattete Privatarchitektur gab es an vielen Stellen der CCAA, wie die gleichmäßig über die römische Innenstadt verteilten Mosaikfunde belegen.

Die Ausgrabungen auf der Domplatte (Rom am Dom) 1969/70

Westlich des Domes stand vom 1. bis 4. Jahrhundert eine Peristylvilla auf einem 1.400 Quadratmeter großen Grundstück. Der Zugang zum Haus lag – flankiert von Räumen, die als Ladenlokale gedeutet werden – unter dem überdachten Laubengang (Kolonnade) zur Straße. Von hier aus betrat man eine repräsentative Eingangshalle, in der sich Türen zu mehreren Zimmern und ein Durchgang zu einem säulenbestandener Innenhof (Peristyl) öffneten. An den Säulenhof schlossen sich weitere Räume an. Die Wände des Hauses waren aus Stampflehm über Sockelmauern gebaut, auf der Innenseite verputzt und mit farbigen Wandmalereien reich geschmückt.

Östlich dieses Hauses lag das berühmte Haus mit dem Dionysosmosaik, dessen Grundstücksgröße von rund 3.500 Quadratmetern im römischen Köln vermutlich sonst nicht übertroffen wurde. Um einen rund 500 Quadratmeter großen Innenhof gruppierten sich 20 Räume. Zur Bauausstattung des 3. Jahrhunderts gehörten große, prächtig gestaltete Mosaikböden, darunter das rund 75 Quadratmeter einnehmende Dionysosmosaik, das aus mehr als einer Million Mosaiksteinchen zusammen gesetzt ist und einen Festsaal geschmückt hat. Das Mosaik, das zu den Prunkstücken der Schausammlung des Römisch-Germanischen Museums zählt, liegt übrigens an seinem originalen Fundplatz. Die Wände des Hauses waren mit kostbaren farbigen Wandmalereien geschmückt. Mehrere Räume auf der Südseite der Anlage waren mit Fußbodenheizungen ausgestattet, um den Villenbewohner auch in den kühleren Monaten einen angenehmen Lebenskomfort zu bieten. Die Villa ging in den politischen Wirren um die Mitte des 4. Jahrhunderts unter. Der anschließende Wiederaufbau reichte qualitativ nicht an den vorangegangenen Baubestand heran. Im Osten der Grundstücks entstand dann aus wieder verwendeten Bausteinen ein Vorratsmagazin *(horreum).* Der Luxus in der Ausstattung dieser Stadtvillen war in der Blütezeit der Stadt – auch aus heutiger Sicht – beachtlich. Neben den schon erwähnten Mosaiken und Wandmalereien gab es kostbare Steinvertäfelung aus importiertem Marmor. Solche Stücke aus Italien, Nordafrika, Ägypten, Griechenland und Kleinasien haben sich in Köln in einiger Menge gefunden. Wer konnte, leistete sich Fußbodenheizungen, fließendes Wasser, Bäder mit Warmwasserboilern und Toiletten mit Wasserspülung.

Das Dionysosmosaik im Römisch-Germanischen Museum (7 x 10,6 Meter) besteht aus mehr als einer Millionen Mosaiksteinchen, frühes 3. Jahrhundert n. Chr.

Unter dem Kölner Dom

Die Grabungen unter dem Kölner Dom wurden unter dem heutigen Fußboden der Kathedrale nicht etwa zugeschüttet, sondern zugänglich gemacht. Sie bilden für den Laien zunächst einmal ein kaum durchschaubares Labyrinth aus römischen, früh- und hochmittelalterlichen Bauresten und Grablegen. Daher ist es sinnvoll – auch wegen der räumlichen Enge –, die Grabungen nur in fachkundig geführten Gruppen zu besichtigen. Es existierten bisher eine ganze Reihe von eher abenteuerlichen Interpretationen der römischen Baureste unter dem Dom – sogar einen römischen Tempel hat man hier schon postuliert. Dagegen heben sich die neueren soliden Interpretationen von U. Back, G. Hauser und S. Ristow wohltuend davon ab, sie sind aber auch weniger spektakulär: In der Römerzeit standen hier unter dem heutigen Gotteshaus – direkt an der nördlichen Stadtmauer und an einer architektonisch gestalteten Hangkante zum Rhein – mehrere reiche Privathäuser des 2. und 3. Jahrhunderts n. Chr., zum Teil mit Fußbodenheizung und Vertäfelung aus Importmarmor und grünem und roten Porphyr versehen. Es gibt Spuren eines nicht noch näher datierten Brandes und einer erheblichen Umgestaltung der Häuser um die Mitte des 4. Jahrhunderts n. Chr. Sogar Straßen wurden dabei verlegt. Außerdem hat man das Begehungsniveau mit Bauschutt erheblich angehoben. Ristow sieht in diesen Vorgängen Folgen des Frankensturms von 355 n. Chr. In Häusern, die aus mehreren kleinen Räumen bestanden, waren nun Metallhandwerker tätig. Diese Bauten endeten mit einer Brandschicht der Zeit um 400 n. Chr. Ein hier noch im 4. Jahrhundert n. Chr. angelegter

Blick in die Ausgrabungen unter dem Kölner Dom. Im Hintergrund die halbrunde Apsis des »Alten Dom«. Am linken Bildrand die Baugrube des Südturms und Pfeiler des nördlichen Langhauses des gotischen Domes

Das provisorische Hauptportal der mittelalterlichen Kathedrale, wieder aufgebaut und ergänzt

Brunnen wurde im frühen 5. Jahrhundert aufgegeben. Daneben existierte noch in der Spätantike ein größeres, ursprünglich heizbares Gebäude. Noch im 5. Jahrhundert hat man hier einen säulenumstandenen Hof, der mit Steinplatten belegt war, angelegt, der wohl zu einem Privathaus gehörte. Unter dem gotischen Domchor hat man einen spätantiken Apsidenbau innerhalb römischer Bebauung freigelegt. An diesem Platz entstand in fränkischer Zeit eine Doppelkirche mit Baptisterium, die dann im Laufe des 6. Jahrhunderts durch einen großen Kirchenbau mit Ambo ersetzt wurde. Dessen früh- und hochmittelalterliche Nachfolgebauten führen bruchlos bis zur heutigen Kathedrale.

Das Dionysosmosaik im RGM während der Restaurierung. Der Orkan Kyrill hatte am 18./19. Januar des Jahres 2007 die hölzerne Abdeckung eines Brunnens auf der Domplatte hochgewirbelt, diese durchschlug das große westliche Sichtfenster im RGM und beschädigte das Mosaik.

Ausschnitt aus dem sogenannten Philosophenmosaik: Bildnis des Spartaners Cheilon, dem der Spruch »Erkenne dich selbst« zugeschrieben wird, 3. Jahrhundert n. Chr, gefunden 1844 westlich von St. Cäcilien

Römische Mosaiken

Neben aufwändigen Wandmalereien gehörten mosaikgeschmückte Böden zur Ausstattung vornehmer Privathäuser. In der Mosaiktechnik wurden annähernd quadratische oder rechteckige Steine aus Kalkstein, Marmor, Glas und Keramik in engem Fugenschluss in ein Mörtelbett gesetzt und nach dem Aushärten plan abgeschliffen, um den Boden angenehm begehbar zu gestalten. Die Römer übernahmen die Kunst, Böden mit aufwändigen Mosaiken zu schmücken, aus dem hellenistischen Kunstschaffen und führten sie im Raum nördlich der Alpen ein.

Die ältesten Mosaiken nördlich der Alpen datieren in die erste Hälfte des 1. Jahrhunderts. Zeittypische frühe Schwarzweißmosaiken mit überwiegend geometrischen Mustern sind auch aus Köln bekannt. Sie zeigen, dass es schon vor der Gründung der römischen Kolonie hochwertig ausgestattete Privathäuser in Köln gab.

Zwei frühe Mosaikböden wurden im 19. Jahrhundert östlich der Kasinostraße, unmittelbar außerhalb der geplanten Baugrube Heumarkt gefunden. Das eine Mosaik nahm eine Größe von knapp 1,5 Quadratmetern ein; das zweite maß rund 1,7 x 1,7 Meter. Bei den Umlegungen von Leitungen in der

Im Zentrum des Dionysosmosaiks sieht man den hellhäutigen Gott, der trunken von einem Satyr mit Thyrsosstab gestützt wird. Vor den Beiden liegt der leere Weinbecher, frühes 3. Jahrhundert n. Chr.

›Kleinen Sandkaule‹, nahe der Ecke Augustinerstraße, wurden im Frühjahr geringe Reste (kleiner als ein Quadratmeter) eines weiteren frühen Mosaikbodens mit graublauem Zentrum, das weiße Außenzonen und gleichschenklige Dreiecke einrahmen, freigelegt.

Um die Mitte des 2. Jahrhunderts traten mehrfarbige Mosaiken mit einfachen figürlichen Motiven an die Stelle der strengen geometrischen Motive. Die Blütezeit der Kölner Mosaikkunst fiel in das 3. Jahrhundert. Herausragende Beispiele sind das großartige Dionysosmosaik der Stadtvilla unter der Domplatte und das circa 48 Quadratmeter große Philosophenmosaik, das 1844 im Hof des ehemaligen Bürgerhospitals östlich des Neumarktes gefunden wurde.

Cäcilienstraße, römische Hypokaustpfeiler einer Fußbodenheizung der großen Thermen, 2007/08

Römische Fußbodenheizungen

Seit dem 1. Jahrhundert waren in den nordwestlichen Provinzen des römischen Reiches viele Privathäuser mit Fußbodenheizungen ausgestattet. Auch im römischen Köln sind Hypokaustheizungen archäologisch oft dokumentiert worden.

Die Hypokaustheizung war eine griechisch-hellenistische Erfindung des 3. Jahrhunderts v. Chr., die von den Römern übernommen und technisch verfeinert wurde. Der römische Architekt und Militärtechniker Vitruv beschreibt in seinem berühmten, wohl 31 v. Chr. entstandenen Werk *»de architectura«* Aufbau und Wirkungsweise einer Hypokaustheizung. Zur Hypokaustkonstruktion gehörte eine Heizvorrichtung, das sogenannte *praefurnium,* in dem trockenes Holz aufbewahrt wurde und von dem aus der zu heizende Raum über einen Feuerungskanal beschickt wurde. Das *praefurnium* – außerhalb des Hauses oder in einem Nebenraum untergebracht – war über einen Heizkanal mit dem zu heizenden Raum verbunden. Dieser Raum verfügte über einen Hohlboden, die sogenannte *suspensura.* Der Unterboden war mit Ziegelplatten oder einem dünnen Estrich abgedeckt, auf dem in lichten Abständen etwa 60 Zentimeter hohe Pfeiler aus übereinander geschichteten runden oder rechteckigen Ziegeln *(lateres)* standen. Die in gleichmäßigen Abständen von 80 bis 100 Zentimetern nebeneinander gesetzten Pfeiler wurden mit großen quadratischen Ziegelplatten von zwei Fuß Kantenlänge (60 Zentimeter) abgedeckt, darüber wurde eine Mörtelschicht (Estrich) mit gröberem Steineinschlüssen aufgelegt, die mit einem Plattenbelag aus Ziegeln oder Naturstein oder auch einem Mosaik abgedeckt wurde. Aus dem Heizkanal drang die auf 250 Grad erhitzte Luft in die *suspensura,* stieg von dort kraft ihres Auftrieb (Kaminwirkung) über Hohlziegel in den Wänden zum Dach auf, wo sie über Öffnungen ins Freie abzog. Die Räume wurden auf diese Weise auf angenehme 20 bis 25 Grad erwärmt, ohne mit Asche und Rauch aus der Brennkammer in Berührung zu kommen.

Seit dem 2. Jahrhundert waren in den Nordwestprovinzen auch Kanalheizungen verbreitet, insbesondere beim privaten Hausbau. Kanalheizungen bestanden aus einem gedeckten, horizontalen Kanal, der über eine Feuerstelle *(praefurnium)* von außen beheizt wurde. Der Heizkanal führte in die Raummitte und von dort über vier Kanäle in die Raumecken. Hier wurde die Heißluft in senkrechten Tubulussträngen, über Wand- oder Dachöffnungen ins Freie abgeleitet. Kanalheizungen eigneten sich besonders für kleine Räume. Sie wurden aus normalem Bruchsteinmauerwerk gebaut und mit Steinplatten oder Ziegeln abgedeckt. Nur im *praefurnium* waren feuerfeste Steine notwendig, außerdem benötigte man *tubuli* für die Wandabzüge.

Rekonstruktion der Wandmalereien eines großen Speisesaales, Mitte 1. Jahrhundert n. Chr., ausgegraben 1969/70 südwestlich des Domes

Römische Wandmalerei

Zahlreiche Funde aus der Kölner Innenstadt zeigen, dass Privathäuser und öffentliche Gebäude seit augusteischer Zeit in Freskotechnik mit dekorativen Wandmalereien geschmückt waren. Inhalt und Aufwand für die Dekoration richten sich in hohem Maße nach der Funktion und Bedeutung des jeweiligen Raumes sowie dem Wohlstand der Auftraggeber. Die Innenwände der Häuser wurden mit mehreren übereinander liegenden und immer feineren Kalkmörtelschichten verputzt. Die oberste Lage diente als Malgrund und wurde in feuchtem Zustand (in Freskotechnik) mit in Leimwasser gebundenen Mineralfarben bemalt. Vitruv hat die Technik in seinem Lehrbuch *»de architectura«* detailliert beschrieben. Die ältesten nordalpinen Beispiele römischer Wandmalerei datieren in die erste Hälfte des 1. Jahrhunderts. Frührömische Wandmalereien, die in Köln nahe dem Dom und am Margarethenkloster gefunden wurden, folgten südalpinen Vorbildern. Im 2. Jahrhundert erreichte die Wandmalerei in den nordwestlichen Provinzen ihren qualitativen Höhepunkt: In der zweiten Jahrhunderthälfte entstanden wandfüllende großformatige Figurenbilder. Im 3. Jahrhundert wurden die Wandbilder stark vereinfacht. Im Verlauf des 4. Jahrhunderts verlor die Wandmalerei in Köln, wie in den meisten anderen römischen Provinzen nördlich der Alpen, an Bedeutung.

Kurt-Hackenberg-Platz, polychrom bemalter Wandverputz einer verstürzten Lehmwand, 2005/06

Hohe Straße, Torso einer römischen Marmorstatue (Venus)

Zur Ausstattung vornehmer römischer Häuser gehörten sogar Marmorstatuen. Der Marmortorso einer Aphrodite (Venus) wurde im Sommer 2004 bei archäologischen Ausgrabungen unter der Hohen Straße entdeckt. Der Torso war mit dem Rücken nach oben in das spätantike Straßenpflaster des 4. Jahrhunderts eingebettet. Die knapp unterlebensgroße Marmorskulptur – rekonstruiert wurde eine Höhe von circa 1,4 Metern – ist aus feinkristallinem weißem Marmor gearbeitet, der vermutlich aus den Steinbrüchen von Carrara in Oberitalien stammt. Wenige Meter entfernt wurde ein Beinfragment einer zweiten ähnlich großen Marmorstatue entdeckt. Bei den Ausgrabungen im Kölner Stadtgebiet wurde bislang nur eine Handvoll von Fragmenten antiker Marmorskulpturen ausgegraben. Trotzdem standen solche Statuen in vielen begüterten Privatvillen. Sie dürften überwiegend in Kalkbrennöfen untergegangen sein, da man den Marmor als Rohstoff zur Kalkproduktion benutzt hat. In einfacheren Stadthäusern, die nicht in der Lage waren, eine teure Marmorskulptur aus Italien zu erwerben, standen kleinere Statuetten aus Marmor, Alabaster, Bronze oder gebranntem Ton.

1 Stadttor
2 Severinstraße (antike Fernstraße nach Süden)
3 Nord-Süd-Straße
4 Ost-West-Straße
5 Stichstraßen
6 Nachgewiesene Bebauungsflächen
7 Grabfund
8 Töpferei
9 Mittelalterliche Kirche St. Georg

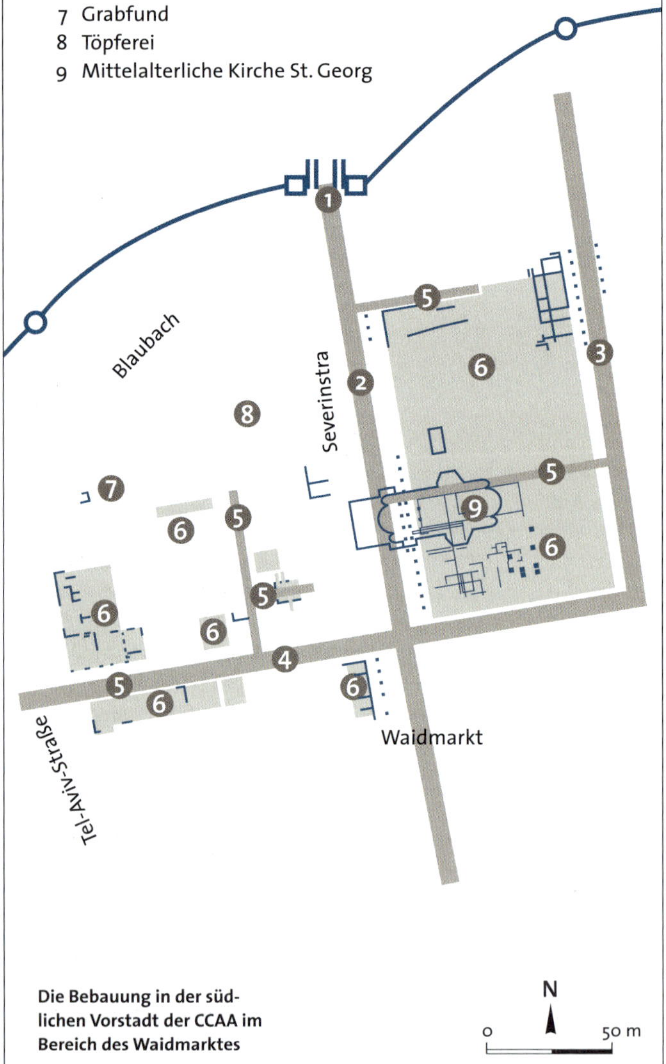

Die Bebauung in der südlichen Vorstadt der CCAA im Bereich des Waidmarktes

6.10 DIE VORSTÄDTE (SUBURBIEN)

Nördlich, westlich und südlich der CCAA lagen – unmittelbar an die Stadtmauer angrenzend – ausgedehnte Vorstädte, die sich in ihrem Erscheinungsbild in vielen Dingen kaum von der *intra muros* gelegenen römischen Kernstadt unterschieden haben dürften. Vom späten 1. bis zum frühen 3. Jahrhundert, während der Blütezeit des römischen Köln, nahmen die Vorstädte eine Fläche von insgesamt mindestens 70 Hektar ein, das heißt zwei Drittel der Fläche des umwehrten Stadtgebiets.

Davon entfielen etwa 20 Hektar auf das südliche Suburbium, das wir dank zahlreicher, teils großflächiger Ausgrabungen besonders gut kennen. Das Viertel erstreckte sich zu beiden Seiten der Fernstraße in Richtung Bonn. Weitere, in Nord-Süd-Achsen und West-Ost-Richtung verlaufende Querstraßen gliederten das Areal in bis zu 60 x 80 Meter große Baublöcke. Entlang der Straßen entstanden seit dem frühen 1. Jahrhundert Wohn- und Handwerkerhäuser, sodass man spätestens ab der zweiten Jahrhunderthälfte von einer verdichteten, weitgehend geschlossenen Straßenrandbebauung sprechen kann. Ein Teil dieser Häuser dürfte denen innerhalb der antiken Stadtmauern qualitativ kaum nachgestanden haben. Vor allem nahe der Stadtmauer waren die Häuser mit Kellern, Fußbodenheizungen, farbig geschmückten Wänden, Mosaiken und Wandverkleidungen aus Alabaster oder Marmor ausgestattet. In vielen Fällen handelte es sich um Streifenhäuser, wie sie von vielen Ausgrabungen in den nordwestlichen Provinzen des römischen Reiches bekannt sind. Ursprünglich kommt auch diese Hausform aus Italien. Als Streifenhäuser bezeichnet man lange, schmale Rechteckbauten, die in Gruppen aneinander gereiht, giebel- oder traufständig entlang der Straßen standen. In einem römischen Handwerkerviertel der *Colonia Ulpia Traiana* (CUT, Xanten), der zweitgrößten Stadt der Provinz Niedergermanien, hatten die Grundstücke solcher Häuser eine Größe von 600 bis 700 Quadratmetern. Der Zugang zu diesen stets zweigeschossigen Häusern lag auf der Schmalseite unter den straßenseitig verlaufenden überdachten Laubengängen. Streifenhäuser waren meist weniger als zwölf Meter, selten mehr als 15 Meter breit. Längen von 40 Metern und mehr stellten keine Seltenheit dar. Oft sind solche Bauten im Laufe der Zeit aus mehreren Einzelgebäuden, nach zahllosen Umbauten und Erweiterungen zusammen gewachsen.

Obwohl die architektonische Ausgestaltung der Streifenhäuser ungezählte Varianten kennt, um den spezifischen Bedürfnissen und wirtschaftlichen Tätigkeiten ihrer Bewohner gerecht zu werden, folgte man in der räumlichen Gliederung bestimmten Grundregeln: Werkstätten, Geschäftslokale und Lagerräume lagen fast immer im vorderen Teil des Hauses und waren von der aus Straße zugänglich. Unter den Laubengängen wurde der Straßenverkauf abgewickelt. Seit dem 2. Jahrhundert wurden in viele Vorderhäuser Keller eingebaut, die als Waren- und Vorratsräume vor allem für leicht verderbliche Nahrungsmittel wie Olivenöl, Fischsauce und Wein dienten. Gelegentlich weisen ziegelgepflasterte Wasserleitungen und -becken auf Gerbereien, Färbereien und Walkereien schließen. Bei einigen Häusern sind überdachte Innenhöfe oder kleine Gartenflächen in den rückwärtigen Teilen der Grundstücke belegt.

Auch die Häuser des Südsuburbiums wurden während des 1. bis 3. Jahrhunderts wieder und wieder erneuert. Die ältesten, auf Schwellbalken ruhenden Fachwerkhäuser, von denen sich nur ganz wenige Reste erhalten haben, wurden wie in der ›Innenstadt‹ von Häusern mit Sockelmauern abgelöst. Oft wurden zunächst nur die straßennahen Teile mit steinernen Grundmauern ausgestattet, also die Teile, die der Öffentlichkeit präsentiert wurden. Die rückwärtigen Abschnitte waren oft weiter in Fachwerkbauweise errichtet. Gehwege trennten Häuser und Straßen. Zumindest entlang der Hauptstraße verliefen gedeckte Laubengänge. Öfen, Werkstattabfälle und Geräte lassen auf allerlei Handwerker schließen. Schon in der Zeit des oppidum Ubiorum waren erste Töpfer vor Ort, später dann auch Glas verarbeitende Handwerker, Gerber und Buntmetallhandwerker. Die Gerber nutzten wohl den in Richtung Rhein führenden Duffesbach für ihr geruchsintensives Gewerbe. Abfälle aus Leder verarbeitenden Ateliers wurden in den 1920er-Jahren an der Ecke Mühlenbach/Malzbüchel ausgegraben.

Im 2. Jahrhundert begann der flächige Ausbau der Häuser in Stein, teilweise auch im Aufgehenden. Große Abwassersammler, wie man sie aus der Innenstadt kennt, scheinen zu fehlen. Häuser waren über Hausanschlusskanälchen an die Straßengräben angeschlossen. Nahe dem Südrand des Suburbiums wurde in der ersten Hälfte des 3. Jahrhunderts noch ein steingefasster Brunnen errichtet, der bei den Ausgrabungen für die Nord-Süd Stadtbahn freigelegt wurde. Die Eichenhölzer des Brunnenkastens wurden zwischen 200 und 230 n. Chr. geschlagen. Spätestens zu Beginn des 4. Jahrhunderts wurde der Schöpfbrunnen aufgegeben, mit Bauschutt und Siedlungsabfällen verfüllt.

Das nördliche Suburbium lag zwischen der Nekropole um St. Gereon im Westen, dem Rheinufer im Osten und der römischen

Estrich eines römischen Hauses im nördlichen Suburbium, freigelegt 2006 Ecke Komödienstraße/Tunisstraße

Stadtmauer im Süden beidseits der Straße nach *Novaesium*/ Neuss. Während seines maximalen Ausbaustandes nahm das Viertel mindestens 25 Hektar ein. Die ältesten römischen Befunde stammen auch hier aus der Zeit des oppidum Ubiorum. Bemerkenswert sind in diesem Zusammenhang die Reste mehrerer Militärlager ab der augusteischen Zeit am Breslauer Platz, die als nur temporär aufgesuchte Winterlager von Legionsvexillationen zu deuten sind, darunter auch von Teilen der 19. Legion (siehe S. 96). Ferner weisen Funde möglicherweise auf eine einheimisch-römische Kultstätte in unmittelbarer Nähe des späteren Nordtors hin. Abfälle einer Glaswerkstatt am Eigelstein sind nach neuen Erkenntnissen erst in die zweite Hälfte des 1. Jahrhunderts zu datieren. Ansonsten kennen wir nur einige wenige Einzelfunde aus der frühen Kaiserzeit.

Die Situation änderte sich nach der Erhebung der Siedlung zur römischen Kolonie 50 n. Chr. Nördlich der Stadtmauer lassen sich nun an verschiedenen Stellen Besiedlungsreste nachweisen, häufig gewerblicher Natur. Dort, wo heute das Gebäude der Bezirksregierung liegt, gab es eine Leimsiederei, später auch einen Bronze verarbeitenden Betrieb; am Eigelstein und in der Gereonstraße lassen sich Glasbläser nachweisen, auf Höhe des Bahnhofsvorplatzes mehrere Töpfereien.

Die bekannten Glaswerkstätten liegen 500 Meter nördlich des Nordtores. Zu beiden Seiten der Fernstraße wurden dort mindestens 16 Öfen nachgewiesen, die seit der zweiten Hälfte des 1. Jahrhunderts über einen Zeitraum von circa 150 Jahren Trinkgläser produziert haben.

Flachbauchige Flasche aus entfärbtem Glas mit mehrfarbigen Glasauflagen. Sogenanntes »Meisterstück«. Höhe 27,5 Zentimeter. 3. Jahrhundert n. Chr., gefunden 1893 in einem Sarkophag an der Luxemburger Straße

Muschelpokal aus farblosem Glas mit muschelförmigen Appliken sowie weißen, gelben und blauen fadenförmigen Auflagen. Höhe 20,8 Zentimeter, zweite Hälfte 3./erste Hälfte 4. Jahrhundert n. Chr., gefunden am Kartäuserhof

Glasproduktion in Köln

Die römische Glasproduktion zählt zu den bekanntesten Handwerkszweigen im antiken Köln. Als Grundlage ihrer Arbeit wurden traditionell die reichen und qualitativ hochwertigen Quarzsandlagerstätten bei Frechen angesehen, doch spielte sicherlich auch der Import von Rohglas aus dem Nahen Osten und das Recycling von Glas eine große Rolle. Bekannt sind bis heute mindestens fünf Plätze, an denen spezialisierte Handwerker Gläser hergestellt haben. Drei im Bereich des späteren Praetoriums ausgegrabene Öfen datieren vielleicht noch in die Zeit des oppidum Ubiorum. Reste von mindestens 16 Öfen wurden beidseits des Eigelsteins, 500 Meter nördlich des Nordtores freigelegt. Dort wurde bis in das 2. Jahrhundert naturfarbenes, blaugrünes und eventuell auch farbloses Glas hergestellt. Ein Atelier in der St. Apernstraße/Helenenstraße (Westsuburbium) hat unter anderem Rechteckflaschen hergestellt, wie ein Model belegt. Aus der Gereonstraße sind große Mengen grüner Glasfritte bekannt.

Seit dem 2. Jahrhundert wurden in den Kölner Glasbläsereien nicht nur Massenwaren, sondern auch qualitativ hochwertige Luxusgläser gefertigt. Beispielhaft sind kunstvolle Schlangenfadengläser mit aufwändigem Dekor, Gläser mit polychromen Emailauflagen, farblose Gläser mit Schliffdekor oder die berühmten Diatrete, deren Produktion in Köln aber noch nicht gesichert scheint. Wegen seiner reichen Glasfunde aus Gräbern hat man lange Zeit die Stellung Kölns als Zentrum der römischen Glasindustrie nördlich der Alpen etwas überschätzt. Inzwischen sind aber auch in anderen Städten, etwa in Augst und in Augsburg, oder auch in Frankreich beachtliche Produktionsstätten von zum Teil sehr hochwertigen Gläsern nachgewiesen worden. In der Spätantike wurden große Teile der Glasproduktion in den Hambacher Forst außerhalb der Stadt verlegt.

Spuren der Glasproduktion vom Eigelstein: Abfallprodukte, Ofenreste, Vierkantflasche

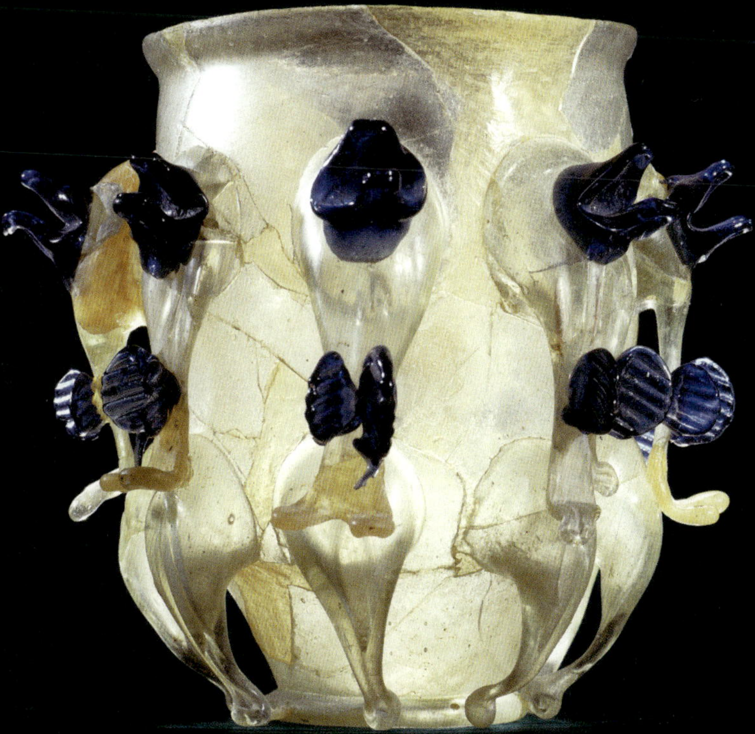

»Delphin-Becher« aus farblosem Glas mit dunkelblauen Aufsätzen, in Form von Fischköpfen und -flossen über rüsselartigen Auflagen. Höhe 14,7 Zentimeter, 4. Jahrhundert n. Chr., gefunden ›An der Eiche‹

Sandalen aus schwach grünlichem Glas mit weißen und blauen Fadenauflagen. Die Gläser dienten wohl zur Aufnahme von Essenzen. Länge 22,9 Zentimeter, Ende 2./frühes 3. Jahrhundert n. Chr., gefunden 1971 in der Severinstraße 129

Nur einen Steinwurf vor der nördlichen Stadtmauer der CCAA und 60 Meter westlich des Rheinufers wurden von der Mitte des 1. bis zum ersten Viertel des 2. Jahrhunderts mindestens 13 Töpferöfen betrieben, in denen glatt- und rauhwandige Gebrauchskeramik, belgische Ware, engobierte Ware, Firma- und Talglampen in großen Stückzahlen produziert wurden. Neben den Öfen, die sich über eine Strecke von 100 Metern entlang der Stadtmauer verteilten, hat man zwei Scherbenhalden freigelegt. Nur wenige Meter weiter nordöstlich war das Rheinufer Anfang des 2. Jahrhunderts mit Pfahlreihen befestigt. Große Mengen Holzabfälle von dort könnten auf eine nah gelegene Zimmerei oder eine Werft zurückzuführen sein. In der Uferzone konnten Flöße und Flachbodenschiffe anlanden, ent- oder beladen werden.

Nördlich der Stadtmauer, heute von Tunisstraße, Komödienstraße, Unter Sachsenhausen und Kattenbug eingerahmt, lag im 1. Jahrhundert eine große Grube, in der oberflächennah anstehender Sand für den Bau der römischen Stadtmauer gewonnen wurde. In wenigen Jahren entstand eine mindestens 200 x 100 Meter große und bis zu 10,5 Meter tiefe Materialentnahmegrube.

2006 haben Ausgrabungen auf circa 4.000 Quadratmetern Fläche ergeben, dass die Senke schon bald nach Abschluss der Sandgewinnung überbaut wurde. Zunächst hat man die morastige Grubensohle, in der sich Abfälle und Oberflächenwasser gesammelt haben, mit Holzpflöcken und -lagen befestigt. Darüber wurden zu Beginn des 2. Jahrhunderts qualitätvoll ausgestattete Wohnhäuser mit steinernen Sockelmauern, Estrichböden, farbigen Wandmalereien und aufwändigen Abwasserleitungen errichtet.

Entlang der Nordböschung der Grube verlief eine mindestens 77 Meter lange Mauer in Schalgusstechnik. Die West-Ost ausgerichtete Mauer war bis zu 1,4 Meter mächtig und noch vier Meter hoch erhalten. Vermutlich hat sie den Nordhang der Böschung gesichert, nach Süden war sie mit Lisenen verstärkt. In den Südwesthang der Grube war ein Mithräum gebaut, von dem sich Mauern und Reste von Kultgefäßen mit Schlangenauflagen erhalten haben.

Bislang lassen sich im nördlichen Suburbium nicht dieselben ›geordneten‹ Quartiersstrukturen belegen, wie sie südlich der Stadtmauern nachgewiesen sind, doch mag dies auf die schlechtere archäologische Quellenlage zurückzuführen sein. Qualitativ standen die Wohnhäuser denen der südlichen Vorstadt in nichts nach. Im Gegenteil, man hat den Eindruck, dass gerade nördlich der römischen Stadtmauer architektonisch hervorragend ausgestattete Wohnhäuser standen. Häuser mit Stein- oder Steinsockel-

Tunisstraße / Zeughausstraße: Grundmauern römischer Gebäude inmitten der »großen Senke«, Ausgrabungen 2006

mauern, Pisé- oder Lehmziegelwänden waren Standard, ebenso Hypokaust- und Kanalheizungen, mehrfarbige Wandmalereien und Steinkeller. In der Zeughausstraße lassen sich mehrfarbige Mosaikfußböden und Marmorvertäfelungen an den Wänden nachweisen. Um die Mitte des 2. Jahrhunderts wurden viele Häuser durch ein großes Schadensfeuer zerstört. Der Katastrophe fielen auch Häuser in der Senke zum Opfer. Schon bald erfolgte der Wiederaufbau. Erst infolge der politischen und militärischen Krisen Ende des 3. Jahrhunderts wurden die meisten Häuser und Handwerksbetriebe aufgegeben. Über den römischen Ruinen in der alten Senke hat man zeitnah Erd- und Brandschichten aufplaniert und das Geländeniveau der Umgebung angeglichen.

Das westliche Suburbium erstreckte sich über eine nord-südliche Länge von fast 900 Metern entlang der landseitigen Stadtmauer. Auf Höhe der antiken Fernstraße in Richtung Aachen war das Areal fast 500 Meter, was einer Fläche von über 20 Hektar entspricht. Die Fernstraße in Richtung Westen wurde zumindest nahe der Stadtmauer von repräsentativen gedeckten Säulengängen begleitet. Wohn- und Gewerbehäuser waren mit steinernen Sockelmauern und Lehmwänden, teils sogar aufgehenden Steinmauern ausgestattet. Steinkeller gehörten ebenso zur Bauaus-

Jagdbecher aus Kölner Töpfereibetrieben, 2. Jahrhundert n. Chr.

stattung wie farbige Wandmalereien, Fußbodenheizungen und Mosaikböden. Bemerkenswert ist von der Ecke Jakorden/Domstraße auch der Ausschnitt aus der Werkstatt eines *pistors,* also eines Bäckers, der sein Mehl selbst mahlte. Reste eines Stalls, in dem wohl der Esel untergebracht war, der die Mühle betrieb, und die zerschlagenen Trümmer einer großen sanduhrförmigen Mühle aus Basalt (›pompejanische Mühle‹) weisen darauf hin. Solche Mühlen sind nördlich der Alpen sehr selten, es dominieren Drehmühlen, zumeist aus den Werkstätten von Mayen in der Eifel.

Bekannt sind aus dem westlichen Suburbium vor allem die großen Töpfereibetriebe rund um den Rudolfplatz, die angelegt wurden, nachdem die frühkaiserzeitlichen Töpfereien in der Lungengasse (S. 92) aufgelassen worden waren. Nachdem sich Mitte des 1. Jahrhunderts die ersten Töpfer westlich der Stadtmauer niedergelassen hatten, erhöhte sich deren Zahl in den folgenden Jahrzehnten gewaltig. Vor allem entlang der Fernstraße in Richtung Aachen, in eingeschränktem Maße auch in Richtung Trier, standen zahlreiche Betriebe. Sie nutzten die Fernstraßen, um Verbrauchsstoffe wie Ton und Brennholz heranzuschaffen, aber auch zum Vertrieb ihrer Waren.

Kleinplastik aus heller Terrakotta. Matronengruppe aus der Kölner Werkstatt des Fabricius. Die Rückseite nennt den Herstellungsort CCAA, zweite Hälfte 2. Jahrhundert n. Chr., gefunden 1923 in der Bonner Straße

Einige Töpfer sind bekannt, darunter Alfius, Vindex, Lucius, Servandus und Fabricius. Letztgenannter Meister ließ an seinem Urheberrecht durch den rückseitigen Schriftzug CCAA IPSE/FABRICIUS F(ecit) (»in Köln selbst hat es Fabricius gemacht«) keinen Zweifel aufkommen. In den Betrieben wurde vom späten 1. bis zum 3. Jahrhundert in großem Maßstab Gefäßkeramik unterschiedlicher Warengattungen hergestellt: Feine Glanztonware ebenso wie rauhwandiges Kochgeschirr oder glattwandige Gefäße. Besonders beliebt waren die bis nach Britannien verhandelten ›Jagdbecher‹, ein rotbraun bis schwarz gebranntes Geschirr, dessen Reliefdarstellungen häufig Jagd- und Zirkusszenen zeigen. Man kann von einem echten Töpfereizentrum sprechen. Die Produktion von Terra Sigillata lässt sich in Köln bislang nicht nachweisen. Die rotglänzenden Gefäße wurden zunächst aus Südgallien und Italien importiert, später auch aus Trier oder Rheinzabern in Obergermanien.

Doch wurden nicht nur Gefäße in den Werkstätten westlich der CCAA getöpfert. In großen Serien wurden auch Tonmasken, Ton-

lämpchen und Terrakottafigürchen hergestellt. Die sogenannten ›Firmalampen‹ tragen Namen auf ihrer Unterseite und lassen sich auf diese Weise einzelnen Werkstätten zuweisen. Die aus dem nahe Köln gewonnenen hellen Ton produzierten Terrakottafigürchen erfreuten sich mit ihren profanen und religiösen Darstellungen großer Beliebtheit. Produkte, wie die des Fabricius, nennen auch den Herstellungsort CCAA.

Das westliche Suburbium war aber nicht nur von Töpfereien geprägt. Auf Höhe der Ecke St. Apernstraße/Helenenstraße war ein Glas verarbeitender Betrieb ansässig, etwas weiter südlich davon ein Bronzegießer. Auch das geruchsintensive Gewerbe der Leimsieder lässt sich dort belegen. Sie haben Tierknochen ausgekocht und so den wasserlöslichen Knochenleim hergestellt. So kam 2004 bei Ausgrabungen in der Händelstraße ein mindestens 15 x 11 Meter großes Werkstatthaus zum Vorschein. Von den Fachwerkwänden waren nur die schlichten Sockelmauern erhalten. Benachbart lagen ein kleiner Vierpfostenbau, zwei Brunnen und Gruben mit unzähligen Tierknochen. Nur 150 Meter westlich der römischen Stadtmauer kamen am Mauritiussteinweg Gruben einer weiteren Leimsiederei zum Vorschein. Hier nutzte man seit der Mitte des 1. Jahrhunderts ältere Lehmentnahmegruben der frühen Kaiserzeit als Abfallgruben. Die Untersuchung der Tierknochen ergab, dass Abfallprodukte von Schlachtern, Metzgern und Räuchereien von der Leimsiederei verwendet wurden. Überwiegend waren es Knochen von Rindern, Schweinen, Schafen und Ziegen.

Kurt-Hackenberg-Platz, römische Firmalampen, 2. Jahrhundert n. Chr.

7. KÖLN ALS ANTIKE HAFENSTADT

7.1 DIE RÖMER UND DER RHEIN

Der Rhein und seine schiffbaren Nebenflüsse war im Zusammenspiel mit den regionalen und überregionalen Fernstraßen die wichtigste Handels- und Verkehrsachse Niedergermaniens. Schon die im Rheinland ansässigen keltischen und germanischen Stämme verstanden sich auf den Schiffsbau und nutzten die Wasserstraßen intensiv. In den Schriftquellen und der archäologischen Überlieferung spiegelt sich dies allerdings nur unzureichend wider. Wie wichtig der Rhein für Köln war, zeigt exemplarisch eine Textpassage des Tacitus, der im Sommer 69 n. Chr. festhält: »Es gab jedoch nicht wenige Umstände, die die meuterischen Gemüter [das heißt die Truppen] erbitterten: so der Mangel an Sold und Getreide, die Weigerung Galliens, Truppen ausheben zu lassen und Tribut zu zahlen, ferner die Tatsache, dass der Rhein bei der augenblicklichen, im dortigen Klima unbekannten Trockenheit nicht schiffbar und die Zufuhr deshalb knapp war.«

Schon seit der frühen Kaiserzeit nutzten römische Truppen die Wasserwege bei der Versorgung der Militärs mit Lebensmitteln und Ausrüstungsgegenständen oder zur Verschiffung von Truppenkontingenten. Spätestens in tiberischer Zeit wurde das Flottenkastell Alteburg als Hauptstützpunkt der germanischen Flotte, der *classis Germanica*, gegründet.

Auch die Zivilbevölkerung war spätestens mit dem Ausbau der Städte in Stein von einem funktionierenden Flusstransport abhängig. Kalksteine wurden in Norroy an der oberen Mosel (nahe Metz) gebrochen und auf Schiffen mosel- und rheinabwärts transportiert. Bausteine aus Tuff wurden in den Bergwerken rund um den Laacher See abgebaut, Trachyte kamen vom Drachenfels und Sandstein aus dem Trierer Land. Auch Bau- und Brennholz

Die Hafenrinne enthielt hunderttausende Keramikfragmente, Tierknochen, Austern, Metallfunde und Holzabfälle aus römischer Zeit, 2006

musste überwiegend auf Schiffen herangeschafft werden, denn nur Nadelhölzer ließen sich dank ihres geringen spezifischen Gewichtes flößen.

Auf Schiffen wurden auch Grundnahrungsmittel transportiert: Die fruchtbaren Lössbörden am Niederrhein erbrachten reiche Ernteüberschüsse. Werner Eck vermutete, dass bis zu 80 Prozent einer jährlichen Getreideproduktion exportiert wurden; dem entsprächen bis zu 250.000 Tonnen oder 4.000 große Schiffsladungen. Hinzu kamen Lebensmittelimporte aus dem Mittelmeerraum, darunter Olivenöle, Weine, Fischsaucen und süßer Traubenmost, die in Amphoren schiffladungsweise herbeigeschafft wurden. Kein Zweifel: Auf dem Rhein und seinen Zuflüssen müssen in römischer Zeit unzählige Schiffe unterwegs gewesen sein.

Römische Händler in Köln

Steininschriften nennen mindestens 15 Händler in der CCAA. Einige werden dabei nur allgemein als *negotiatores* (Großhändler) bezeichnet. Eine Grabinschrift nennt einen *[neg]otiator C(oloniae) C(laudiae) A(rae) A(grippinensium)*. Der Tätigkeitsbereich eines negotiator Britannicianus wird nicht detailliert benannt. Caius Julius Florentius, Caius Julius Ianuarius und Marcus Exingius Agricola hatten sich auf den florierenden Salzhandel mit dem Nordseeraum und der Kanalküste spezialisiert. Erwähnung finden auch ein *negotiator cretarius* (Keramikprodukte), ein *negotiator pistricius* (Mehl und Backwaren), ein *negotiator lanio* (Fleischerzeugnisse), ein *negotiator artis lapidariae* (Steinmetzerzeugnisse), ein *negotiator seplasiarius* (Salben und Parfüms) und ein *negotiator commerciator infectarius* (Färbemitteln). Bekannt ist auch ein Holzhändler *(negotiator lignarius)*. Im Umland der CCAA sind zudem Getreide- und Weinhändler nachgewiesen. Für den Fernhandel war auch noch ein weiterer Berufszweig von Bedeutung: der des Geldwechslers und Bankiers. Zwei solche *nummularii* namens Marcus Varenius Hermes und Titus Aelius Viperinus haben jeweils ihren verstorbenen Ehefrauen in der Zeit um 200 n. Chr. Grabsteine gesetzt.

Weihestein an Apollo, gesetzt von dem Freigelassenen und Britannienhändler Caius Aurelius Verus, 2.–3. Jahrhundert n. Chr. Hergestellt aus schwarzem belgischem Kohlekalk, gefunden in St. Pantaleon

7.2 NATURHAFEN UND RHEININSEL

Das zum Stadtplateau ansteigende Flussufer war auf Höhe der römischen Kolonie zunächst nicht befestigt. Bis vor wenigen Jahren war die Hafengeschichte der CCAA kaum erforscht, da normale Baumaßnahmen mit ein- oder zweigeschossiger Unterkellerung nicht in die bis zu 14 Meter tief unter die moderne Oberfläche reichenden Hafenschichten eingreifen. Erst die Ausgrabungen beim Bau der Nord-Süd Stadtbahn haben diesen Mangel beseitigt. Vor allem die Ausgrabungen am Kurt-Hackenberg-Platz und am Alter Markt haben das Wissen um die römische Hafennutzung wesentlich erweitert.

Obwohl sich nur wenige Funde auf die frühe römische Hafennutzung zurückführen lassen, ist nicht daran zu zweifeln, dass die Rinne zwischen Festland und Insel als Anlandestelle genutzt wurde. So stammt vom Alter Markt das Wrackteil eines auf Kiel gebauten Schiffes aus der Zeit um Christi Geburt (2 n. Chr. +/- fünf Jahre), das circa 13 Meter unter der Platzfläche geborgen wurde. Vom Alter Markt und vom Kurt-Hackenberg-Platz sind ein eiserner Ankerstock, drei Bootshaken und ein Teil einer großen Lastwaage bekannt. Auch Angelhaken, Netzbeschwerer, Filet- und Netznadeln sind Zeugnisse des Lebens am Wasser.

Der circa 60 Meter breite Naturhafen zwischen Festland und Insel konnte bis zum Ende des 1. Jahrhunderts von Norden und Süden mit Schiffen angesteuert werden. Da Flachbodenschiffe weniger als einen Meter Wassertiefe benötigen, war eine ganzjährige Nutzung möglich. Da der Mittelwasserstand des Rheins in römischer Zeit etwas höher lag als heute, dürfte die Rinne an den tiefsten Stellen im Normalfall bis zu drei Meter Wasser geführt haben.

Die Rheininsel wurde Mitte des 1. Jahrhunderts systematisch zu einem Logistikzentrum der Kolonie ausgebaut. Das Gelände wurde aufgemessen, Erhebungen wurden abgetragen, Senken mit Sand aufgefüllt, Terrassenstützmauern errichtet und Freiflächen mit Kies befestigt. Der Inselrücken ragte bei normalem Wasserstand zwei bis drei Meter hoch aus dem Rhein. Die Insel war damit relativ hochwassersicher, denn bis zur Stromregulierung waren Überschwemmungen dank großer Retentionsräume viel seltener als heute. Das Westufer der Insel hat man zum Schutz vor Unterspülung

Eiserner Bootshaken vom Kurt-Hackenberg-Platz, 1. Jahrhundert n. Chr.

Die Ausgrabungen der 1970er-Jahre im Martinsviertel

mit dicken Eichenplanken gesichert, die an schräg in den Boden gerammte, rechteckig zugerichtete Pfähle gelegt und mit Tuffbrocken beschwert waren.

Der Haupthafen lag wohl auf der Ostseite der Insel am offenen Strom, denn dort waren die logistischen Voraussetzungen wesentlich günstiger. Die östliche Uferbefestigung der römischen Insel wurde in der Baugrube des Museum Ludwig ausgegraben, rund 50 Meter westlich der heutigen Uferlinie. Das Flussufer war hier mit schweren Eichenpfählen gegen Unterspülung gesichert, indem man schwere Eichenpfähle mit spitzen Köpfen in den Boden gerammt hatte. Diese waren ursprünglich durch Querbohlen miteinander verbunden. Dendrochronologische Untersuchungen datieren die Uferhölzer zwischen 160 und 180 n. Chr. Weiter südlich – auf Höhe Markmannsgasse/Buttermarkt – scheint man das Ufer mit festen Kaimauern in Stein gesichert zu haben.

Blick in die Ausgrabung unter Groß St. Martin

Unter Groß St. Martin

Die Speicherbauten auf der ehemaligen Rheininsel müssen noch in der Spätantike in Benutzung gewesen sein, sonst hätten kaum noch Reste dieser römischen Bausubstanz im Hochmittelalter in den Bau von Groß St. Martin einbezogen werden können. Zumindest die Südosthalle prägte deutlich den karolingisch-ottonischen Urbau des Benediktinerklosters Groß St. Martin. In den staufischen Neubau bezog man noch die Fundamentreste der beiden südlichen Horrea mit ein. Die Ergebnisse der Ausgrabungen in der kriegszerstörten Kirche sind heute teilweise sichtbar gemacht worden, so Teile des Wasserbeckens und der Umfassungsmauern des älteren Platzes im Bereich des Chores in der modernen Krypta. Dort sind auch Reste der Pfeiler und der Außenmauern der Horrea mit ihren äußeren Stützpfeilern in den Wänden zu sehen.

Festland und Insel waren über Holzbrücken verbunden. Durch Pfostensetzungen belegt ist ein solcher Übergang auf Höhe der Budengasse aus der Mitte des 1. Jahrhunderts. Holzbrücken sind auch auf Höhe der anderen Hafentore vorauszusetzen, also zumindest auf Höhe der Straße Obenmarspforten und der Königstraße.

Das auf Höhe des Heumarktes unbebaute Inselgelände wurde als kiesgeschotterter Stapelplatz für Waren und Baustoffe genutzt. Nördlich davon war ein mehr als 5.000 Quadratmeter großer Bereich von hohen Mauern begrenzt. Im Osten dieser Umfriedung lag ein 34 x 17 Meter großes und 1,7 Meter tiefes rechteckiges Becken, in das eine mehrstufige Treppe führte. Es soll sich angeblich um eine Sportanlage *(palaestra)* mit Badebecken *(natatio)* nach italischem Vorbild handeln, doch sicher ist diese Interpretation nicht. Ende des 1. Jahrhunderts wurde die Anlage aus unbekannten Gründen aufgegeben, und man errichtete auf dem Grundstück große Speicherbauten *(horrea)*. Die vier steinernen Speicher, bis zu 52 Meter lang und 22 Meter breit, waren um einen 2.400 Quadratmeter großen Innenhof postiert. Die Lagerhäuser hatten eine Nutzfläche von über 3.500 Quadratmetern und dürften vor allem der Lagerung von Getreide gedient haben. Teile der *horrea* sind in den ottonischen Gründungsbau des Benediktinerklosters Groß St. Martin integriert.

7.3 UNTERGEGANGENE SCHIFFE

Auf der Sohle der Hafenrinne wurden beim Bau der Philharmonie und der Nord-Süd Stadtbahn Wrackteile von mindestens fünf Flussschiffen geborgen. Die Schiffe sind im Hafen gesunken oder gezielt versenkt worden. 1978 bis 1980 wurden nahe dem westlichen Inselufer Planken eines mindestens 18 Meter langen Prahms geborgen. Wrackteile eines zweiten Flachbodenschiffs kamen östlich der römischen Spundwand ans Tageslicht. Durch eine fast 16 Meter lange Schiffsplanke war einer der Holzpfähle getrieben worden, die im Vorfeld des Baus der rheinseitigen Stadtmauer in den Boden gerammt worden waren. Der Kahn lag also längst auf Grund, als man die Spundwand 90 n. Chr. angelegt hat.

13 Meter tief unter dem Alter Markt wurden vor wenigen Jahren Hölzer von drei Flussschiffen geborgen, darunter das bereits erwähnte Schiff aus der Zeit um Christi Geburt. Wenige Meter entfernt stießen die Archäologen auf weitere Schiffshölzer und ein größeres Wrackteil eines Flachbodenschiffs. Untersuchungen im Labor für Dendrochronologie der Universität zu Köln zeigen, dass die Eichen für den Bau dieses Schiffes um 50 n. Chr. in der

Bischofsgartenstraße: Beim Bau von Museum Ludwig und Philharmonie wurde das Wrackteil eines römischen Flachbodenschiffes (Prahm) geborgen, 1. Jahrhundert n. Chr.

Kölner Bucht geschlagen worden sind. Bei dem geborgenen Rumpfteil handelt es sich um einen 2,3 Meter langes und 3,8 Meter breites Teil des Schiffsbodens. Fünf Plankengänge und L-förmige Seitenprofilen waren mittels paarig verlegter Spanten durch Eisennägel fixiert. Der Kölner Schiffsfund gehört zu einem vom Balkan bis zur Nordsee bekannten Typus antiker Binnenschiffe. Diese zeichnen sich durch ihre teils beträchtliche Länge von über 30 Metern, stumpfe Schiffsenden und den trogförmigen Schiffskörper aus. Aus der erhaltenen Breite ergibt sich für den Kölner Schiffsfund eine ursprüngliche Länge von 23 bis 27 Meter. Flachbodenschiffe (Prähme) dieses Typ sind auch von einer größeren Zahl von Fundplätzen im Rheingebiet bekannt. Die kastenförmigen Schiffe mit flachem Boden und rampenförmigen Enden gelten als Vorläufer der mittelalterlichen Schiffe vom Typ ›Oberländer‹. Die antiken Frachtschiffe konnten bis zu 60 Tonnen aufnehmen und trugen so das Vielfache einer Wagenladung. Trotz hoher Tragkraft hatten Prähme einen geringen Tiefgang und waren für einen Transport auf dem mit Untiefen und Sandbänken durchsetzten Rhein und seinen schiffbaren Nebenflüssen besonders gut geeignet. Im Gegensatz zu den auf Kiel gebauten Schiffen benötigten Prähme weder Kaianlagen noch andere Uferbauten; zum Be- und Entladen genügte eine einfache Uferböschung.

Auf Prähmen wurden wohl die meisten Baustoffe aus den rheinaufwärts gelegenen Steinbrüchen nach Köln transportiert.

Alter Markt: Auf der Sohle des römischen Rheinhafens wurden Wrackteile von mehreren Schiffen freigelegt. Das Photo zeigt ein um 50 n. Chr. gezimmertes Frachtschiff, auf dem schwere Lasten transportiert wurden

Grabsteinfragment aus Kalkstein mit Schiffsdarstellung, zweite Hälfte 1. Jahrhundert. Gefunden 1979/80 nahe dem Rheinufer in Köln

Bei niedrigem Wasserstand wurden die Schiffe gestakt. Flussabwärts ließ man sie unter Zuhilfenahme des Ruders treiben, teilweise mit Unterstützung von Segeln. Flussaufwärts wurden die Boote getreidelt. Häufig wechselnde Wasserstände, Untiefen, Hindernisse im Strom und Veränderungen am Flusslauf erforderten von den Schiffern große Aufmerksamkeit. Ein Kölner Grabsteinfragment aus der zweiten Hälfte des 1. Jahrhunderts zeigt ein solches Flachbodenschiff im Relief: Auf dem hochgezogenen Achtersteven steht ein Steuermann am Ruder, die Ruderpinne über seiner linken Schulter. Unter ihm sind mehrere Ruderknechte zu sehen, die mit dem Rücken zur Fahrtrichtung an den Riemen positioniert sind. Der Stein diente in zweiter Funktion als Fundament eines Turmes der spätantiken Festungsmauern nahe dem Rheinufer.

Die Probleme, die noch Jahrhunderte später mit einer Rheinreise auf dem Schiff verbunden waren, werden in Quellen des 18./19. Jahrhunderts bildhaft beschrieben. Joseph Gregor Lang (1755–1834), ein Lehrer aus Koblenz, berichtete über seine Rheinfahrt von Andernach nach Düsseldorf: »Die Fahrt der Thalschiffe ist eben so geschwind, als die Fahrt der Bergschiffe langsam ist. Ein belastetes Schiff hat zu einer Fahrt von Köln bis Mainz, nach Beschaffenheit der Witterung und der Höhe des Wassers, 9–15,

Entenjäger oder Fährmann?

Auch ein jüngst ausgegrabener Weihestein vom Alter Markt könnte im Kontext des römischen Hafens in Köln zu sehen sein. Der Kalkstein (Abb. 19) zeigt auf der Vorderseite eine Inschrift mit der Weihung I(ovi) O(ptimo) M(aximo) / Conservato / ri Genialiniv / s Gemmatus / (...)atarivs co(nsularis) / v(otum) s(solvit) l(ibens), bzw. in der Übersetzung: »Für den höchsten und besten Jupiter, den Staatstragenden, [weihte diesen Altar] Genialinius Gemmatus, ... des Statthalters, und erfüllte sein Gelübde gern«. Die Lesung der Berufsbezeichnung ist umstritten, da der erste Buchstabe des ersten Wortes in der 5. Zeile fehlt. Sicher ist nur, dass es sich um einen Bediensteten des Statthalters gehandelt hat. Hartmut Galsterer sieht in dem (..)*atarius* einen *anatarius*, einen Entenjäger. Frank Daubner ergänzt und liest *ratarius*, einen Fährmann. Die schadhafte Stelle wird das Geheimnis wohl kaum lüften. Die Lesung als Fährmann wäre angesichts der Nähe zum Rhein ebenso denkbar wie die Jagd auf Enten.

Weihestein vom Alter Markt. Die Inschrift nennt entweder einen Fährmann oder einen Entenjäger in Diensten des Kölner Statthalters, 3. Jahrhundert n. Chr.

Modell des römischen Flachbodenschiffes vom Alter Markt

auch wohl 18 Tage nöthig, und allzuwildes Wasser, oder Stürme, zwingen es auch wohl zuweilen, 12 bis 14 Tage Halt zu machen: dahingegen ein zu Thal gehendes Schiff von 36 Stunden, im Sommer ohngeachtet, die Reise in dreien Tagen abmach kann.«

Die Flößerei auf dem Rhein spielte wohl besonders beim Transport von Bau- und Brennholz eine bedeutende Rolle. Die öffentlichen und privaten Thermen, Fußbodenheizungen und die handwerklichen Betriebe – allen voran Töpfereien, Ziegeleien und Glas verarbeitende Betriebe – verschlangen ungeheure Mengen an Brennholz, das im Laufe der Zeit teils von weither rheinaufwärts herbeigeschafft werden mussten.

Kurt-Hackenberg-Platz, Ausgrabungen im römischen Hafen, 2006

7.4 DER HAFEN: HANDELSPLATZ UND ABFALLHALDE

Die großen Abwassersammler der römischen Kolonie leiteten Brauchwasser und Abfälle in die Flussrinne zwischen Festland und Insel. Doch nicht nur über die Kanäle wurde allerlei Unrat in den Rhein geleitet, auch die Bewohner der Colonia und der laufende Hafenbetrieb führten dazu, dass manches im Wasser entsorgt wurde. Dank der ufernahen Feuchtböden, haben sich dort auch organische Materialien besser erhalten, als dies sonst der Fall ist: So beherbergen die schlickigen Böden nicht nur gewaltige Mengen von Tierknochen, Austernschalen, zerbrochene Gefäßkeramik und Gläser, sondern auch Pflanzenreste, Leder-, Holz-

Vollständig erhaltene römische Transportamphoren im RGM

abfälle und anderes mehr. Insgesamt konnten die Archäologen fast 1,9 Millionen Gegenstände bergen, eine schier unglaubliche Menge. Doch auch Transportverkehr und Warenumschlag spiegeln sich in den römischen Funden aus dem Hafengelände wider. Darunter sind 87.000 Bruchstücke von Amphoren des 1. und frühen 2. Jahrhunderts von besonderer Bedeutung, da es sich um antike Verpackungsmaterialien handelte. Wie kamen diese gewaltigen Amphorenmengen zustande? In der frühen Kaiserzeit brachten die aus dem Mittelmeerraum stammenden römischen Soldaten ihre Essgewohnheiten in die nordalpinen Stationierungsgebiete mit. Dabei wollten sie auch am Rhein die gewohnten mediterranen Delikatessen nicht missen, die sie aus ihren Herkunftsländern kannten. Viele flüssige Lebensmittel, wie Wein, Olivenöl oder Fischsaucen, wurden in Amphoren und anderen Keramikbehältern transportiert. Diese ›Einwegverpackungen‹ wurde dann oft noch an Ort und Stelle zerschlagen, da man beispielsweise die übel riechenden Fischsaucenbehälter kein zweites Mal verwenden wollte. So entstanden fast modern anmutende Abfallmengen. ›Schuttberge‹ erreichten gewaltige Ausmaße, wie der Monte Testaccio am Tiberufer in Rom zeigt. Dort häufen sich zerschlagene Transportamphoren, die zum Schutz vor Insektenplagen und Geruchsbelästigung mit Kalk abgelöscht wurden, auf einer Fläche von 22.000 Quadratmetern und in einer Höhe von fast 50 Metern. Noch heute ist der Schutthügel im modernen Stadtbild Roms zu erkennen. Dabei war der Monte Testaccio sicher nicht die einzige Abfallhalde im Stadtgebiet.

In dem nur wenige Jahre bewohnten Truppenlager von Dangstetten am Oberrhein (15/12–10/9 v. Chr.) wurden Scherben von circa 1.500 Amphoren gefunden. Das dortige Fundaufkommen lässt erahnen, welche Mengen in länger besiedelten Orten angefallen sind. Die Zahl zerschlagener Amphoren in der CCAA, die über 400 Jahre Teil des römischen Reiches war, lässt sich natürlich kaum auch nur annähernd abschätzen. Auch wenn stadtrömische Verhältnisse nicht erreicht wurden, müssen es gewaltige Mengen gewesen sein.

Die Kölner haben jedenfalls vieles im Rheinarm entsorgt. Von den vielen Keramikfragmenten der jüngsten Hafen-Grabungen trugen rund 330 Gefäße Reste von Pinselaufschriften *(tituli picti)*, die im Idealfall Aussagen über den Amphoreninhalt, das Einlagegewicht, die Herkunft und den Produzenten ermöglichen; über 280 *tituli picti* stammen von Transportamphoren. Die Kölner

Amphoren aus dem römischen Rheinhafen. Pinselaufschriften *(tituli picti)* berichten vom Handel im römischen Reich

Anhand der Pinselaufschriften lassen sich Warenlieferungen aus vielen mediterranen Provinzen des römischen Imperiums nach Köln belegen

Rom

Funde vom Rheinufer werden quantitativ nur von wenigen Fundplätzen (Pompeji, Rom) übertroffen. Nordwärts der Alpen ist es der größte Bestand seiner Art.

Die *tituli picti* aus dem Kölner Hafen sind ein einzigartiges Zeugnis römischer Wirtschaftsgeschichte. Es lassen sich Weine aus Spanien, Südfrankreich, Italien, Rhodos, Kreta und von der kleinasiatischen Küste nachweisen. Olivenöle stammen aus Spanien (südspanisches Guadalquivirtal) und Nordafrika. Aus Spanien wurden auch eingelegte schwarze Oliven nach Köln importiert. Grüne Oliven kamen aus Südfrankreich. Behälter für salzige Fischsaucen (*garum* oder *liquamen*) machen etwa die Hälfte des Bestandes aus: Die allseits beliebte Würze wurde in Portugal, Spanien und Süditalien hergestellt. Süßes *defrutum* (eingedickter Traubenmost) stammte aus Italien und Spanien. Aus heutiger Sicht war aber diese Leckerei kaum zu empfehlen: Sie wurde in (hochgiftigen) Bleibehältern (!) eingekocht. Auf großen Schiffen wurden die Waren über das Mittelmeer transportiert. Von Marseille aus fuhr man die Rhone hinauf bis zum Warenumschlagplatz *Lugdunum*/Lyon. Dort ging es dann über Nebenflüsse bis zur Burgundischen Pforte und weiter zum Oberlauf des Rheins bzw. weiter Richtung Niederrhein. Zu den Lieferanten, die Waren nach Köln geliefert haben, gehörte auch der in Pompeji ansässige Fischsaucenproduzent Aulus Umbricius Scarus, der seine Würzsaucen *(garum pompeianum)* auch nach Köln geliefert hat. In Pompeji lassen sich rund ein Drittel aller dort gefundenen Amphoren mit seiner Fabrikation in Zusammenhang bringen. Kein Wunder also, dass es die Familie der Umbricii zu großem Wohlstand und politischem Einfluss in ihrer Heimatstadt gebracht hat. Neu ist allerdings die Erkenntnis, dass Aulus Umbricius Scarus seine Produkte auch in den nordalpinen Markt eingespeist hat – und das wohl schiffsladungsweise! Doch die Geschichte nahm keinen guten Verlauf, denn 79 n. Chr. ging die Stadt am Golf von Neapel mitsamt dem Familienbetrieb im Vesuvausbruch unter. Doch nicht nur Lebensmittel wurden aus dem Mittelmeerraum nach Köln geliefert: Auch kostbare Purpurfarbe aus dem süditalischen Canosa *(purpurissum a Canusio)* oder vermutlich auf Rhodos gewonnener Grünspan *(aerugo/aeruca)* – kamen in Keramikgefäßen nach Köln.

Die römische Stadt war offenkundig an die wichtigsten Handelsströme aus dem Süden des römischen Reiches angebunden. Andere Güter kamen aus dem Norden bzw. Nordwesten dorthin. Im Hafenbecken wurden auch tausende Austernschalen gefunden, die von der südlichen Nordsee (Ärmelkanal) nach Köln ge-

Auch nordfranzösische Austern haben das antike Köln in gewaltigen Mengen erreicht. Tausende von Schalen wurden im römischen Hafen gefunden

Austern, andere Muscheln und Schnecken

Auch in der Antike wussten die Menschen den exklusiven Genuss von Austern, Muscheln und Schnecken zu schätzen. Aus römischen Verfüllschichten des 1. Jahrhunderts sind allein am Kurt-Hackenberg-Platz mehr als 17.000 Mollusken geborgen worden. Dabei handelt es sich vor allem um Schalen mariner Molluskenarten, die auf Speiseabfälle der Kölner Bürger zurückzuführen sind. Am zahlreichsten vertreten sind Schalen der Auster, die den europäischen Atlantik von Südnorwegen bis Nordafrika sowie den Mittelmeerraum bis ins Schwarze Meer besiedelt. Anhand naturwissenschaftlicher Untersuchungen an der Universität Münster ließ sich nachweisen, dass die in Köln gefundenen Austern von der südlichen Nordsee nach Köln transportiert wurden. Vor allem die Strände des Ärmelkanals kommen als Herkunftsgebiete in Frage. Austern konnten einen Transport unter kühlen Bedingungen und gut verpackt bis zu drei Wochen überleben. Vermutlich wurde die verderbliche Fracht mit Schiffen flussaufwärts zur *Colonia Ulpia Traiana*/Xanten oder der *Colonia Claudia Ara Agrippinensium*/Köln transportiert. Im Innenhof einer Stadtvilla im Bereich des Doms fand sich ein sogenannter ›Schneckengarten‹, in dem man gesammelte Weinbergschnecken ›fasten‹ ließ, um sie so zum Verzehr vorzubereiten.

bracht wurden. Übrigens haben auch die Bewohner der *Colonia Ulpia Traiana*/Xanten diese auch in römischer Zeit nicht preiswerten Delikatessen von dort bezogen. In der kühlen Jahreszeit wurden die empfindlichen Schalentiere gut verpackt auf Schiffen den Rhein hinaufgebracht. Doch auch andere Waren kamen aus dem Norden und Nordwesten nach Köln. So wurden beispielsweise die mediterranen Fischsaucen seit dem 2. Jahrhundert zunehmend durch Produkte aus der Nordsee und von der Kanalküste ersetzt. Dort wurde auch Salz in großen Mengen produziert. Womit der *negotiator Britannicianus* gehandelt hat, dessen Grabstein bei St. Pantaleon (siehe S. 210) gefunden wurde, wissen wir leider nicht.

Verzierte Scherbe von einem Keramikgefäß, das aus Alexandria (Ägypten) nach Köln transportiert wurde, 1. Jahrhundert n. Chr.

Weit gereist! Ägyptischer Import in Köln

Zu den vielen Funden aus dem römischen Hafen gehört auch eine auf den ersten Blick unscheinbare Scherbe, die eine eigene Geschichte erzählt. Es handelt sich um ein Fragment eines engmündigen bauchigen Vorratsgefäßes, das aufgrund seines spezifischen Tons und seiner Verzierung aus dem oberägyptischen Assuan stammt. Über den Nil, das Mittelmeer, die Rhone und den Rhein wurde das Gefäß mit Inhalt über fast 4.000 Kilometer Luftlinie verschifft und ist so ein herausragendes Zeugnis der weitreichenden Handelskontakte im römischen Köln des 1. und 2. Jahrhunderts. In den Töpfereien von Assuan wurden vergleichbare Transportgefäße in großen Serien produziert: Gefäße mit kugeligem oder lang gestrecktem Körper und vor dem Brand aufgemaltem Dekor, der die Pflanzen- und Tierwelt Oberägyptens widergibt: Büsche, Ranken, Panther oder Giraffen. Auch der Kölner Fund zeigt Teile eines solchen Nilbuschs. Unklar bleibt, was in unserem Gefäß transportiert wurde. Vermutlich waren es Delikatessen aus dem Niltal. Damals lebten in Köln auch ›Römer‹ aus dem Orient und dem Nahen Osten, denen die Spezialitäten von dort vertraut waren. Auf Kölner Grabsteinen findet sich beispielsweise eine Inschrift, die den Untersteuermann Horus, Sohn des Paecus, nennt, der aus Alexandria nach Köln gezogen war, in der Rheinflotte diente und im Alter von 60 Jahren starb.

Bronzene Kasserollen und Siebgefäß aus dem Hafenbecken,
1. Jahrhundert n. Chr.

Holz aus dem römischen Hafen

In den Grundwasser gesättigten Füllschichten der alten Hafenrinne, deren Sohle fast 14 Meter unter dem Alter Markt und dem Kurt-Hackenberg-Platz liegt, haben sich viele organische Materialien vorzüglich erhalten. Vor allem die Vielzahl der Gegenstände aus Holz überrascht. Unter tausenden von Holzobjekten des 1. Jahrhunderts finden sich nicht nur Holzabfälle von unbrauchbaren oder schadhaften Dingen, sondern auch Abfälle aus holzverarbeitenden Betrieben. Eine Werkstatt hat beispielsweise qualitätvolle Kämme aus Buchsbaum fabriziert. In großer Zahl fanden sich auch Abfälle von Schreibtäfelchen aus Nadelholz. Die Schreibtäfelchen wurden mit Wachs überzogen und dienten so als Notizbücher von Handwerker, Beamten und Händlern. In großer Stückzahl sind auch Deckel von Keramikgefäßen und Spundzapfen von Holzfässern erhalten. Vieles ist so kleinteilig zerbrochen, dass sich die Funktion nicht mehr bestimmen ließ. Anderes mutet auf den ersten Blick eher kurios an, etwa Warenmarken, kleine Holzdöschen, Bruchstücke von Fenstersprossen, Küchengerät und anderes mehr. Es ist ein tiefer Einblick in eine im Fundmaterial sonst unterrepräsentierte Objektgruppe, wie er sich nur selten ergibt!

Während der Müll entsorgt wurde, ging Anderes wohl eher unfreiwillig beim Anlanden, Ent- und Beladen der Schiffe im Hafenbecken verloren. Hierzu gehören sicher vier Bronzegefäße, die man schon wegen ihres Materialwertes nicht weggeworfen hätte. Auch eine Kiste mit kostbaren Terra Sigillata-Gefäßen, die mindestens 31 Teller aus Töpfereien im südgallischen La Graufesenque (Südfrankreich) enthielt, ist wohl auf diese Weise abhanden gekommen. Die dortigen Töpfereizentren haben lange Zeit den Kölner Markt mit den gefragten rot glänzenden Sigillaten bedient. Auch andere große Töpferzentren im Süden und Westen des römischen Reiches haben ihre Produkte per Schiff über Mosel und Rhein nach Köln geliefert. Ab und zu fielen Schiffsbauern, Händlern und Hafenarbeitern auch eiserne Werkzeuge wie Bootshaken, Ankerstöcke, Netznadeln und Werkzeuge ins Wasser. Zum Hafeninventar gehörten auch Großgewichte aus Basalt, die im 19. Jahrhundert an der Ecke Mühlengasse/Alter Markt bei einem großen Abwurfhaufen römischer Transportamphoren gefunden wurden. Die steinernen Gewichtskugeln, die auch von anderen antiken Häfen bekannt sind, waren durch ihr geeichtes Gewicht zum Wiegen der Schiffsladungen bestimmt. Das größere der beiden Gewichte war 40,93 Kilogramm schwer. Dem entsprechen 125 römische Pfund.

Kurt-Hackenberg-Platz, Holzabfälle aus dem römischen Hafenbecken (Möbel- und Fensterrahmenfragmente, Spundzapfen, Deckeldosen, Kämme u. a. m.), 1. Jahrhundert n. Chr.

Ungebrauchte Terra Sigillata Gefäße aus der Manufaktur von La Graufesenque (Südfrankreich), die während des Ausladens im Hafen zu Bruch gingen, gefunden in der Bischofsgartenstraße

7.5 DIE HAFENRINNE VERLANDET

Zum Ende des 1. Jahrhunderts – etwa zeitgleich mit dem Bau der rheinseitigen Stadtmauer – wurde die Holzbrücke, die auf Höhe der Budengasse Insel und Festland verband, aufgegeben und durch einen festen Erddamm ersetzt, der mit zahlreichen, teils schräg gestellten Eichenpfählen verstärkt war. Die Analyse der Eichenhölzer, von denen einige mit eisernen Pfahlschuhen bewehrt waren, ergab ein Baudatum 90 n. Chr. (+/- fünf Jahre). Durch diese Dammschüttung waren die zentralen Teile der Naturrinne nicht mehr für Schiffe erreichbar. Vermutlich wurde das gesamte Gelände zwischen der Budengasse im Norden und dem Malzbüchel im Süden zeitnah mit Erde und Sand aufgefüllt. Aus dem durchflossenen Seitenarm des Rheins wurde so ein nach Norden offener Altarm mit Stillwasser. In fünf Jahrzehnten sammelten sich mehr als vier Meter starke, wechselnde Lagen von Erd- und Sandschichten im Hafenbecken, die abschnittweise stark mit Abfällen durchsetzt waren. Offenbar wurden keine Versuche unternommen, die Rinne freizuhalten, obwohl man schon in römischer Zeit in der Lage war, Hafenbecken auszubaggern. Hölzer aus den jüngsten Schichten zeigen, dass dieser Verlandungsprozess 148/149 n. Chr. abgeschlossen war. Zwei Generationen später, in den Jahren um 200 n. Chr., wurde dann eine bis zu einen Meter mächtige Lehmschicht angeschüttet, Insel und Festland so miteinander verbunden. Bald darauf entstanden dort erste Wohnhäuser mit polychrom ausgemalten Wänden und Fußbodenheizungen, die jedoch schon bald wieder aufgegeben wurden; vielleicht wegen der schwierigen Bodenverhältnisse.

Spätestens seit der Auflassung des Seitenarms wurde der Schiffverkehr vollständig an der Inselostseite abgewickelt. Die Insel war also schon um 200 n. Chr. landfest. Damit werden ältere Forschungsmeinungen widerlegt. Denn lange Zeit hatte man vermutet, dass dieser Verlandungsprozess erst zu Beginn des 4. Jahrhunderts abgeschlossen war.

Kurt-Hackenberg-Platz, seit dem Ende des 1. Jahrhunderts n. Chr. setzte sich die alte Nebenrinne des Rheins mit Sand, Lehm und Abfällen zu, Ausgrabungen 2006.

8. FRIEDHÖFE

8.1 GRÄBERSTRASSEN EXTRA MUROS

Die Friedhöfe der römischen Kolonie erstreckten sich zumeist entlang der Fernstraßen in Richtung Süden, Südwesten, Westen, Nordwesten und Norden. Dem sogenannten Zwölf-Tafel-Gesetz folgend, lagen die städtischen Begräbnisplätze *extra muros* (außerhalb der besiedelten Stadt), denn im religiös-sakralrechtlichen Zentrum einer Stadt, *pomerium* genannt, war es grundsätzlich untersagt, Verstorbene beizusetzen. Die Nekropolen im Süden, Südwesten, Westen und Norden entlang der wichtigsten Fernstraßen waren ursprünglich klassisch-römische Gräberstraßen, das heißt, die Gräber wurden in langen Reihen entlang der Straßen angelegt, und erst im Lauf der Zeit bildeten sich dahinterliegende Gräberreihen oder gar flächig belegte Friedhofsteile aus. Auffällig ist, dass sich nicht etwa die Gräberstraßen im Laufe der Zeit von der Stadt weg entwickelt haben, sondern dass von Anfang an auf der ganzen Länge der Gräberstraßen bestattet wurde. Nur im Nordwesten bei St. Gereon bildete sich von Anfang an ein flächig angelegtes Gräberfeld ohne Bezug zu einer Straße.

Die Römer haben diesseits wie jenseits der Alpen der Bestattung ihrer Angehörigen große Bedeutung beigemessen. Die Lage an den belebten und vielbefahrenen Fernstraßen stellte sicher, dass die Lebenden ihrer gedachten, zugleich bot sich jeder Familie, die es sich leisten konnte, die Gelegenheit, ihren Wohlstand in Form großer und teurer Grabdenkmäler angemessen zu Schau zu stellen. Die Kosten eines Grabplatzes waren nicht zuletzt von der Nähe zur Straße abhängig. Aufwändig gestaltete Grabdenkmäler, wie das des Lucius Poblicius, liegen nicht zufällig direkt neben der Fernstraße. Die von einzelnen Familien über mehrere Generationen hinweg genutzten Grabgärten waren mit Mauern und

Das Grabmal des Lucius Poblicius im RGM, Mitte 1. Jahrhundert n. Chr.

Hecken umfasst. Inschriften auf Grabdenkmälern informierten Passanten und Besucher über die Bedeutung und Stellung der Verstorbenen bzw. ihrer Familien. Die gesellschaftliche Konkurrenz untereinander war groß, Grabmal reihte sich an Grabmal, dicht an dicht lagen Brand- und Körperbestattungen. Immer wieder wurde an ein und demselben Platz bestattet. Auf Höhe des Chlodwigplatzes wurden stellenweise bis zu sechs Bestattungslagen übereinander nachgewiesen.

Erhalten geblieben ist von den obertägig sichtbaren steinernen Grabdenkmäler das Wenigste, denn Grabsteine wurden im Regelfall entfernt und recycelt, in zweiter Verwendung als Pflastersteine in einer Straße oder im Fundament der Deutzer Kastellmauern verbaut. Viele Kalksteine wanderten in die Kalkbrennöfen, um dort zu Kalkmörtel verarbeitet zu werden. Erst kürzlich kam am Apostelnkloster auf Höhe des Amerika-Hauses eine Grube ans Tageslicht, in der ein Sammler Kalksteinbrocken von zerschlagenen Grabdenkmälern zusammengetragen hatte.

Steinrecycling

Im November 2004 wurde bei Ausgrabungen unter der Hohen Straße, dem römischen *cardo maximus*, Reste der antiken Pflasterung des 4. Jahrhunderts freigelegt. Die um 100 n. Chr. angelegte Trachytstraßendecke war im Verlauf des 4. Jahrhunderts mit recyceltem Steinmaterial repariert worden. Unter diesen Spolien fand sich auch ein noch 1,18 Meter hohes, 0,58 Meter breites und 0,33 Meter tiefes Stelenfragment aus Kalkstein. Die Grabstele zeigt einen Auxiliarsoldaten des mittleren 1. Jahrhunderts n. Chr. bekleidet mit *tunica*, Kapuzenmantel und zwei reich mit Metallbeschlägen besetzten Gürteln *(cingula)*. Die Bewaffnung des Infanteristen besteht aus Rechteckschild *(scutum)*, Kurzschwert *(gladius)*, Dolch *(pugio)* und zwei Lanzen. Die Frage, wo der Soldat seine letzte Ruhestätte gefunden hat, bleibt unbeantwortet. Vielleicht war er, wie so viele Militärs, im Gräberfeld um St. Gereon begraben worden.

Hohe Straße: Der Grabstein eines Hilfstruppensoldaten aus dem mittleren 1. Jahrhundert war in zweiter Funktion in das Pflaster des cardo maximus eingelassen

Chlodwigplatz, Grab einer reichen Römerin. Die steinerne Urne war von zahlreichen Grabbeigaben umgeben, darunter Glas- und Keramikgefäße, ein Elfenbeinkamm und ein großer Metallspiegel, Mitte 1. Jahrhundert n. Chr.

8.2 SÜDNEKROPOLE AN DER SEVERINSTRASSE – BONNER STRASSE

Die Südnekropole war wohl der bedeutendste der antiken Kölner Friedhöfe. Sie erstreckte sich über mindestens 3,4 Kilometer Länge südlich der Stadtbefestigung. Die Gräber verteilten sich auf einen bis zu 100 Meter breiten Streifen beidseits der Limesstraße Köln–Bonn–Mainz. Entlang der Straße fanden sich vor allem im 19. und frühen 20. Jahrhundert zahllose größere und kleinere Grabstelen, Grabaltäre und Grabbeigaben, auch viele ganz erhaltene Gläser. 1632 bei Festungsarbeiten am Severinstor gefundene Grabstelen von Soldaten, des Gaius Vetienius und des Gaius Deccius, jeweils aus der ersten Hälfte des 1. Jahrhunderts, wurden in napoleonischer Zeit nach Frankreich verbracht. In der Spätantike und im Frühen Mittelalter verbreiterte sich die ursprüngliche Gräberstraße im Bereich von St. Severin zu einem flächig belegten Gräberfeld. Denn ein in der Mittelachse der Severinskirche

Chlodwigplatz: Ausgrabungen im römischen Friedhof. Archäologen legen eine große Kalksteinmaske des 1. Jahrhunderts n. Chr. frei. Die tragische Theatermaske zierte ursprünglich den Giebel eines großen Grabdenkmals

Chlodwigplatz, Glasbeigaben aus römischen Gräbern des 1. bis 3. Jahrhunderts n. Chr.

Chlodwigplatz, Kalksteinbehälter und Glasurnen
aus Grablegen des 2. Jahrhunderts n. Chr.

Chlodwigplatz, kostbarer Bernsteinspiegel einer wohlhabenden Römerin. Amor hält in seinen erhobenen Händen eine Theatermaske, 2. Jahrhundert n. Chr.

liegender Grabbau *(cella memoriae)*, der mit dem Grab des gleichnamigen Kölner Bischofs in Verbindung gebracht wird, wurde im 5. bis 7. Jahrhundert n. Chr. Ausgangspunkt eines fränkischen Gräberfeldes. Am Waidmarkt und am Georgsplatz wurden frühe Grabmäler von Töpfereien und Handwerkerhäusern überlagert. Repräsentativ gestaltete Grabstätten konzentrierten sich, wie üblich, im straßennahen Bereich. Es fällt auf, dass Grabbauten des 1. Jahrhunderts gehäuft fernab der Siedlung auftreten, so im Südabschnitt der Severinstraße, am Chlodwigplatz und in Raderthal. Östlich des Chlodwigplatzes erhob sich hinter der beim Bau der Nord-Süd-Stadtbahn untersuchten Fläche das Pfeilergrabmal des Lucius Poblicius aus der Zeit um 40 n. Chr., das heute im Römisch-

Chlodwigplatz, Beigaben eines Arztgrabes aus dem 2. Jahrhundert n. Chr.

Das Grabmal des Lucius Poblicius

Es war eine archäologische Sensation ersten Ranges, als Amateurarchäologen etwa 70 Teile eines monumentalen römischen Grabes unter ihrem Privathaus aus der Erde zogen. Die Stadt Köln erwarb die Funde nach langem Handel für eine halbe Million Mark. Seit 1974 ist es im Römisch-Germanischen Museum wieder aufgebaut und eines der berühmtesten Aushängeschilder des Museums. Von der Domplatte kann man es Tag und Nacht besichtigen. Bis heute ist es wohl das schönste Grabmal Kölns aus römischer Zeit. Lucius Poblicius, Veteran der damals in Xanten stationierten 5. Legion, ließ es um das Jahr 40 n. Chr. für sich selbst, seine Tochter Paulla und seine noch lebenden Angehörigen errichten.

Lucius Poblicius stammte aus Kampanien, der Gegend nördlich von Neapel. Fast 25 Jahre diente er als Soldat. Bei seinem Abschied aus der römischen Armee kehrte er nicht in seine Heimat zurück, sondern ließ sich in der Ubierstadt nieder. In Köln machte Lucius Karriere, vielleicht als Kaufmann. Seinen gesellschaftlichen Aufstieg brachte er in seinem Grabmal zum Ausdruck. Die Grabstatue zeigt ihn mit einer Toga bekleidet. Eine Inschrift im Untergeschoss des Grabmals gibt über die Identität des Verstorbenen und seiner Familie Auskunft. So ist zu erfahren, dass Lucius Poblicius wie im Leben auch im Tod von seiner Familie umgeben sein wollte: von seiner kleinen, früh verstorbenen Tochter Paulla, seiner Frau, seinen Söhnen und Freigelassenen.

Das Grabmal hat eine lange Fundgeschichte. Erste Bauteile aus lothringischem Kalkstein wurden 1884 bei Ausschachtungen entdeckt. Die Funde gelangten in die damalige »römische Abtheilung« des Wallraf-Richartz-Museums und in das Bonner Provinzialmuseum. Zwischen 1965 und 1967 bargen die Söhne des Grundstücksbesitzers Chlodwigplatz 24 insgesamt 70 Werkteile 4,5 bis 7 Meter unter modernem Straßenniveau. Weitere Steine konnten aus Sicherheitsgründen nicht geborgen werden. 1986 kamen auf demselben Grundstück weitere Teile ans Tageslicht.

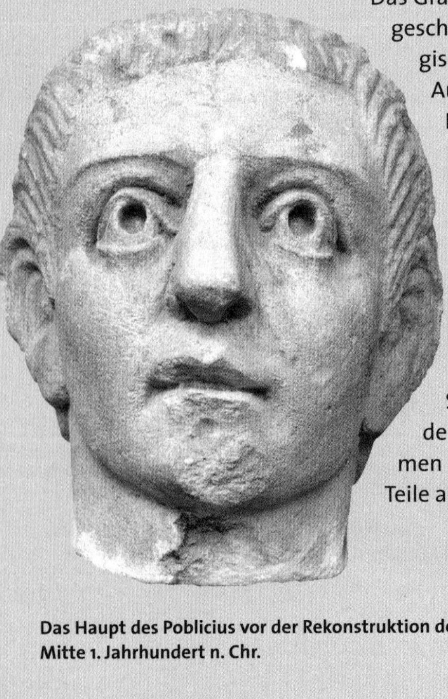

Das Haupt des Poblicius vor der Rekonstruktion des Grabdenkmals, Kalkstein, Mitte 1. Jahrhundert n. Chr.

Das Grabmal des Poblicius nach der Rekonstruktion. Das RGM war zum diesem Zeitpunkt im Bau, 1972/73

Das circa 15 Meter hohe Grabdenkmal besteht aus dem Sockel (das Fundament wurde bis heute nicht gefunden), einem geschlossenen Untergeschoss, dem Obergeschoss mit den Statuen der Verstorbenen zwischen den Säulen sowie einer Pyramide mit Kapitell und einer plastischen Aeneas-Gruppe als Bekrönung. Erst spätere Untersuchungen ergaben, dass die Aeneas-Gruppe wahrscheinlich nicht zum Grabmal gehört hat, da sie in die Mitte des 2. Jahrhunderts datiert wird, also rund 100 Jahre jünger ist. Das Poblicius-Grabmal war wohl mit einem Pinienzapfen bekrönt.

Ungeklärt ist bis heute, warum das Grabmal – anders als alle anderen, die dem spätrömischen und mittelalterlichen Steinraub zum Opfer fielen – fast vollständig erhalten blieb. Wahrscheinlich stürzte es bald nach seiner Fertigstellung um, möglicherweise in eine Senke. Vielleicht wurde es von einem Hochwasser oder infolge starker Niederschläge bzw. Unterspülung zum Einsturz gebracht. Auf jeden Fall wurden seine Reste bald überwuchert oder verschüttet und entgingen so dem Steinraub.

Germanischen Museum steht. Von der Vielfalt der Grabmäler zeugen die in den Grabarealen geborgenen Architekturfragmente: Schuppendächer, Konsolkranzgesimse und Dachbekrönungen von Turm- und Pfeilerdenkmälern, Reste plastischer Gruppen, Bekrönungen von Inschriftenstelen oder Mauerwerkbruchstücke mit Dekor aus verschiedenfarbigen Steinen in der Art des Römerturms. In einem längeren Prozess entwickelten sich Körpergräber um die Mitte des 3. Jahrhunderts zur vorherrschenden Bestattungsform. Damit verbunden war das Aufkommen neuer Formen von Sepulkralarchitektur: Grabkammern, die im Untergeschoss gemauerte Grabbehälter *(formae)* oder Steinsarkophage aufwiesen und oberirdische Grabhäuser *(cellae memoriae)*. Seit der zweiten Hälfte des 3. Jahrhunderts setzte im mittleren Gräberfeldabschnitt eine Ausweitung der Bestattungsareale ein, die sich östlich bis zur Bayenstraße, im Westen bis zur Straße Kartäuserhof erstreckten. Nach Germaneneinfällen in der zweiten Hälfte 3. Jahrhunderts wurde das Leben in der Vorstadt zusehends unsicherer, sodass Gräber wieder in zuvor bebaute Flächen der Vorstadt nahe der Stadtmauer vorrückten.

Kalksteinbehälter mit Glasurne, 2. Jahrhundert n. Chr., gefunden am Chlodwigplatz anlässlich des Baus der Nord-Süd Stadtbahn

St. Severin: Blick in die Ausgrabung unter der romanischen Kirche

Unter St. Severin

Das Gebiet entlang der römischen Fernstraße, die als Limesstraße nach Bonn, von dort aus weiter nach Trier und Mainz führte, gehörte seit frühester Zeit zu den beliebtesten Bestattungsplätzen der CCAA. Im Umfeld der späteren Severinskirche entstanden im 4. Jahrhundert größere Grabbauten wohlhabender Familien, meist ebenerdig angelegte Grabhäuser oder tief im Boden verbaute Grabkammern. Eine dieser Grabkammern, ein 10,6 Meter langer und 8,9 Meter breiter Saal mit halbrunder Apsis im Westen, liegt genau im Mittelschiff der heutigen Kirche (Bau A). Diese Grabkammer bildet die ›Urzelle‹ der weiteren baulichen Entwicklung an diesem Platz. Spätestens zu Beginn des 5. Jahrhunderts wurde die Grabkammer durch zwei fast fünf Meter breite Seitenschiffe und eine 3,6 Meter breite Vorhalle zu einer Kirche erweitert (Bau B), in der Kölner Christen ihre Verstorbenen beigesetzt haben. In der älteren Forschung wird dieser Bau gerne mit dem Wirken und der Verehrung des heiligen Severin, des dritten bekannten Bischofs von Köln, in Zusammenhang gebracht. Die frühchristliche Kirche wurde in der Folgezeit umgebaut und erweitert. Innerhalb der Kirche und in ihrem Umfeld wurden bis ins Frühe Mittelalter Romanen und Franken bestattet, darunter auch Angehörige der Oberschicht. Römische und frühmittelalterliche Gräber sowie Mauern der Vorgängerbauten der hochmittelalterlichen Kirche sind in der Ausgrabungszone unter der Kirche zu besichtigen.

Gräberstraße an der Luxemburger Straße. Sarkophage und Aschekisten, gefunden 1897

8.3 SÜDWESTNEKROPOLE AN DER LUXEMBURGER STRASSE

Im Umfang des Fundmaterials und auch von der Größe vergleichbar mit der Nekropole an der Severinstraße/Bonner Straße war die Gräberstraße an der Luxemburger Straße, die sich auf einer Länge von circa 2,5 Kilometern und bis zu 400 Metern Breite an der wichtigen Fernstraße in Richtung Trier dahinzog. Älteste Gräber sind circa 400 Meter vor der Stadtbefestigung nachgewiesen, jüngere Gräber des fortgeschrittenen 3. Jahrhunderts n. Chr. überlagern die Reste der aufgegebenen Vorstadtbebauung. Auch hier treten frühe Gräber auf ganzer Länge der Gräberstraße und in der Nähe der Fernstraße auf. Wohl eher aus forschungsgeschichtlichen Gründen fanden sich an dieser Gräberstraße weniger Überreste größerer Grabbauten, aber immerhin belegt der sechs Meter breite Giebel eines Grabtempels einen ansonsten am Rhein seltenen Typ eines monumentalen Grabbaus. Aus dieser Nekropole stammen zahlreiche reiche Beigaben an Gläsern und andere herausragende Erzeugnisse des römischen Kunstgewerbes. So hat zum Beispiel Dela von Boeselager erst jüngst aus dieser Nekropole teilweise sehr qualitätvolle Gläser und andere herausragende Beigaben aus Grabfunden vorgelegt.

Giebel von einem Grabtempel aus der Südwestnekropole an der Luxemburger Straße im Obergeschoss des RGM mit Darstellung eines Globus, flankiert von zwei Fabelwesen (»Ziegenfische«, Hypokampen). Dieses Fabelwesen war das Sternbild des Kaisers Augustus (27 v.–14 n. Chr.)

8.4 WESTLICHE GRÄBERSTRASSE AN DER AACHENER STRASSE

Die Westnekropole lag entlang der Fernstraße in Richtung Jülich–Tongeren–Bavai. Ursprünglich circa 400 Meter vor der Stadtbefestigung beginnend, reichte sie bis etwa 2,3 Kilometer westlich des Stadttores. Sie erreichte eine Tiefe bis zu 420 Metern. Auch hier hat man ältere Grabdenkmäler systematisch geplündert, und zum Teil wurden sie von der Vorstadt überbaut. Später überlagerten dann wiederum ab dem fortgeschrittenen 3. Jahrhundert Gräber die Baureste der Vorstadt, in diesem Fall eines Töpfereibezirks. Früheste Beispiele von Sepulkralarchitektur gehen bis in tiberische Zeit zurück. Auch diese Gräberstraße erbrachte Reste monumentaler Grabarchitektur. Bevorzugte Lagen wurden vom zweiten Viertel des 1. bis zum 4. Jahrhundert genutzt. Neben ärmeren Bestattungen gibt es auch in der Westnekropole sehr reiche Beigaben. Hervorzuheben ist etwa ein Sarkophag mit zwei Diatretgläsern.

Keramikbeigaben einer römischen Bestattung der Ausgrabungen im Gerling-Quartier, gefunden im Februar 2012

8.5 NORDWESTLICHES GRÄBERFELD UM ST. GEREON

An der Nordwestecke der Stadt, wo sich später die Kirche St. Gereon erhob, entstand schon zu Beginn des römischen Köln dicht an der Siedlung ein Gräberfeld, das keinerlei Bezug zu einer Fernstraße hatte. Von hier stammt auch das einzige Grab Kölns, bei dem man noch die Grablege mit dem Grabstein zusammen fand, das Grab der Remerin Bella aus dem heutigen Nordfrankreich. Auch sonst waren im Gräberfeld um St. Gereon von Anfang an auffallend viele Menschen gallischer oder germanischer Herkunft beigesetzt worden. Auch Grabsteine von Soldaten konzentrieren sich hier. Hervorzuheben ist auch der spätantike Grabstein des Viatorinus, eines Leibwächters des stellvertretenden Kommandanten des Kastells Deutz, der im Umfeld der Festung von einem Franken erschlagen worden ist. Um den spätantiken Bau, aus dem dann die Kirche von St. Gereon hervorging, lag eine spätantike und frühmittelalterliche Nekropole, die bereits der fränkische Chronist Gregor von Tours im ausgehenden 6. Jahrhundert n. Chr. mit den Märtyrern der Thebaischen Legion in Zusammenhang brachte. Auch hier gibt es aus dem Mittelalter zahlreiche Belege für das gezielte Nachgraben im antiken Friedhof, um menschliche Gebeine vermeintlicher Märtyrer als Reliquien zu gewinnen.

Bei Ausgrabungen nahe St. Gereon wurden 2011 zahlreiche spätrömische Grablegen freigelegt

Achillespokal aus farblosem Glas mit polychromer Bemalung. Höhe 24,5 Zentimeter, erste Hälfte 3. Jahrhundert n. Chr., gefunden Richard-Wagner-Straße 47

Blick auf St. Gereon von Westen

St. Gereon

Die romanische Kirche St. Gereon steht auf dem Platz der nordwestlichen römischen Nekropole der CCAA, die seit dem frühen 1. Jahrhundert belegt wurde. Die Wurzeln der mittelalterlichen Kirche gehen auf einen spätantiken Kernbau zurück, dessen Mauern aus Tuffsteinen mit Gusskern noch meterhoch in den mittelalterlichen Kirchenwänden erhalten sind. Der ovale Zentralbau mit einer Ostapsis und jeweils vier Konchen wird in die zweite Hälfte des 4. Jahrhunderts datiert – er ersetzte einen um das Jahr 340 an dieser Stelle errichteten ebenerdigen Grabbau. Weiter westlich lagen eine Vorhalle (mit Apsiden an den Schmalseiten) und ein großes rechteckiges Atrium. Der ovale Neubau war 23,5 Meter lang und fast 19 Meter breit, das Atrium mehr als 45 Meter lang und 30 Meter breit. Schon früh wurde der Bau in eine christliche Kirche umgewandelt. Es dürfte sich um eines der architektonisch herausragendsten Gebäude des gesamten fränkischen Reichs gehandelt

St. Gereon: Spätantike Grabsteine in der Nikolauskapelle, 5./6. Jh.

haben. Gregor von Tours schreibt um 590: »Bei der Stadt Köln gibt es eine Basilika, in der – wie man sagt – 50 Männer aus jener heiligen Thebaischen Legion das Martyrium für den Namen Christi erlitten haben. Und weil sie durch bewundernswerte Mosaikkunst golden erstrahlte *(et quia admirabili opere ex musivo deaurata resplendet)*, nennen die Einwohner diese Basilika gerne die goldenen Heiligen *(sancti aurei).*« Die Märtyrer der Thebaischen Legion sollen um die Wende vom 3. zum 4. Jahrhundert wegen ihres christlichen Glaubens hingerichtet worden sein. Die Ausgrabungen in St. Gereon zeigen, dass der Zentralbau des späten 4. Jahrhunderts eine kostbare Innenausstattung besaß. Während man für den farbig angelegten Mosaikboden preiswerte einheimische Materialien wählte, schmückte man die Wände mit Mosaiken aus teurem Marmor und farbigen Glassteinen. Außerdem wurden zahlreiche goldene Mosaikwürfel gefunden, die Gregor von Tours erwähnt und die seit dem 4. Jahrhundert auch von anderen qualitätvollen Bauten bekannt sind, beispielsweise dem Baptisterium am Dom. Der Innenraum des Ovalbaus war in seiner untersten Zone mit gelben tunesischen Marmorplatten verkleidet. Vom Wandschmuck zeugen aus dem Mittelmeerraum importierte kostbare Steine – roter Porphyr aus Ägypten, grüner Porphyr aus Griechenland, außerdem roter, weißer, gelber und gefleckter Marmor. Fenster in den Konchen und in den Obergaden sorgten für ausreichende Beleuchtung. Die unterschiedlichen Steine und Mosaiken verliehen dem Bau, bei dem an nichts gespart wurde, bei Tageslicht eine großartige Farbigkeit. Die außerordentlich prächtige und qualitätvolle Architektur und Ausstattung stellt den Urbau von St. Gereon in eine Reihe mit Palastbauten und Mausoleen der römischen Caesaren.

Über die Funktion des eindrucksvollen Zentralbaus sind zahlreiche Diskussionen geführt worden. Die Lage innerhalb der römischen Nekropole deutet auf einen Zusammenhang mit dem spätantiken Bestattungswesen hin, wobei die Ost-West-Ausrichtung als Hinweis auf christliche Zusammenhänge dienen könnte. St. Gereon wurde entweder für Totengedenkfeiern (bzw. den Totenkult) genutzt – oder als Mausoleum. Ute Verstegen, die St. Gereon in ihrer Dissertation mustergültig untersucht hat, glaubt vor allem aufgrund der großen Fensteröffnungen eher an eine Funktion im Rahmen von Totengedenkfeiern; sie sah in der repräsentativen Architektur eine Reminiszenz an herrschaftliche Audienz- und Speisesäle der Spätantike.

In und um St. Gereon machte man sich schon früh auf die Suche nach Reliquien, deren Handel ein einträgliches Geschäft werden sollte. In der *vita Annonis* ist überliefert, dass Erzbischof Anno II. (1056–1075) im Jahre 1069 frühmittelalterliche Gräber unter dem Marmorfußboden des Zentralbaus öffnen ließ: »Er verwandte seine Zeit darauf, die Leiber der Heiligen zu suchen. Angespornt durch diese Hoffnung, trug er den marmornen Fußboden innerhalb der Mauern der Kirche ab und fand den Fürsten der heiligen Schar, nämlich der seligen Mauren, mit Namen Gregor, um ihn herum ruhend die Gefährten, er selbst sorgfältiger bestattet als die übrigen, in einen purpurnen Soldatenmantel eingehüllt, der außen an seinen Säumen von einem auffallenden Goldgewebe begrenzt war.«

Die römische Limesstraße (Eigelstein/Neusser Straße) im Luftbild, Blick nach Norden

8.6 NÖRDLICHE GRÄBERSTRASSE AM EIGELSTEIN

Die am wenigsten archäologisch erschlossene Gräberstraße Kölns lag im Norden entlang der Limesstraße in Richtung Neuss und Xanten. Heute beschreiben die Marzellenstraße, der Eigelstein und die Neusser Straße den Verlauf dieser Nekropole. Sie begann etwa 300 Meter außerhalb des Stadttors und überlagerte wieder ab dem fortgeschrittenen 3. Jahrhundert n. Chr. vorstädtische Bebauung, so die Glashütten am Eigelstein. Die Beobachtung, dass frühe Gräber fehlen, sollte man angesichts der schlechten Erschließung der Nekropole mit Vorsicht beurteilen. Der angebliche Mangel an monumentalen Grabbauten wird alleine schon durch den Namen gebenden Eigelstein kompensiert: Dieser stellte den Gussmauerkern eines mächtigen Grabbaus dar, der bis in das 12. Jahrhundert n. Chr. das Stadtbild im Norden prägte. Auch die christliche Spätantike ist belegt. So zum Beispiel durch den Grabstein der achtjährigen Ursula und einen vor wenigen Jahren aufgedeckten Memorialbau mit Apsis, der allerdings noch nicht ausreichend publiziert worden ist.

Römische Gläser aus einem Grabfund in der Domstraße, gefunden bei Kanalbauarbeiten 2010

9. DAS FLOTTENLAGER ALTEBURG UND DIE NIEDERGERMANISCHE RHEINGRENZE

9.1 GESCHICHTE DER RÖMISCHEN RHEINFLOTTE (CLASSIS GERMANICA)

Der Rhein bildete als Transportweg für Menschen und Waren die Lebensader des römischen Köln. So ergab sich schon seit Beginn der römischen Herrschaft die Notwendigkeit, diese Lebensader unter besonderen militärischen Schutz zu stellen. Dies besonders, da ja seit der Zeit nach 9 n. Chr. der Strom auch die Grenze des *Imperium Romanum* gegen die Germanen bildete. So nimmt es auch nicht Wunder, dass hier in Köln die wichtigste Basis der römischen Kriegsflotte am Rhein, der schon mehrfach erwähnten classis Germanica angesiedelt war. Sie lag circa drei Kilometer südlich der römischen Stadt, am Rheinufer auf der Flur Alteburg im heutigen ruhigen Villenviertel Köln-Marienburg.

Die Geschichte der römischen Rheinflotte beginnt in der Zeit der augusteischen Germanienoffensiven ab 12 v. Chr., als die Römer das Reich bis zur Elbe ausdehnen wollten. Seitdem wurden in den Kriegen gegen die rechtsrheinischen Germanen vom römischen Oberkommando am Rhein nicht nur Legionen und Hilfstruppen konzentriert. Von Anfang an waren auch Flotteneinheiten an den Operationen des römischen Heeres beteiligt. Allerdings handelte es sich dabei um Flotten, die bei Bedarf improvisiert aufgestellt wurden und dem Landheer, also den Legionen zugeordnet waren. Eine fest installierte *classis Germanica* als selbstständige taktische Einheit gab es erst unter dem Kaiser Claudius ab der Mitte des 1. Jahrhunderts n. Chr.

Zu Beginn waren die Einsätze der römischen Flotte überwiegend offensiv geprägt: So erfahren wir seit der ersten Drusus-Offensive 12 v. Chr. immer wieder von verschiedentlich durchgeführten Landeunternehmen römischer Truppen an der Nordseeküste. Noch wichtiger als der Kampfeinsatz war zur Zeit der augustei-

Köln-Marienburg: Die Markierung gibt die Lage des römischen Flottenlagers »Alteburg« (Steinbauphase) wieder schen Germanenoffensive der logistische Einsatz der römischen Flotte: Von Xanten aus, das damals wohl der wichtigste Basishafen war, mussten die Lager an der Lippe auf dem Wasserweg versorgt werden. Mit der Aufgabe der Eroberungspläne rechts des Rheins durch Tiberius 16 n. Chr. veränderte sich die militärische Aufgabe der *classis Germanica*. Sie wurde nun vor allem zu Patrouillenfahrten auf dem Rhein herangezogen.

Seit der Regierungszeit der Flavier ab dem letzten Drittel des 1. Jahrhunderts war dann an der Rheingrenze weitgehend Ruhe eingezogen. Dem entspricht auch die Tatsache, dass nun fast alles, was wir über die Aufgaben und Aktivitäten der *classis Germanica* wissen, nicht mehr kriegerischer, sondern friedlicher Natur ist: Die Flotte kümmerte sich neben dem Wachdienst auf dem Rhein vor allem um die Gewinnung und den Transport von Baumaterial, eine wichtige Aufgabe in der nördlich der Mittelgebirgszone liegenden steinarmen Provinz Niedergermanien. Dies bezeugen unter anderem Ziegelstempel der Truppe, die bis in die Niederlande vorkommen, und Weiheinschriften aus den Tuffbrüchen des Brohltals. Auf den Steinbruchbetrieb am Drachenfels bezieht sich eine Inschrift aus Bonn aus dem Jahr 160 n. Chr., die von Lieferungen des dort gebrochenen Trachyts durch die *classis Germanica* für den Bau des Forums in Xanten berichtet. Natürlich hat die Flotte diese Steintransporte kaum auf ihren Kriegsschiffen durchgeführt, dafür waren spezielle flachbodige Transportschiffe, sogenannte Prähme, besser geeignet. Über die Schiffe der Flotte wissen wir sonst fast nichts.

Erst im 3. Jahrhundert, als auf der Nordsee verstärkt sächsische und skandinavische Seeräuber ihr Unwesen trieben, dürfte die *classis Germanica* wieder in der Nordsee aktiv gewesen sein. Dies könnte auch ein seltener Neufund andeuten: Bei den jüngsten Grabungen auf der Alteburg wurde ein Messergriff aus dem Geweih eines Rentiers gefunden worden. Es ist der einzige Beleg für Rengeweih im ganzen römisch-germanischen Raum. Kein Wunder – diese Tiere leben nur nördlich des mittleren Norwegen. Vielleicht wurde das Stück in der Nordsee einem norwegischen Seeräuber abgenommen und gelangte als Souvenir in das Kölner Flottenlager.

Das Ende des Flottenlagers kam nach der Mitte des 3. Jahrhunderts: Zu diesem Zeitpunkt wird jedenfalls das Lager auf der Alteburg aufgelassen, Inschriften und Ziegelstempel sowie alle anderen Belege für die Flotte brechen ab. Einen Hinweis, was damals vorgefallen war, gibt vielleicht die spätantike Kaisergeschichte *Historia Augusta* mit ihrem Bericht über den Gegenkaiser Bonosus. Möglicherweise nimmt diese Überlieferung auf Vorgänge Bezug, die mit dem gewaltsamen Ende der *classis Germanica* und des Flottenlagers Alteburg zusammenhängen.

Die römische Flotte der Kaiserzeit nahm, wie die Hilfstruppen der römischen Armee, als Rekruten rechtlich und sozial unterprivilegierte Reichsbewohner *(peregrini)* auf, die sich aber durch ihren Militärdienst das begehrte römische Bürgerrecht für sich und ihre Familien erwerben konnten. Da der Marinedienst aber als schwieriger galt und auch mit 26 bis 28 Jahren länger dauerte, als die Dienstzeit von 25 Jahren bei Legionen und Hilfstruppen, gab es schon beim Eintritt in die Flotte ein besonderes Privileg. Man bekam von Anfang an das lateinische Bürgerrecht. Bei Offizieren dagegen war das römische Bürgerrecht Voraussetzung für den Militärdienst. Der Oberkommandierende einer Flotte, der *praefectus classis,* kam aus dem Römischen Ritterstand. Durch Inschriften sind mehre Kölner Flottenpräfekten bekannt. So war auch der 192/193 nur kurzfristig regierende Kaiser Pertinax im Laufe seiner steilen Karriere *praefectus classis Germanicae* gewesen.

Pertinax, 192–193 n. Chr. (Münzportrait). Dieser Kaiser war im Lauf seiner militärischen Karriere auch Präfekt der classis Germanica in Köln gewesen.

Pertinax (126–193 n. Chr.)

Publius Helvius Pertinax wurde am 1. August 126 n. Chr. geboren. Sein Vater war Freigelassener. Pertinax war zunächst Lehrer, trat dann aber ab 160 n. Chr. in die römische Armee ein. Dort machte er rasch Karriere als Offizier und wurde in den Ritterstand erhoben. Er war Militärtribun bei der 6. Legion in Britannien und kommandierte verschiedene Hilfstruppen, dabei war er auch 169/170 n. Chr. Präfekt (Kommandeur) der *classis Germanica,* der Rheinflotte in Köln. Dort residierte er im Lager auf der Alteburg in Köln-Marienburg. In den Markomannenkriegen unter Kaiser Marc Aurel (161–170 n. Chr.) machte er schnell Karriere und wurde im Jahre 171 n. Chr. in den Senat aufgenommen. Unter dem Sohn des Marc Aurel, Commodus (170–192 n. Chr.), fiel er zunächst in Ungnade, konnte dann aber seine Karriere fortsetzen und bekleidete sogar im Jahre 192 n. Chr. als Kollege des Kaisers das Konsulat. Nach der Ermordung des Commodus am 31. Dezember 192 n. Chr. wurde Pertinax zum Kaiser ausgerufen. Nach nur dreimonatiger Herrschaft am 28. März des Jahres 193 n. Chr. wurde er von meuternden Soldaten der Prätorianergarde erschlagen.

Die römische Flotte war in Organisation und Zuständigkeit zweigeteilt, es gab seemännisches Personal und die Marineinfanterie. Dies ging sogar so weit, dass jedes Schiff zwei Kommandanten hatte, einen nautischen und einen militärischen *(nauarchus,* auf kleineren Schiffen führte er den Titel *trierarchus,* und den *centurio Classicus).* Aus den Namen der Seesoldaten auf Kölner Inschriften weiß man, dass sich das Personal der *classis Germanica* vielfach aus dem Griechisch sprechenden Osten des Reiches rekrutierte; es gibt Namen von Männern ägyptischer und griechisch-kleinasiatischerer Herkunft, aber auch einen Südfranzosen und einen Britannier. Ausrüstung und Bewaffnung der Marinesoldaten dürften sich anhand von Darstellungen auf Grabsteinen und der Funde nicht von der zeitgenössischer Auxiliarsoldaten unterschieden haben. Dies gilt auch für das Material aus Köln-Alteburg, soweit man es momentan beurteilen kann.

Grabstein des Flottensoldaten (Untersteuermann) Horus, gebürtig in Alexandria (Ägypten), 1. Hälfte 1. Jahrhundert n. Chr. Gefunden östlich St. Ursula

9.2 DAS FLOTTENLAGER ALTEBURG IN KÖLN-MARIENBURG

Gleich nach der Niederlage des Varus im Jahre 9 n. Chr. entstand circa drei Kilometer südlich des römischen Köln auf der hochwassersicheren Terrasse über dem Rhein ein Militärlager von circa zwölf Hektar Größe, das zunächst wohl von Legionstruppen (Vexillation der 20. Legion? Vgl. S. 97) belegt war. Es besaß noch nicht die klassische ›Spielkartenform‹ römischer Lager, die sich erst seit der tiberischen Zeit langsam herausbildete, sondern war als verschobenes Trapez der Geländeform angepasst. Ab der Mitte des 1. Jahrhunderts in claudischer Zeit fassen wir erstmals auch ein Flottenlager, wohl das Hauptquartier der *classis Germanica,* auf der Flur Alteburg im heutigen Kölner Stadtteil Marienburg. Während die vorclaudischen Phasen keine stabile Innenbebauung aufweisen, geht mit dem Einzug der Flotte um die Mitte des 1. Jahrhunderts der Ausbau als dauerhaft belegtem festen Standlager einher. Mit seinen sechs bis sieben Hektar Grund-

Gesamtplan des Flottenlagers
Köln-Alteburg in der Steinbauphase

fläche dürfte es weit mehr als 1.000 Mann Platz geboten haben. Spätestens seit der zweiten Hälfte des 1. Jahrhunderts kann man es durch einen Ziegelstempel und einschlägige Inschriften sicher als das Standlager der *classis Germanica* ansprechen.

Neuere Ausgrabungen des Römisch-Germanischen Museums und der Abteilung Archäologie der römischen Provinzen des Archäologischen Instituts der Universität zu Köln in den Jahren 1995/96 und 1998 erbrachten spannende Ergebnisse, deren Auswertung noch nicht abgeschlossen ist. In beiden Grabungsflächen fanden sich neben den Resten der östlichen Steinumwehrung Reste von Straßen und Kasernenbauten, die bis zu elf Bauperioden von der Zeit nach 9 n. Chr. bis in die Zeit um 270 n. Chr. widerspiegeln.

Auf dem Römerberg 28, Ausgrabung im Juni 1927. Römische Kasernen der Holzbauphase, Blick nach Westen

LAGERUMWEHRUNG

Im Areal der Grabung 1995/96 gab es keine Spur einer östlichen, rheinseitigen Holz-Erde-Mauer oder eines zugehörigen Grabens einer solchen älteren Befestigung, wie sie an den anderen drei Seiten der Alteburg nachweisbar ist. Auch die älteren Grabungspläne liefern wichtige Hinweise dafür, dass es keine ältere Umwehrung in Holz-Erde-Konstruktion an der Rheinfront gegeben hat. Die Holz-Erde-Mauer im Nordosten des Lagers setzt sich nämlich in östlicher Richtung geradeaus fort und biegt nicht, wie die spätere Steinbefestigung, nach Süden um. Am rheinseitigen

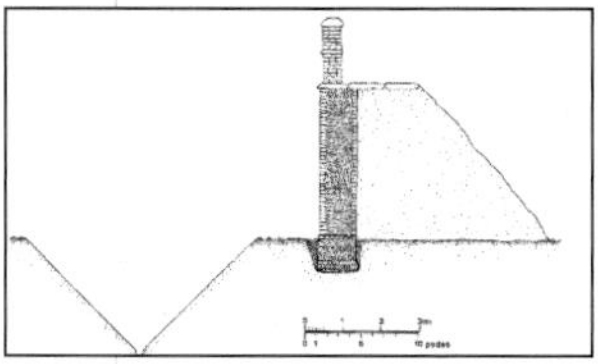

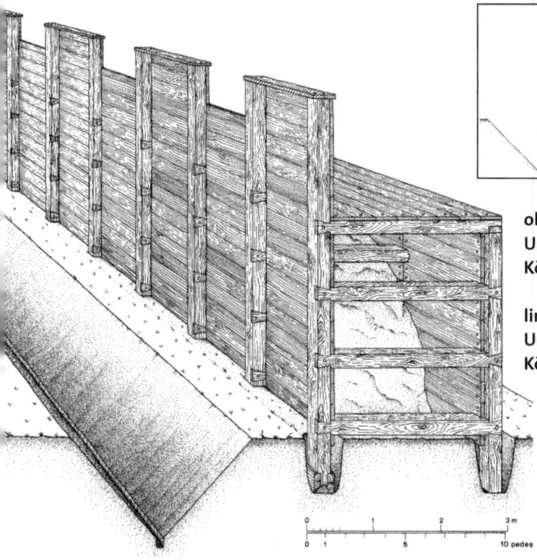

oben: Rekonstruktion der Umwehrung des Flottenlagers Köln-Alteburg (Holzbauphase)

links: Rekonstruktion der Umwehrung des Flottenlagers Köln-Alteburg (Steinbauphase)

Ostrand des Lagerareals befand sich eine natürliche Geländekante, vor dieser fiel das Gelände zum Rhein ab. Man geht hier von einem Hafen aus, der direkt östlich an das Lager anschließend errichtet worden war. Dieser war in der Frühphase in die Lagerbefestigung mit eingebunden. Spätestens in der Zeit um 100 n. Chr. entstand dann eine steinerne Umwehrung mit vorgelagertem Graben an der Ostseite des Kastells. Der Graben dieser Befestigung war ein ausgeprägter Spitzgraben mit einer Breite von mindestens 5,6 Metern und einer erhaltenen Tiefe von 2,7 Metern.

INNENBAUTEN

Vom Beginn der Nutzung des Lagers durch die Flotte um die Mitte des 1. Jahrhunderts an hatte man in beiden Grabungsflächen die typisch römischen langrechteckigen Kasernenbauten errichtet. Bis in die Zeit um 120 n. Chr. herrschten reine Holzbauten mit Stampflehmböden vor, dann errichtete man Fachwerkbauten auf Steinsockeln mit Fußböden aus Kalkmörtelestrich. Besonders gut erhalten waren in der Grabung 1998 die letzten beiden Holzbauphasen aus der Zeit des Kaisers Traian (98–117 n. Chr.). Zum Pech für die römischen Soldaten und zum Glück für die heutigen Archäologen waren beide Bauten abgebrannt und enthielten zahlreiche Details ihrer Ausstattung und viele durch zahlreiche Münzfunde gut datierte Kleinfunde. In Ost-West-Richtung verlaufend trafen die Archäologen auf Ausschnitte zweier Kasernenbauten,

Flottenlager Köln-Alteburg, Grabung 1998. Blick auf die verbrannten Reste einer in Lehmfachwerk errichteten Mannschaftsunterkunft der traianischen Zeit.

vor denen sich jeweils eine circa zwei Meter breite Veranda befand und die durch eine etwa vier Meter breite Schotterstraße getrennt waren. Die Bauten wurden um 80 n. Chr. errichtet und gingen nach der Wende vom 1. zum 2. Jahrhundert durch ein lokales Schadensfeuer zugrunde. Die planierten Brandschichten waren mit außerordentlich großen Mengen an Fundmaterial durchsetzt, die auf eine rasche Ausbreitung des Feuers schließen lassen. Der Bau bestand aus Lehmfachwerk mit überblatteten Schwellbalken. Bemerkenswert war hier reiche Wandmalerei, was für Offizierswohnungen in Kastellen gelegentlich belegt ist, bei den Unterkünften normaler Soldaten aber einzigartig ist. Rote Streifenbemalung wechselte mit Feldern und Kandelabern ab. Die Dachdeckung bestand aus Holzschindeln, nicht aus Dachziegeln. Der Bau wurde nach dem Brand sofort wieder aufgebaut, doch auch diese Kaserne brannte noch während der Regierungszeit Traians (98–117 n. Chr.) ab. In den Brandschichten hatten sich bemerkenswerte Befunde erhalten: Neben einer kompletten Küche samt Handmühle und Herd fand sich auch ein umgestürztes Regal mit Ton-

Flottenlager Köln-Alteburg. Eiserner Dolch

geschirr. Bei der Keramik dominierten ganze Gefäße, auch Tafelware aus importierter Terra Sigillata. Außergewöhnlich waren auch die Metallfunde: Es fanden sich vier Dolche, zwei Schilde, Äxte, Herdschaufeln, Werkzeuge und Bronzegefäße.

HANDWERK IM LAGER

Die Ausgrabungen erbrachten außergewöhnliche Belege für handwerkliche Tätigkeiten im Lager: So hat man dort Buntmetall wie Messing und Bronze gegossen, auch Fibeln wurden hergestellt. Aus Tierknochen hat man im 2. Jahrhundert n. Chr. gewerbemäßig Haarnadeln aus Bein für Damen geschnitzt, was auch zahlreiche Halbfabrikate belegen. Eine merkwürdige Tätigkeit für die Marineinfanterie! Auch sogenannte Melonenperlen aus Quarzkeramik wurden von den Soldaten produziert. Diese Technik ist sonst nur aus Ägypten bekannt. Allerdings weiß man durch Grabinschriften, dass auf der Alteburg auch Marinesoldaten aus Ägypten stationiert waren.

Eine Fundgattung, die bei den Altfunden und bei den laufenden Grabungen auftritt, fällt völlig aus dem Rahmen dessen, was in anderen Militärlagern an Fundgut auftrat. Es handelt sich dabei um große tönerne Webgewichte, die Bestandteile von Webstühlen für grobe Stoffe waren. In dieser Fundgattung, die ab der Mitte des 1. bis zum Ende des 2. Jahrhunderts belegt ist, zeigt sich anscheinend wirklich eine Spezialität der Flotte, die das Lager Alteburg von anderen zeitgleichen Lagern und Kastellen der Landtruppen unterscheidet. Sie sind auch gut erklärbar: Die Antwort auf die Frage, was Textilherstellung in einem römischen Flottenlager zu suchen hat, geben zwei Grabsteine von der Alteburg, die für Segelmacher *(velarii)* der *classis Germanica* gesetzt worden sind! All diese Details ergeben ein neues Gesamtbild für die Flottenbasis auf der Alteburg. Sie war eben nicht nur Hauptquartier und Truppenlager, sondern vor allem auch wichtige Nachschubbasis mit umfangreicher handwerklicher Produktion.

LAGERVICUS UND GRÄBERFELDER

Um die Alteburg sind im Norden, Westen und Süden Reste einer Zivilsiedlung (Kastellvicus) bekannt geworden, auch Töpferofen kennt man. Vor dem Westtor wurden Streifenhäuser und eine Raststätte für Reisende *(mansio)* ausgegraben. Vor allem an der Straße nach Norden in Richtung Köln fanden sich Reste einer Gräberstraße, kürzlich wurde hier das Grab eines (Militär?)Arztes entdeckt. Auch im Stadtgebiet Kölns fanden sich immer wieder Grabsteine von Flottenangehörigen.

Bonosus (?–281 n. Chr.)

Leben und Taten des Bonosus sind nur in der *Historia Augusta,* einer sehr umstrittenen spätantiken Schriftquelle, überliefert und dementsprechend mit Vorsicht zu genießen. Angeblich wurde er in Spanien geboren, sein Vater kam aus Britannien, seine Mutter aus Gallien. Er hatte eine herausragende Karriere bei Verwaltung und Militär hinter sich, als er in Köln ein hohes Kommando innehatte. Er soll sich hier vor allem durch seine Trunksucht ausgezeichnet haben. Unter seinem Kommando stand auch die Rheinflotte, als diese um 280 n. Chr. bei einem Frankenüberfall in Flammen aufging und vernichtet wurde. Das archäologisch bezeugte Ende des Flottenlagers von Köln-Alteburg könnte zu dieser Überlieferung passen. Aus Angst davor, für diese Niederlage zur Rechenschaft gezogen zu werden, soll er sich in den Jahren 280 oder 281 in Köln zum Gegenkaiser ausgerufen haben, doch er wurde vom regierenden Kaiser Probus besiegt und beging im Jahre 281 Selbstmord.

9.3 DIE NIEDERGERMANISCHE RHEINGRENZE *(RIPA RHENI GERMANIAE INFERIORIS)*

DIE BEGRIFFE *LIMES* UND *RIPA*

Eine militärisch gesicherte Landgrenze der römischen Kaiserzeit wird in der modernen Forschung – ebenso wie schon in der Antike – als Limes bezeichnet. Der Begriff ›Limes‹ beinhaltet die eigentliche Grenzmarkierung durch eine künstlich errichtete Sperranlage, zum Beispiel Palisaden, Mauern, Erdwälle oder Gräben. Dazu kommt ein System von grenzbegleitenden Militärstraßen, ein Signalsystem aus in Sichtweite errichteten Türmen sowie ein Netz aus größeren und kleineren Kastellen die, mit Straßen verbunden, zum Kontroll- und Verteidigungssystem des Limes gehören. Ersetzte ein Fluss die künstlichen Grenzmarkierungen, so wurde für solche ›nassen‹ Grenzabschnitte in der Antike das Wort *›ripa‹* (ursprünglich ›Ufer‹) in gleicher Bedeutung wie *›limes‹* verwendet. Aber bei den Flussgrenzen greift die moderne Forschung in der Regel nicht auf die antike Begrifflichkeit zurück: Man kann vielmehr vom Rhein-, Donau- oder Euphratlimes lesen. Im Falle des uns interessierenden Grenzabschnittes, des sogenannten Rheinlimes, wäre wohl die Bezeichnung *›Ripa Rheni Germaniae inferioris‹* (bzw. in der Spätantike *›secundae‹*) die bessere Bezeichnung.

Auch an den Flussgrenzen besteht das Grenzsicherungssystem aus Straßen, größeren und kleineren Auxiliarkastellen sowie Wachtürmen. Dazu kommt – im Gegensatz zu den *limites* – der Einsatz von Schiffen zur Grenzüberwachung.

Mit dem Verzicht Roms auf das rechtsrheinische Gebiet wurde der Rhein zur Reichsgrenze. Aber erst unter Claudius um die Mitte des 1. Jahrhunderts war am Niederrhein eine durchgehende Kette von Auxiliarkastellen zur Grenzüberwachung vorhanden, wie sie für Land- und Flussgrenzen am Rande des Imperiums charakteristisch war. Das heißt, die zur Bewachung der Grenze eingesetzten Soldaten kontrollierten den Grenzverkehr und erhoben – damit verbunden – Zölle und Abgaben. Auch sollten die Kontrollen das Eindringen kleinerer Räuberbanden vereiteln und als Signalsystem umfangreichere Invasionen ausmachen und lokalisieren. Dieses System funktionierte bis in die Spätantike hinein.

ROLLE DER LEGIONSLAGER

Noch ein Wort zur Rolle der Legionslager an der Rheingrenze: Da die Legionslager ebenso direkt an die Flussgrenzen vorgezogen sind, wie die zur Bewachung der Grenze erbauten Auxiliarkastelle, werden sie oft als Teil dieses Grenzsicherungssystems gesehen. Dies ist eher nicht der Fall: Mit den Routineaufgaben der Grenzüberwachung waren sie nicht belastet! Sie standen für größere Kriege mit den Germanen, aber auch weiter entfernten äußeren Gegnern bereit, hielten auch die Gallier in Schach, die zumindest im 1. Jahrhundert immer wieder zu Aufständen neigten. Die Lage der Legionslager an der Rheingrenze dürfte also eher durch das Verkehrs-, Logistik- und Kommunikationsnetz bedingt gewesen sein, das der Rhein bzw. die einmündenden Nebenflüsse und Straßen boten. Wo hätte man die Legionen auch sonst stationieren sollen? Am besten aufgehoben waren sie in der Nähe potentieller Konfliktherde und in verkehrstechnisch günstiger Lage, wo ihre Versorgung gesichert war und sie sich schnell in Bewegung setzen konnten. Denn sie mussten ja oft auch außerhalb der Germanischen Provinzen operieren. Dass die Legionen mit dem Dienst zur Überwachung der Grenze nichts zu tun hatten, zeigt sich deutlich in Obergermanien: Dort verblieben bei der Vorverlegung des Limes nach Osten ins Rechtsrheinische die Lager der Legionen (Straßburg, Mainz) am Rhein mit seinen klaren Standortvorteilen. An die Grenzlinie des Limes rückten nur die Hilfstruppen vor.

WECHSEL DER TRUPPENSTÄRKE

Bis zum Regierungsantritt des Domitian standen beim niedergermanischen Heer vier Legionen: in Nijmegen, Xanten (Vetera II), Neuss und Bonn. Die Verlagerung des militärischen Schwerpunktes vom Rhein zur Donau unter Domitian und Traian führte zu einschneidenden Veränderungen. Von Nijmegen und Neuss

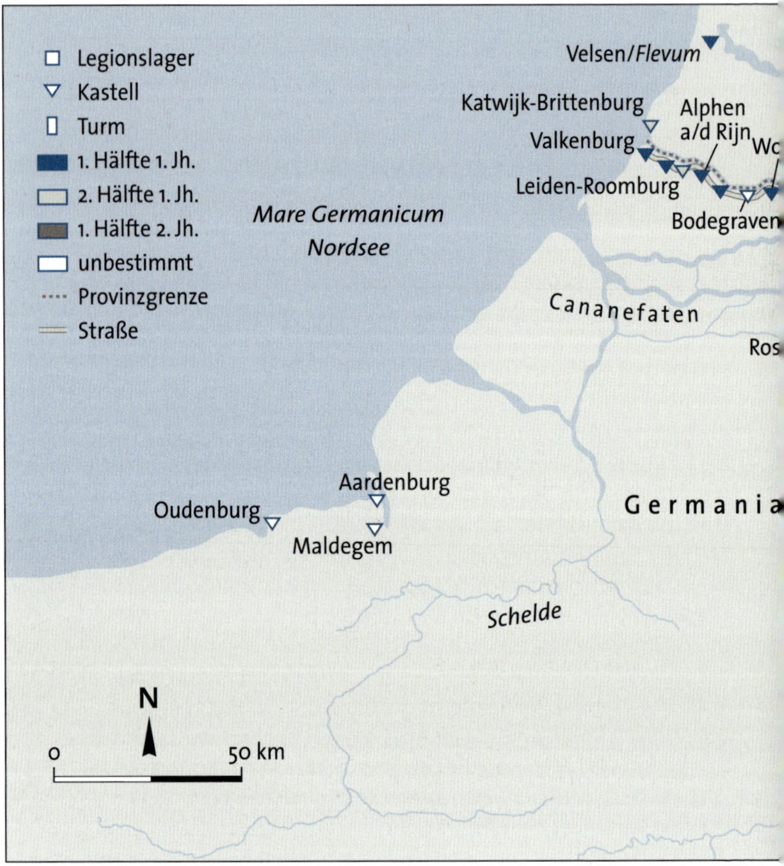

Legionslager und Hilfstruppenkastelle am Rhein vom 1. bis zum 3. Jahrhundert n. Chr.

wurden die Legionen abgezogen. Ab circa 130 n. Chr. lagen also in Niedergermanien nur noch zwei Legionen, die 1. Legion Minervia in Bonn und die 30. Legion Ulpia Victrix in Vetera II.

Auch die Auxiliartruppen in Niedergermanien wurden im Lauf der Zeit reduziert: Unter Tiberius waren hier noch acht Alen (Reitereinheiten) und circa 20 Kohorten stationiert, am Vorabend des Bataveraufstands waren es noch mindestens acht Alen und zwölf Kohorten (Infanterieeinheiten oder aus Reiterei und Infanterie gemischte Einheiten), wobei die meisten in Germanien oder Gallien ausgehoben worden waren. Während des Bürgerkrieges nach

Neros Tod und des Civilisaufstands gingen mindestens vier Auxiliareinheiten des niedergermanischen Heeres völlig zugrunde, der Rest lief zu den Aufständischen über. Vespasian hat dann diese Hilfstruppen fast vollständig aufgelöst bzw. ausgewechselt, sodass keine einzige in Germanien ausgehobene Einheit mehr dort stand. Es werden sechs Alen und 26 Kohorten der flavischen Zeit vermutet. In flavisch-traianischer Zeit wurden zwischen 83 und 106 n. Chr. die Auxiliareinheiten stark verringert. In nachtraianischer Zeit lagen an der niederrheinischen Rheingrenze vier Alen und wahrscheinlich 15 Kohorten. Diese Truppenstärke blieb

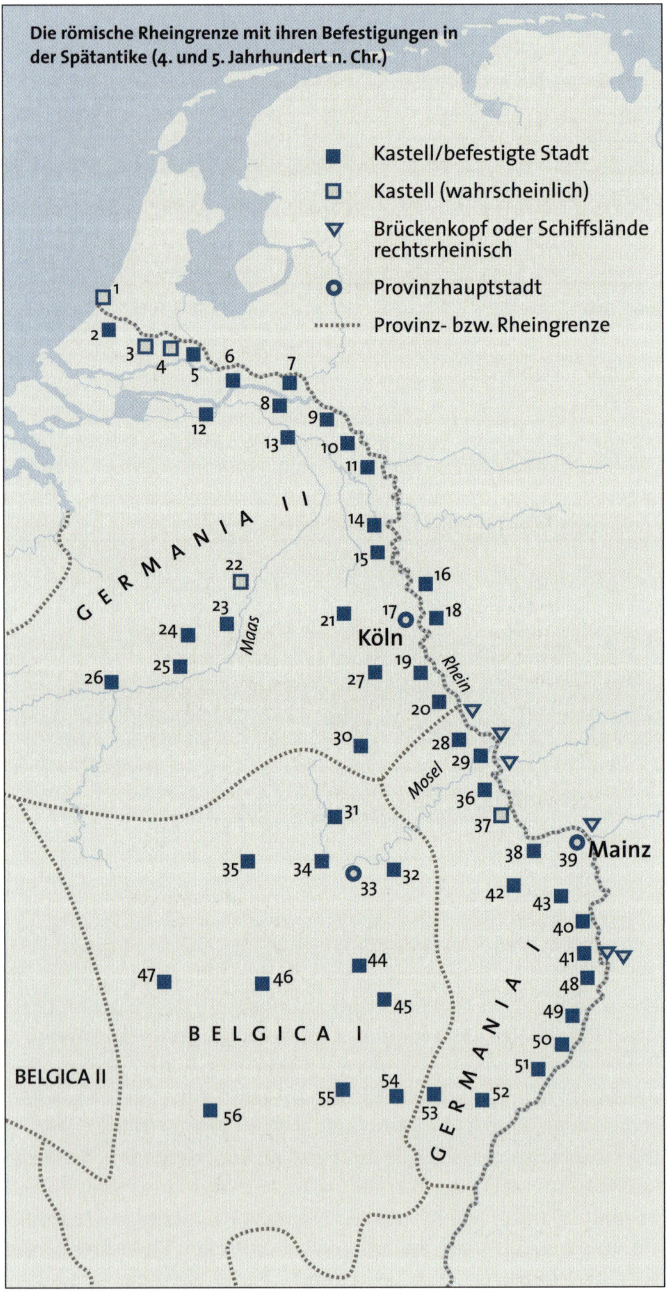
Die römische Rheingrenze mit ihren Befestigungen in der Spätantike (4. und 5. Jahrhundert n. Chr.)
Kastell/befestigte Stadt
Kastell (wahrscheinlich)
Brückenkopf oder Schiffslände rechtsrheinisch
Provinzhauptstadt
Provinz- bzw. Rheingrenze
GERMANIA II
BELGICA I
BELGICA II
GERMANIA I
Köln
Mainz
Maas
Rhein
Mosel
1
2
3
4
5
6
7
8
9
10
11
12
13
14
15
16
17
18
19
20
21
22
23
24
25
26
27
28
29
30
31
32
33
34
35
36
37
38
39
40
41
42
43
44
45
46
47
48
49
50
51
52
53
54
55
56

Gürtelgarnitur eines spätrömischen Militärangehörigen, Bronze mit Kerbschnittdekor, 1. Hälfte 5. Jahrhundert n. Chr., Fundort unbekannt

Kastelle und Brückenköpfe in der Spätantike

1. Katwijk
2. Valkenburg
3. Woerden
4. Vleuten-De Meern
5. Utrecht
6. Maurik
7. Arnhem-Meinerswijk
8. Nijmegen
9. Qualburg
10. Altkalkar
11. Xanten
12. Rossum
13. Cuijk
14. Krefeld-Gellep
15. Neuß
16. Monheim-Haus Bürgel
17. Köln
18. Köln-Deutz
19. Bonn
20. Remagen
21. Jülich
22. Stokkem
23. Maastricht
24. Tongeren
25. Amey
26. Namur
27. Zülpich
28. Andernach
29. Koblenz
30. Jünkerath
31. Bitburg
32. Neumagen
33. Trier
34. Echternach
35. Arlon
36. Boppard
37. Oberwesel
38. Bingen
39. Mainz
40. Worms
41 Altrip
42. Bad Kreuznach
43. Alzey
44. Dillingen-Pachten
45. Saarbrücken
46. Metz
47. Verdun
48. Speyer
49. Germersheim
50. Rheinzabern
51. Seltz
52. Brumath
53. Savèrne
54. Sarrebourg
55. Tarquimpol
56. Toul

weitgehend unverändert bis zum 3. Jahrhundert. Dies verdeutlicht die folgende Übersicht:

	Soldaten	Soldaten pro Grenzkilometer
Tiberius	circa 42.000	131
Vespasian	circa 37.500	117
2./3. Jahrhundert	circa 21/22.000	65/68

Die niedergermanische Rheingrenze war zwischen der Regierungszeit der Flavier und dem 3. Jahrhundert kaum von besonderen Ereignissen betroffen. Es sind nur in spätdomitianischer bzw. frühtraianischer Zeit Feldzüge gegen die Brukterer beiderseits der Lippe überliefert.

Das Kontrollsystem der niedergermanischen Rheingrenze bestand aus Auxiliarkastellen am Rhein bzw. dessen Mündungsarmen. Im Laufe der Zeit kamen hier noch Kleinkastelle dazu. Nur wenige Kastelle lagen am nördlichen Abschnitt im Hinterland. Durch Wachtürme, die momentan noch unzureichend erforscht sind, scheint auch hier eine lückenlose optisch (Fackeln und Fahnen) und akustisch (Blasinstrumente) funktionierende Signalkette vorhanden gewesen zu sein. Wichtig für die Überwachung des Stromes war sicherlich auch die *classis Germanica*. Es muss viel mehr Anlegestellen und Stützpunkte der Flotte gegeben haben, als wir heute wissen.

SPÄTANTIKE GRENZVERTEIDIGUNG AM RHEIN

Nachdem das Verteidigungssystem der niedergermanische Rheingrenze zwischen 254 und 260 Chr. unter den Frankeneinfällen schwer gelitten hatte, wurde es seit dem Ende des 3. Jahrhunderts wieder hergestellt. Allerdings hatten nur die Legionen in Xanten und Bonn als Traditionseinheiten den Frankensturm überlebt, der Rest der Auxiliartruppen war, wie wohl auch am obergermanisch-raetischen Limes, untergegangen.

Die diokletianisch-konstantinischen Reformen bewirkten jedenfalls auch in der Germania secunda ein ähnliches Grenzschutzsystem wie in den anderen Provinzen an Rhein und oberer und mittlerer Donau: Die Truppen an den Grenzen wurden im Vergleich zur mittleren Kaiserzeit verkleinert, die Festungen wesentlich stärker ausgebaut. Dabei behielt man im großen und ganzen die alten Garnisonsorte bei, nur im Rahmen der Frankenfeldzüge des Konstantin entstanden in Köln-Deutz, im Haus Bürgel und in Xanten neue starke Festungen zeitbedingter Bauart mit Rundtürmen. Im Inneren des Reiches standen bewegliche, vor allem berittene Truppen (sogenanntes Comitatensisches Heer oder Bewegungsheer) bereit, um bereits durch die Grenzverteidigung durchgebrochene Feinde abfangen zu können.

An vielen Anlagen der spätantiken Rheingrenze zeigt es sich inzwischen, dass sie bis weit in das 5. Jahrhundert hinein besetzt waren. An der Küste entstand, ebenso wie an der anderen Seite des Kanals in Britannien, die Verteidigungszone des sogenannten *litus Saxonicum* zur Abwehr sächsischer Seeräuber.

Im Inneren des Landes wurden die städtischen Siedlungen und vici stark befestigt und nahmen Truppenkontingente auf. So waren dort neben fest stationierten Truppen auch Einheiten des spätantiken Bewegungsheeres untergebracht. Entlang der Hauptstraßen entstehen Burgi, vor allem entlang der Linie Köln-Tongeren-Bavai. Nördlich davon, in Toxandrien, hat man sogar ein wenig zur Ansiedlung geeignetes Gebiet geräumt und dort Franken angesiedelt, deren Hilfe bei der Reichsverteidigung man sich vertraglich sicherte. Schließlich errichtete man, sofern es die geologisch-topografischen Verhältnisse erlaubten, in den Rückzugsgebieten der Eifel, des Hunsrücks, der Ardennen und des Condroz befestigte Höhensiedlungen. Bei diesen ist nicht immer klar, inwieweit es sich um militärische Anlagen oder um zivile Siedlungen handelte, auch gemischte Funktionen sind möglich. Dieses komplizierte neue Verteidigungssystem der Spätantike hatte sich durchaus bewährt, wenn man ihm die Chance dazu gab. Es ist allerdings nicht im Kampf gegen äußere Feinde zugrunde gegangen. Die spätrömischen Truppen haben sich vielmehr in Bürgerkriegen bei Kämpfen gegeneinander aufgerieben.

10. DAS TERRITORIUM DER CCAA: VILLAE SUBURBANAE, VILLAE RUSTICAE UND VICI

10.1 LÄNDLICHE BESIEDLUNG IM KÖLNER UMLAND

Die ländliche Besiedlung der Römerzeit im Gebiet der CCAA ist unterschiedlich dicht und stark von der Art und Qualität der Böden abhängig. Im Süden des Kölner Territoriums war auch die Eifel von einigen landwirtschaftlichen Anwesen erschlossen, obwohl hier von den Böden und dem Relief her eher ungünstige Voraussetzungen für Landwirtschaft bestanden. Man geht davon aus, dass von diesen Villen aus auch Bodenschätze (Bausteine, Kalk, Metalle) erschlossen wurden. Das Kernland der CCAA, die Niederrheinische Bucht zwischen Neuss, Bonn und Aachen weist dagegen zumeist sehr fruchtbare Lössböden auf, die in römischer Zeit intensiv bewirtschaftet wurden. Der Forschungsstand wird vor allem durch die überdurchschnittlich dichten Grabungen im Bereich der Braunkohletagebaue geprägt. Man kennt bisher über 3.000 Fundstellen, die gesicherte oder wahrscheinliche Überreste von *villae rusticae* darstellen, daneben entwickelten sich zahlreiche kleinere Zentralorte *(vici)*. Im Norden an die CCAA anschließend haben sich als lokale Sonderentwicklung Gehöfte und Weiler späteisenzeitlich germanisch-einheimischer Tradition auf den landwirtschaftlich weniger attraktiven Sand- und Lehmböden bis weit in die mittlere Kaiserzeit hinein gehalten.

VICI

Auf dem Territorium der CCAA lagen auch eine ganze Reihe kleinerer Zentralorte, sogenannte *vici*. Ein solcher *vicus* ist mit ›Dorf‹ sicherlich falsch übersetzt, denn funktional waren sie eher Kleinstädte für Handel und Gewerbe, keine Bauerndörfer. Solche *vici* mit Bädern, Heiligtümern sowie den typischen Streifenhäusern lagen oft an wichtigen Fernstraßen. So an der Straße Richtung Tongeren nach Westen zu die *vici* von Bergheim-Thorr, Elsdorf

Die römische Fernstraße Köln – Jülich – Aachen verläuft bei Gut Frauenrath (Aldenhoven) durch landwirtschaftlich genutztes Gelände

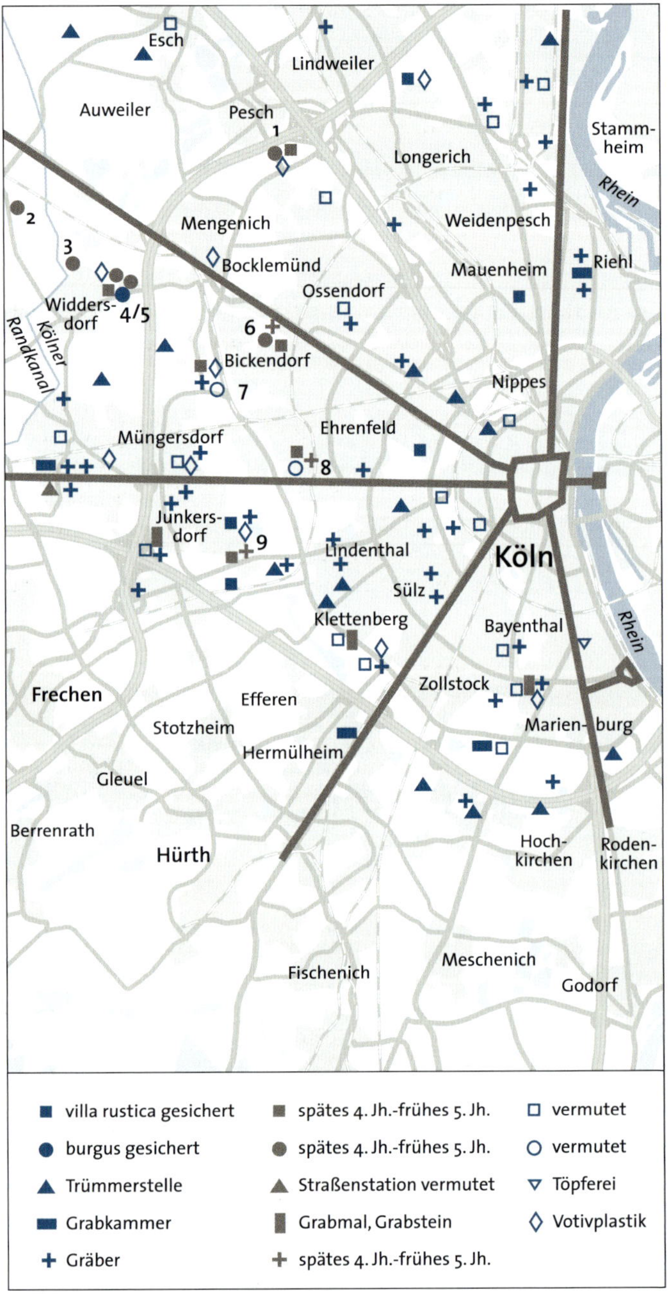

Das Umland der CCAA in spätrömischer Zeit (nach einem Entwurf von E. M. Spiegel)

und Jülich, an der Limesstraße die *vici* von Köln-Worringen und Wesseling, an der Straße nach Trier die bei Zülpich oder Nettersheim. Jüngere Ausgrabungen in Worringen haben gezeigt, dass die Wurzeln der Siedlung, die an einem Übergang über den Pletschbach nahe der Mündung in den Rhein lag, bis in das frühe 1. Jahrhundert zurückreichen. Von den zahlreichen weiteren *vici* auf dem Territorium der CCAA seien hier nur Düren-Mariaweiler, Nörvenich oder Euskirchen-Billig erwähnt.

VILLAE RUSTICAE

Die häufigste Siedlungsform in den Nordwestprovinzen des römischen Reiches stellte der Einzelhof, die *villa rustica* dar. In der Regel sind die wenigsten dieser Höfe komplett ergraben worden, die meisten präsentierten sich als Anlagen, bei denen nur größere Steinbauten wie Bäder oder Hauptgebäude angegraben worden sind oder gar nur als Trümmerstellen mit Lesefunden. Vor allem die Luftbildarchäologie, aber auch großflächige Grabungen, etwa im Rheinischen Braunkohlerevier zwischen Köln und Aachen, haben in den letzten Jahren eine große Anzahl dieser Villen erschlossen, ohne dass es noch zur zusammenfassenden Auswertung und

Lebensbild einer Siedlungslandschaft der frühen und mittleren römischen Kaiserzeit im Lößgebiet westlich von Köln

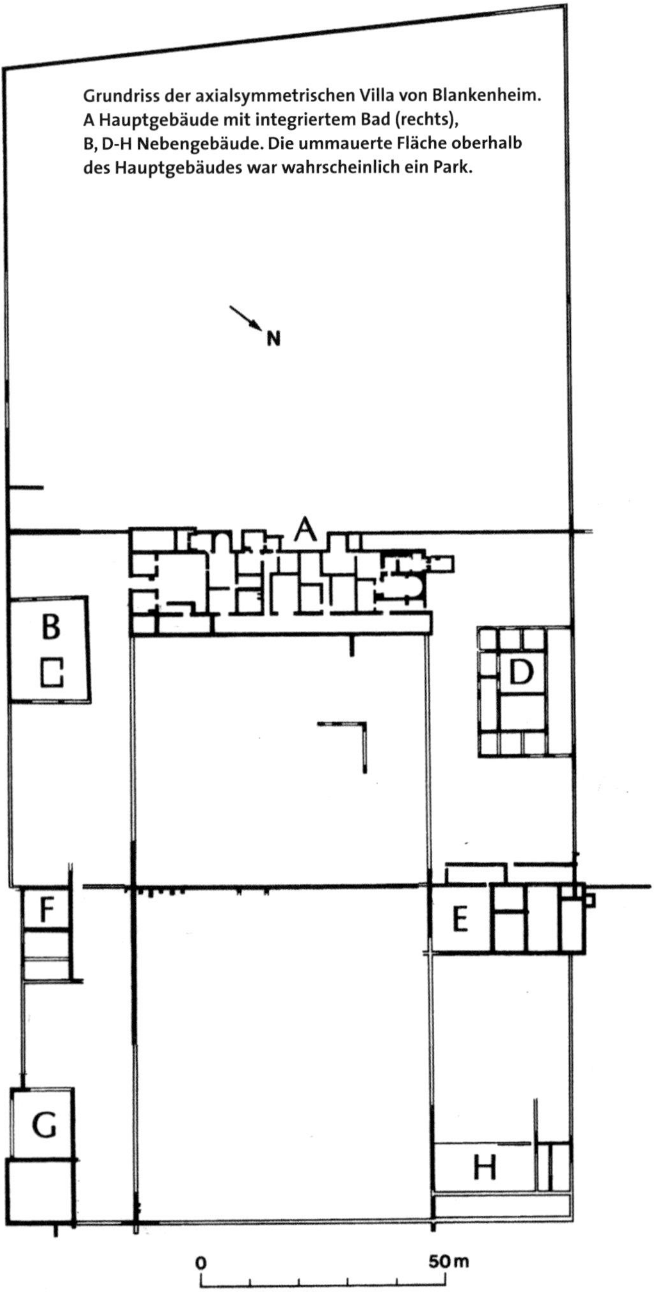

Grundriss der axialsymmetrischen Villa von Blankenheim. A Hauptgebäude mit integriertem Bad (rechts), B, D-H Nebengebäude. Die ummauerte Fläche oberhalb des Hauptgebäudes war wahrscheinlich ein Park.

Klassifizierung dieser Anlagen gekommen wäre. Eines scheint sich aber jetzt schon abzuzeichnen: Man muss in viel höherem Maße, als dies bisher aufgrund von älteren Grabungen bekannt war, mit hölzernen Bauten in den Villen rechnen – und zwar nicht nur in Form von Vorgängerbauten steinerner Gebäude.

Schon in der Antike wurde der Begriff *villa rustica* für einen ländlichen Einzelhof verwendet. Er kennzeichnet eine landwirtschaftliche Betriebseinheit, deren ökonomisches Prinzip auf der Produktion landwirtschaftlicher Güter und dem Verkauf der erzielten Überschüsse beruhte. Die wirtschaftlichen Nutzflächen lagen als geschlossener Besitz in der unmittelbaren Umgebung der Villen. In den germanischen Provinzen und in Raetien hat sich der sogenannte Streuhoftyp der *villa rustica* durchgesetzt, der ursprünglich im spätkeltischen Nordgallien entstanden ist und von gallischen Siedlern dann in den Nordwestprovinzen verbreitet wurde. Eine solche Streuhofanlage bestand aus dem häufig zentral gelegene Wohnhaus des Eigentümers, des Verwalters oder des Pächters, dem sogenannten Hauptgebäude, außen herum gruppierten sich als Nebengebäude frei stehende Gebäude, wie Geräteschuppen, Speicher, Stallungen usw. Zu jeder Villa gehörte

Köln-Marsdorf, Ausgrabungen in einer römischen *villa rustica* 2012

auch ein Bad, das ins Hauptgebäude integriert sein konnte oder ein frei stehendes Gebäude darstellte. Dazwischen existierten technische Einrichtungen wie Brunnen, Backöfen oder Räucherkammern. Eine Hofmauer, eine Palisade, eine Hecke oder ein Graben umgab den gesamten Hofkomplex, der in der Regel eine rechteckige Grundform besaß. Zu jeder Villa gehörte ein eigener Bestattungsplatz, gelegentlich auch mehrere, auf dem die Bewohner des Hofes beigesetzt wurden.

Neben diesen Streuhofanlagen gab es größere Villen, die oft den Mittelpunkt größerer Latifundien bildeten. Ein ebenfalls aus dem keltischen Nordgallien stammender Typ der Großvilla ist die sogenannte Axialsymmetrische Villa: Sie ist axialsymmetrisch angelegt und weist eine Trennung des Wohnbereichs *(pars urbana)* vom Wirtschaftsbereich *(pars rustica)* auf. Im Kölner Umland ist hier vor allem die Villa von Blankenheim in der Eifel zu nennen. Daneben existierten im Kölner Umland noch weitere größere Villentypen, deren Gesamtanlagen aber noch nicht erforscht sind.

Die Verteilung von Großvillen und kleineren Gehöften scheint ein sinnvolles Grundmuster von größeren Latifundien zu ergeben: Um ein zentrales Großgehöft als Sitz des Landeigners gruppierten sich kleinere Pachthöfe. Die Landwirtschaft bildete sicherlich die wichtigste wirtschaftliche Basis für die Bewohner der CCAA. Wegen der fruchtbaren Lössböden und der stark erhöhten Produktivität konnten die Besitzer der Gutshöfe hohe Erträge erzielen und durch Lebensmittellieferungen an die Stadtbewohner und an die Grenztruppen bis hin zur Nordseemündung stattliche Gewinne erwirtschaften.

Die stadtnahen Villen im Umfeld der CCAA gehörten eher dem Typ der Großgehöfte an, etwa die Villen von Köln-Müngersdorf oder Köln-Braunsfeld. Eine weitere große Villa stand in Köln-Ehrenfeld am Platz der Kirche St. Mechtern. Von dort kennen wir Fundamente eines fast 100 Meter langen Haupthauses, das offenkundig mit teurem Importmarmor aus dem Mittelmeerraum ausgestattet war. Man kann ab dem späten 3. Jahrhundert n. Chr. im Rheinland bei größeren Villen als lokale Sonderentwicklung beobachten, dass auf den Höfen private Kleinfestungen, oft kombiniert mit Speicherbauten, entstanden, die es den Hofbewohnern erlaubten, zusammen mit ihrer Ernte auch Germanenüberfälle zu überstehen. So etwa in Froitzheim (Gemeinde Vettweiß, Kreis Düren), in Jülich-Kirchberg oder Pulheim.

Die Villen, insbesondere die Großvillen, haben im Rheinland vereinzelt die Frankenstürme des 3./4. Jahrhunderts überlebt, wie viele schon ab dem 3. Jahrhundert zerstört liegenblieben, ist derzeit schwer zu schätzen. Auf jeden Fall wurden die meisten *vici* im 3. Jahrhundert n. Chr. aufgegeben. Immerhin wurden in der Spätantike noch zahlreiche Villen um Köln bewirtschaftet (siehe unten S. 353ff.). Einzelne *vici* wurden in der Spätantike befestigt, wie Nettersheim oder Zülpich, Orte, die bis heute kontinuierlich existieren. Im fortgeschrittenen 5. Jahrhundert scheint die Zeit der römischen Steinvillen beendet gewesen zu sein. Das muss aber noch lange nicht bedeuten, dass in der Zeit des Übergangs von der römischen zur fränkischen Herrschaft keine Siedlungskontinuität vorliegt. Es kann durchaus bedeuten, dass viele der gerodeten und bebauten Ackerflächen bruchlos weitergenutzt wurden und dass man nur dazu überging, nach germanischer Art in Holz erbaute Höfe zu bewohnen. Die römischen Steinbauten, zu deren Pflege nun die nötige Infrastruktur und Fachkompetenz fehlte, begannen zu zerfallen.

Köln-Bocklemünd, an der Venloer Straße wurden Teile einer römischen *villa rustica* freigelegt. Das Bild zeigt die Fundamentstickung eines großen Speicherbaus, 2009

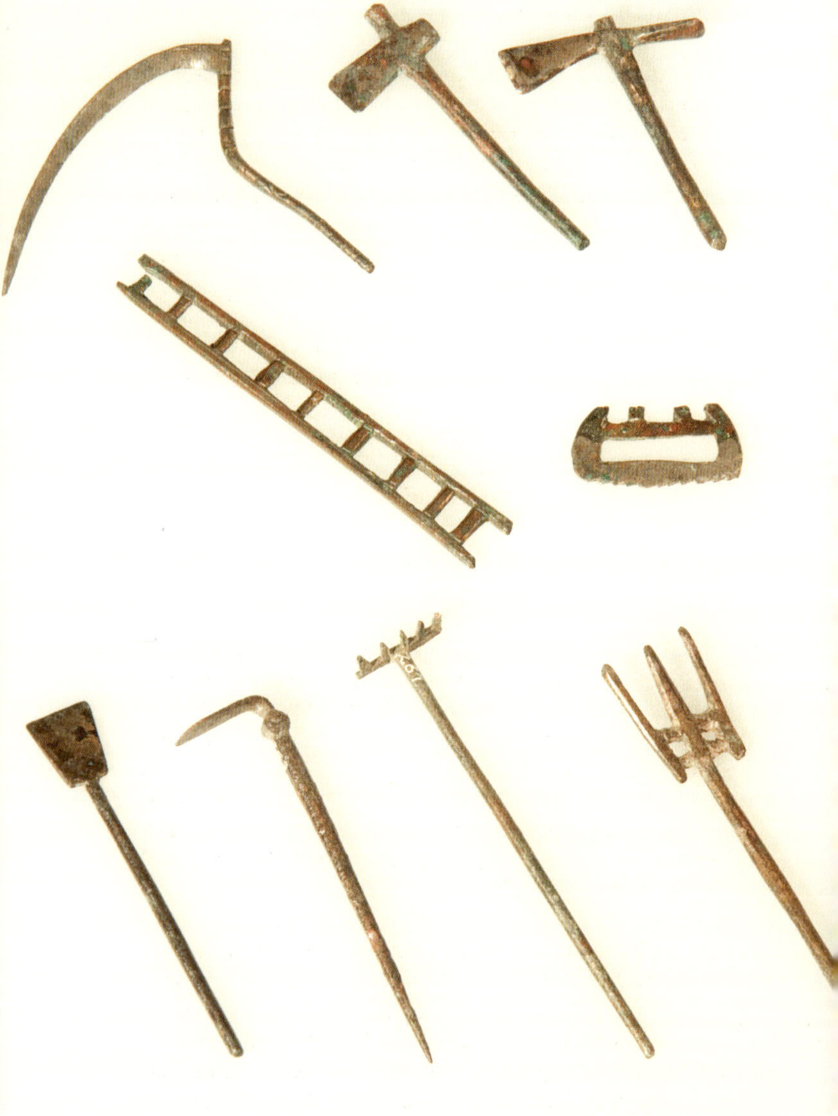

Miniaturgeräte aus Bronze (sogenannte Mithrassymbole) aus Kölner Grabfunden des 3. und 4. Jahrhunderts n. Chr.

PFLANZENANBAU

Das Rheinland gehört zu den archäobotanisch am besten erforschten Regionen Deutschlands. Gerade aus Ausgrabungen römischer Villen wurden eine ganze Reihe von Nutzpflanzen identifiziert, so die Getreidearten Saatweizen, Roggen, Gerste, Emmer, Einkorn, Dinkel, oder die Hülsenfrüchte Erbsen, Linsen und Kichererbsen. Angebaut wurden auch Wicke, Leindotter, Hanf, Flachs und Mohn als Öl- und Faserpflanzen. Erst mit den Römern kam der Garten- und Obstbau an den Rhein: Sie brachten neue oder veredelte Obstsorten wie Äpfel, Birnen, Kirschen, Pflaumen, Pfirsiche, Esskastanien, Walnüsse, Melonen und Weintrauben ins Rheinland, aber auch Gemüse wie Salat, Zwiebeln, Lauch, Knoblauch, Sellerie, Mangold, Kohl, Gurke, Rettich und Feldsalat. Auch Gewürze wie Dill, Koriander, Bohnenkraut, Kümmel, Kreuzkümmel, Fenchel, Zitronenmelisse, Basilikum, Majoran, Wacholder, Petersilie und Anis sind erst seit der Römerzeit angebaut worden.

LANDWIRTSCHAFTLICHE GERÄTE

Mit den Römern verbreitete sich im Rheinland eine effektivere und damit fortschrittlichere Pflugtechnik, die sich dann bis zum Wendepflug hin entwickelte. Allerdings arbeitete man nur mit Pflugochsen, die Zugkraft des Pferdes konnte man noch nicht nutzen, weil das Kummet zur Anschirrung noch nicht erfunden war. Zahlreiche Geräte für Bodenbearbeitung und Ernte haben sich oft bis zur Neuzeit kaum fortentwickelt, da sie bereits in der Römerzeit eine zweckmäßige Endform erreicht hatten. Zur Getreideernte setzte man allerdings – bis weit in das Mittelalter hinein – nur Sicheln ein. Sensen waren zwar bekannt, fanden aber nur beim Mähen von Gras Verwendung. Nur in und um Köln gibt es in reichen Gräbern merkwürdige Miniaturformen von landwirtschaftlichem Gerät aus Buntmetall. Was diese (fälschlicherweise) ›Mithrassymbole‹ genannten Gegenstände bedeuten, weiß man nicht.

TIERHALTUNG

Die Nutz- und Wildtiere der römischen Zeit sind anhand der wissenschaftlichen Untersuchung von Tierknochen gut zu überblicken. Dabei fällt vor allem der hohe Standard der römischen Tierzucht auf, so waren zum Beispiel die Rinder der Römerzeit wesentlich größer als die der vorhergehenden keltischen Epoche, aber auch des frühen Mittelalters. Ansonsten sind an Haustieren Pferde, Schweine, Esel, Maulesel, Schafe, Ziegen, Gänse, Enten, Hühner, Tauben, Katzen und Hunde nachgewiesen. Auch die Bienenzucht kann man sicherlich voraussetzen. Indirekte Belege für

Tierzucht und Verwertung tierischer Produkte sind Viehglocken aus Bronze und Eisen sowie Tonformen zur Käseherstellung. Jagd und Fischfang sind nachweisbar, spielten aber bei der Ernährung wohl eher eine untergeordnete Rolle.

ZUR HANDWERKLICHEN PRODUKTION IN VILLEN

Neben der landwirtschaftlichen Produktion spielten in den römischen Villen handwerkliche Erzeugnisse eine große Rolle. Die Weiterverarbeitung von selbst erzeugten landwirtschaftlichen Produkten, wie die Erzeugung von Textilien aus Wolle und Flachs oder die Herstellung von Schinken, Würsten oder Käse, sind zwar archäologisch nicht immer leicht nachzuweisen, dürften aber doch von erheblicher wirtschaftlicher Bedeutung gewesen sein. Auch Forstwirtschaft und Bearbeitung von Bau- und Nutzholz dürften zur Tätigkeit auf einer *villa rustica* gehört haben, ohne dass der konkrete Nachweis zu führen wäre. Dagegen sind Tätigkeiten wie der Betrieb von Schmieden, Töpfereien oder Ziegeleien archäologisch gut erkennbar.

Ausgrabungen im römischen Gutshof Köln-Müngersdorf, 1925/26

Im Kölner Grüngürtel steht nahe der Nordwestecke des Adenauer Weihers ein Sarkophag, der zu einem Grab des römischen Gutshofs Köln-Müngersdorf gehört, gefunden 1925/26

VILLEN UND *VICI* AUF KÖLNER STADTGEBIET

Von den genannten Siedlungsformen befanden sich einige auch auf heutigem Kölner Stadtgebiet, so die *villae rusticae* von Köln-Vogelsang, Köln-Braunsfeld (bekannt durch den Grabfund mit dem Diatretglas), Köln-Widdersdorf, Köln-St. Pantaleon und die als einzige komplett gegrabene Villa von Köln-Müngersdorf. Ein vicus konnte in Köln-Worringen belegt werden.

Diese stadtnahen Villen *(villae suburbanae)* zeichneten sich zumeist durch Größe und prunkvolle Ausstattung vor der Masse der kleineren Anlagen im Umland aus. Von einigen dieser reichen Großvillen kennt man nur Bestattungen, die sich durch aufwendige Architektur oder reiche Beigaben abheben. Zu nennen wären hier Grabbauten, zumeist des 3. und 4. Jahrhunderts n. Chr., mit unterirdischen Kammern, wie Köln-Weiden, Köln-Rondorf/Giesdorf oder Köln-Zollstock.

Diatretbecher aus farblosem klarem Glas mit einem Korb aus rotem, gelbem und grünem Glas. In der Form gegossen, Glasmasse ausgeschliffen. Höhe 12,1 Zentimeter. Die griechische Inschrift lautet: »Trinke, lebe schön, immerdar«. Erste Hälfte 4. Jahrhundert n. Chr., gefunden 1960 in einem Grab des römischen Gutshofes von Köln-Braunsfeld.

Zeugnisse römischer Gutshöfe

Die römische Metropole war von einem dichten Netz römischer Gutshöfe – *villae rusticae* – umschlossen. Sie alle sind heute im modernen Stadtbild aufgegangen. Nur in Einzelfällen berichten steinerne Zeugnisse von der antiken Geschichte dieser untergegangenen Hofstätten.

Der römische Brunnen in der Europa-Schule am Raderthalgürtel in Köln-Zollstock ist eines dieser Zeugnisse römischer ›Stadtteil-Geschichte‹. Bei Ausschachtungen für den Schulneubau wurde 1974 der Brunnen eines Gutshofes gefunden, der unweit der alten Brühler Landstraße lag. Von der römischen Architektur war damals schon nichts mehr erhalten. Neben den großen Tuffblöcken des Brunnenrings waren jedoch auch die Eichenhölzer des Brunnenkastens erhalten, die zwischen 150 und 170 n. Chr. geschlagen worden waren. Heute ist der unter einer Glaspyramide präsentierte Schöpfbrunnen in das Schulfoyer integriert. Zu dieser *villa rustica* könnte auch ein Rotsteinsarkophag des 4. Jahrhunderts gehört haben, der heute auf dem Südfriedhof in Zollstock zu besichtigen ist, ursprünglich aber in der Verlängerung des Hönninger Weges entdeckt wurde.

1928 wurde im Äußeren Grüngürtel eine steinerne Grabkammer ausgegraben. Die aus großen Tuffquadern errichtete, 1,6 Meter hohe und 3,8 x 2,9 Meter große Grabkammer steht an ihrem Fundplatz am Zollstock Weiher.

Auch von der römischen Villa Köln-Müngersdorf, die Fritz Fremersdorf 1926 nahezu vollständig ausgegraben hat, berichtet heute nur noch ein Sarkophag in der Nordostecke der Jahnwiesen.

Römische Grabkammer in Hürth-Efferen bei Köln während der Ausgrabung 1899, 3./4. Jahrhundert n. Chr.

Römische Grabkammer Köln-Weiden

8,6 Kilometer westlich der CCAA liegt die römische Grabkammer von Köln-Weiden an der Aachener Straße 1382. Sie gehört zu einer bislang nicht lokalisierten *villa rustica,* von der sonst lediglich einige Bestattungen weiter östlich bekannt sind. Ihre Besitzer müssen über ganz erhebliche finanzielle Mittel verfügt haben.

1843 bei Ausschachtungen zufällig entdeckt, wurde die Grabkammer 1846 mit einem über ihr errichteten Schutzbau nach den Entwürfen des preußischen Oberrats und Kölner Dombaumeisters Ernst Friedrich Zwirner im Auftrag des preußischen Staates überbaut. Der Schutzbau und das benachbarte Kustodenhaus stehen heute unter Denkmalschutz.

Über eine Treppe erreicht man zunächst einen 4,5 x 4,5 Meter großen geziegelten Raum, der 1844 über der Grabkammer angelegt wurde. Die darunter liegende rechteckige Grabkammer, die mit einem im 19. Jahrhundert rekonstruierten Tonnengewölbe abgedeckt wurde, liegt etwa sechs Meter unter dem modernen Straßenniveau. Eine steinerne Falltür wurde bei der Öffnung des Grabes zerstört. Betritt man die 3,6 x 4,5 Meter große und ehemals bis zu 4,2 Meter hohe Grabkammer, zeigen sich die aus großen Tuffblöcken ohne Mörtelbindung errichteten Wände. Nur Türgewände und -sturz sind aus Rotsandsteinquadern errichtet.

Drei große Hauptnischen in den Wänden sind wie Ruhebetten (Klinen) ausgearbeitet und mit verschieden farbigen Marmorarten verkleidet. Oberhalb und seitlich der Klinen sind insgesamt 29 kleine, in Bögen abschließende Nischen *(loculi)* in die Tuffblöcke eingetieft. Sie waren wohl nicht für die Aufstellung von Urnen oder Portraits gedacht, sondern dienten der Deponierung von Beigaben und Opfergaben. In die Grabkammer waren zudem zwei aus Kalkstein gefertigte, Korbgeflecht imitierende Sessel mit hohen Rückenlehnen und niedrigen Armstützen gestellt. Vor der Kopfwand standen ursprünglich vermutlich Graburnen auf trapezförmigen Tuffsteinsockeln.

In den klinenartigen Nischen waren zwei Portraitbüsten von zwei Frauen sowie die eines Mannes aufgestellt. Die bis zu 69 Zentimeter hohen Büsten waren aus weißen Carrara-Marmor hergestellt. Sie stellen vermutlich Bildnisse der Verstorbenen dar. Im Schutt der Grabkammer kamen zahlreiche Bruchstücke eines ursprünglich bis zu 2,13 Meter langen, 0,88 Meter breiten und 0,95 Meter tiefen Sarkophags aus Carrara-Marmor ans Tageslicht. Der Sarkophag war vermutlich in einem Raum über der Grabkammer aufgebahrt und stürzte zu einem nicht bekannten Zeitpunkt mit der Decke der Grabkammer herab. Der qualitativ herausragende Reliefsarkophag gehört zur Gruppe der sogenannten Jahreszeiten-Sarkophage. Er wurde in einer römischen Werkstatt gefertigt und nach Köln transportiert. In seinem Zentrum ist ein Medaillon mit den Büsten des verstorbenen Ehepaars zu sehen, das von zwei Viktorien gehalten wird, die ihrerseits von Allegorien der vier Jahreszeiten flankiert werden. Der fragmentarisch erhaltene Steindeckel war ursprünglich

Aachener Straße: In der Grabkammer Köln-Weiden hat eine vornehme römische Familie über rund zwei Jahrhunderte ihre Verstorbenen beigesetzt, 3./4. Jahrhundert n. Chr.

für einen deutlich größeren Sarkophag bestimmt und wurde für die Zweitverwendung umgearbeitet. Die in Teilen erhaltene flache Reliefdarstellung zeigt eine Tierfangszene.

Die Grabkammer wurde vermutlich in der ersten Hälfte des 2. Jahrhunderts errichtet. Bis zum Ende des 2. Jahrhunderts wurden vermutlich mehrfach Bestattungen eingebracht. Im Laufe des 3. Jahrhunderts wurde darüber ein neuer Grabraum errichtet, in den der Sarkophag gestellt wurde. Wahrscheinlich wurde die Grabanlage dieser reichen Familie, deren Hof wohl in unmittelbarer Nähe lag, bis zur Mitte des 4. Jahrhunderts genutzt.

10.2 DER INDUSTRIELLE SPECKGÜRTEL DER CCAA

Die *Colonia* war nicht nur Umschlagplatz von Fernhandelsgütern aus allen Teilen des Reiches, sondern auch Teil der römischen Industrielandschaft am Niederrhein. Schon bald nach der Eroberung des Rheinlandes ließ Kaiser Augustus die Tuffsteinbrüche in der Osteifel planmäßig erschließen. Bald hat man auch die Trachytvorkommen am Drachenfels und die Basaltlagerstätten am Mittelrhein ausgebeutet. Wo man die in großen Mengen verbaute Grauwacke gewonnen hat, ist bislang unbekannt. Weite Transportwege mussten bei den qualitätvollen Kalksteinen in Kauf genommen werden, die aus dem oberen Moseltal nach Köln verschifft wurden. Edle Marmorarten wurden aus dem Mittelmeergebiet nach Köln transportiert.

Der beim Steinbau benötigte Mörtel muss in gewaltigen Mengen produziert worden sein, um die immense Nachfrage bedienen zu können. In den von der 30. Legion und anderen Einheiten betriebenen Kalkbrennöfen bei Bad Münstereifel-Iversheim wurde von spezialisierten Handwerkern nach industriellen Maßstäben Kalk bei Temperaturen von 1.000 °C gebrannt. Die Öfen lagen zum Schutz vor der Witterung in großen Werkhallen. Seit dem 1. Jahrhundert sollen dort bis zu 2.000 Tonnen Monat für Monat hergestellt und per Schiff auf der Erft in Richtung Neuss transportiert worden sein. Neben Bauvorhaben des Militärs und der Verwaltung wurden wohl auch private Auftraggeber beliefert.

Die Waldbestände wurden im Laufe der römischen Besiedlung des Rheinlandes im linksrheinischen Raum sukzessive zurückgedrängt. Die rheinischen Lössbörden waren eine weitgehend entwaldete Landschaft. Der Holzbedarf römischer Städte war jedoch gleichbleibend hoch, sowohl in der Bauwirtschaft als auch bei der Befeuerung von Thermen und Handwerksbetrieben (Schmieden, Glashütten und Töpfereien). Groß muss auch die Zahl der Köhlereien gewesen sein, welche die begehrte Holzkohle lieferten. Der Holzbedarf wurde auch aus den dicht bewaldeten rechtsrheinischen Landschaften gestillt, die jenseits der Rheingrenze lagen. Für große Baumaßnahmen wurden auch Hölzer aus entfernten Landschaften importiert, so etwa beim Bau der römischen Stadtmauer. Damals wurden Hunderte Tannen für den Verbau der Baugrube benötigt. Die Stämme hat man zu Flößen zusammengebunden aus dem Schwarzwald nach Köln gebracht. Die zahlreichen großen Eichenstämme, die den Baugrund vor der rheinseitigen Stadtmauer gesichert haben, wurden an einem Standort in der Voreifel oder dem Bergischen Land geschlagen.

Reste eines spätantiken Rennfeuerofens zur Eisenverhüttung aus dem Vicus von Nettersheim. Die Reste des Ofens überlagern eine ältere Mauer

Eisenerzlagerstätten gab es im Kölner Umland in ausreichenden Mengen, um den vielfältigen Bedarf für Militär, Landwirtschaft, Handwerk und private Bedürfnisse zu decken. Vor allem in der Nordeifel, in Nettersheim, im Hürtgenwald und im Raum Ahrweiler lassen sich Erzabbau und Erzaufbereitung archäologisch nachweisen. Die vom 1. bis 4. Jahrhundert bestehende römische Eisenschmelzersiedlung Ahrweiler ›Auf den Maaren‹ hatte eine Größe von einem Hektar. Dort wurden nicht nur zahlreiche Verhüttungsöfen, sondern auch Werkstattgebäude, Schlackehalden, Wasserleitungen und Zisternen freigelegt. Der Holzkohlebedarf für die Eisenverhüttung und das Ausschmieden des Roheisens muss gigantisch gewesen sein!

Auch Blei wurde vielfältig eingesetzt: beim Bau von Gebäuden und Wasserleitungen, beim Schiffsbau, beim Guss von Geräten und Waffen (Schleudergeschosse). Bei der Gewinnung dieses begehrten Rohstoffes haben Lagerstätten in Germanien während des 1. und 2. Jahrhunderts eine bedeutende Rolle gespielt. Naturwissenschaftliche Untersuchungen zeigen, dass Bleilagerstätten bei Brilon im nördlichen Sauerland, rund 130 Kilometer von der Reichsgrenze entfernt, ausgebeutet wurden. Dort hergestelltes *plumbum Germ(anicum)* wurde aber nicht nur regional, sondern in allen Teilen des Imperiums verhandelt. Zwei im Mittelmeer gesunkene Schiffe hatten tonnenweise ›germanische‹ Bleibarren geladen. Sie sind zweifellos nur die Spitze des Eisbergs, zeugen aber von den weiten Handelswegen, die Blei aus Germanien genommen hat. Die Stempel der Bleibarren aus einem gesunkenen Schiff weisen einen Produzenten namens Lucius Flavius Verucla aus, der Pächter der in kaiserlichem Besitz befindlichen Anlage war. Andere Stempel belegen mit der Aufschrift *Augusti Caesaris (plumbum) Germanicum* die tatsächlichen Besitzverhältnisse. Auch im linksrheinischen Umland der CCAA wurde Blei gewonnen, so in Kall-Keldenich und Stolberg-Breinigerberg.

Köln-Feldkassel, Ausgrabungen in einer römischen Ziegelei 1981

Mehr als zehn Kilometer nördlich der CCAA bis hin zum Militärlager *Durnomagus*/Dormagen lagen große Ziegeleien, in denen Baukeramik produziert wurde. Diese Betriebe, die sich die unmittelbar unter dem Humus anstehenden Lehmlagerstätten zu Nutze machten, reihten sich über eine Strecke von rund acht Kilometern entlang der Fernstraße in Richtung Neuss, mit der sie gewiss durch Stichstraßen oder Zubringer verbunden waren. Bekannt sind Ziegeleien in Köln-Fühlingen/Köln-Feldkassel, Köln-Blumenberg und südlich des Militärlagers *Durnomagus*. Auch wenn bislang keine Schiffsanlegeplätze nachgewiesen wurden, muss der Rhein als Transportweg beim Vertrieb der gewichtigen Produktion eine entscheidende Rolle eingenommen haben. Wahrscheinlich wurde auch das in großen Mengen benötigte Brennholz per Schiff angeliefert.

Die ersten Betriebe nahmen ihre Produktion in neronischer Zeit auf. Bis dahin scheint der Bedarf durch Importe, wie die aus dem Saarland, gedeckt worden zu sein. In dem gut 50 Jahre umfassenden Produktionszeitraum wurden alle Arten römischer Baukeramik produziert, darunter *tegulae, tegulae mammatae, lateres, imbrices* und verschiedene Sonderformen wie Stirnziegel. Betrieben wurden die Ziegeleien zunächst wohl vor allem von Militärs. Während sich in Dormagen Stempel der 1. Legion nachweisen lassen, sind aus Feldkassel vor allem die der 5. Legion Alaudae bekannt. Um die Mitte des 1. Jahrhunderts waren vermutlich auch Soldaten der Rheinflotte *(classis Germanica)* an der Produktion beteiligt, später der 21. Legion Rapax. In der Endphase taucht dann nur noch der Stempel eines namentlich nicht identifizierten Produzenten mit dem Kürzel *M L B* auf. Die 5. Legion könnte auch in Blumenberg beteiligt gewesen sein.

An allen Stätten wurde nach industriellen Maßstäben produziert. In Köln-Fühlingen/Köln-Feldkassel wurden auf 6,6 Hektar Fläche mindestens sechs große Ziegelöfen, drei Trockenhallen, ein großes Werkstattgebäude, Schlämmbecken und Tonlagerstätten betrieben. Die bis zu 8,6 x 6 Meter großen Ziegelöfen in Blumenberg konnten je Brennvorgang mit ihrem großen Fassungsvermögen viele Hundert Ziegel aufnehmen. Zum Schutz vor der Witterung waren die Öfen in bis zu 32 Meter langen und 20 Meter breiten Schutzbauten untergebracht. Vor dem Brand wurden die Ziegel in großen Trockenhallen gelagert. Ab und zu waren dort Hunde und andere Tiere unterwegs, deren Tatzen sich in die zum Trocknen ausgelegten, ungebrannten Ziegel eindrückten. Auch die Sohlen von zum Teil in Mustern genagelten Militärstiefeln haben sich so als Abdrücke erhalten.

11. DIE KRISE: DIE CCAA IM 3. JAHRHUNDERT

11.1 FRANKENEINFÄLLE UND BÜRGERKRIEG – DAS ENDE DES GOLDENEN ZEITALTERS AM RHEIN

Im Gegensatz zu den südlichen angrenzenden Provinzen Obergermanien und Raetien, wo Alamannen und andere Germanenstämme über die römischen Provinzen herfielen, war in der ersten Hälfte des 3. Jahrhundert die Lage am niedergermanischen Limes ruhig geblieben. Allerdings hatten sich auch hier jenseits der Grenzen neue und gefährliche Entwicklungen ergeben. Analog zur Bildung des Großstammes der Alamannen schlossen sich die westgermanischen Völkerschaften der Brukterer, Chamaver, Chattwarier und Ampsivarier zum neuen Großstamm der Franken zusammen. Nach ersten erfolgreichen Einfällen, vielleicht schon am Ende der 30er-Jahre des 3. Jahrhunderts, bot sich ihnen bald eine größere Chance für militärische Erfolge und lukrative Plünderungen: Der römische Kaiser Valerian (253–259 n. Chr.) löste zu Beginn seiner Herrschaft aus der Rheinarmee größere Verbände heraus und führte diese zum Bürgerkrieg nach Italien. Die Truppen kamen nach dem Sieg des Valerian aber nicht an den Rhein zurück, denn im Jahre 256 brach Valerian zu einem Feldzug gegen die Perser in den Osten auf. Nach einigen Erfolgen wurde er 260 vernichtend geschlagen und geriet in Gefangenschaft.

Valerian I., 253–260 n. Chr., (Münzportrait)

Als Valerian in den Osten aufbrach, regierte Gallienus den ganzen Westen des Reiches, nach der Gefangennahme seines Vaters herrschte Gallienus dann über das ganze *Imperium Romanum.* Von allen Seiten brach nun das Unheil über das Reich herein: Im Westen brach zu Beginn seiner Alleinregierung der Limes unter

Postumus, 259–268 n. Chr. (Münzportrait)

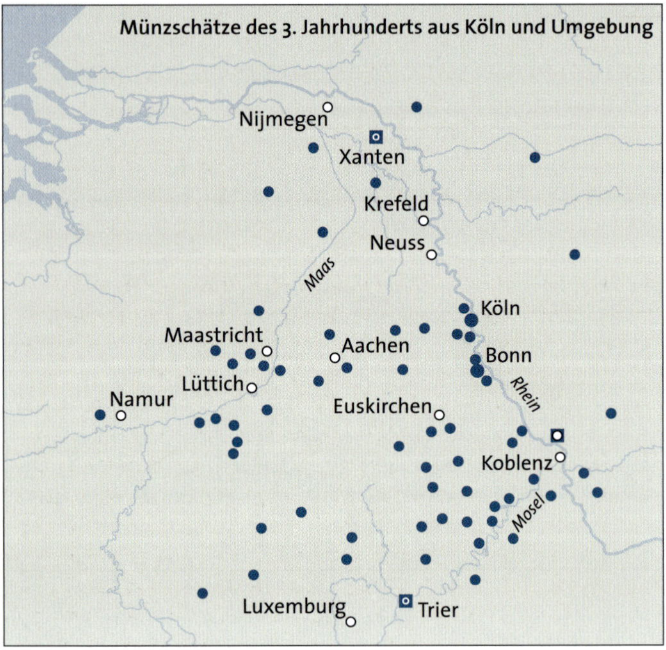

dem Druck von Franken und Alamannen zusammen. Im Osten bereiteten die Angriffe der Perser und die Abspaltung der reichen und mächtigen Handelsstadt Palmyra Probleme. Zusätzlich kam es zu zahlreichen Usurpationsversuchen ranghoher Militärs. Durch eine Militärreform, die ein beweglich im Hinterland operierendes Heer zusätzlich zum Grenzheer schuf, hatte Gallienus das richtige Rezept für die militärischen Probleme des Reiches gefunden. Allerdings konnten erst seine Nachfolger von dieser Reform profitieren. Auch im Westen ergaben sich für Gallienus zusätzliche innenpolitische Probleme.

Den Franken war diese Schwächung der Grenzverteidigung sicherlich nicht verborgen geblieben. Sie ergriffen die Gelegenheit, die sich ihnen bot: Im Jahre 256 oder 257 überrannten sie mit verheerenden Folgen die Rheingrenze, zogen plündernd durch das völlig ungeschützt daliegende Gallien und Spanien, wo sie in einer Überraschungsaktion Tarragona/*Tarraco* zerstörten. Sogar nach Afrika sollen einzelne Trupps von fränkischen Plünderern durchgekommen sein. Archäologische Zeugnisse dieser Frankeneinfälle am Rhein sind neben Brandschichten und Münzschätzen die in einem aufgelassenen Mithräum verscharrten Leichen von Soldaten und Zivilisten, die in Krefeld-Gellep gefunden worden sind.

11.2 KÖLN IM 3. JAHRHUNDERT

Es gibt Hinweise darauf, dass die Einrichtung des Gallischen Sonderreiches durch Postumus Köln und sein Umland eine Zeit lang vor den Frankenstürmen verschont hat. Doch danach ging die Germanengefahr unvermindert weiter. Die Archäologie zeichnet von der Zeit der Germanenstürme nach dem ersten Drittel des 3. Jahrhunderts ein widersprüchliches Bild:

Einerseits kommen ab den späten 30er-Jahren des 3. Jahrhunderts in Köln und seiner Umgebung offenbar vermehrt aufgrund von äußeren Gefahren vergrabene Münzschätze vor. Villen im Umland wurden zerstört und verlassen, andere wurden durch den Bau von befestigten Speicherbauten *(burgi)* in Vereidigungsbereitschaft versetzt. Um die Mitte des 3. Jahrhunderts wurden die meisten vici im Kölner Umland zerstört und aufgelassen. Auch die Archäobotanik liefert mit fein datierten Pollenprofilen Informationen zu diesen Krisenzeiten aus dem Kölner Umland: Um 260 n. Chr. steigen die Kurven von Eiche und Erle an; Ackerflächen und Grünland werden aufgegeben und sind wieder mit Wald bedeckt. Wo früher feuchtes Grünland als Wiesen und Weiden genutzt wurde, breiten sich Erlenbruchwälder aus. Gleichzeitig vermehren sich gegen Ende des 3. Jahrhunderts Birken stark. Dies alles lässt auf großflächige Wüstungsprozesse schließen. In Köln werden ab der Mitte des 3. Jahrhunderts die unbefestigten Vorstädte aufgegeben, zum Teil wohl nach gewaltsamen Zerstörungen. Auch das Flottenlager Köln-Alteburg endet in den Jahren um 270 n. Chr.

Andererseits weist innerhalb der Stadtbefestigung von Köln alles auf eine gewisse Stabilität hin: Die Stadt hatte sich offenbar durch die Erneuerung und Verstärkung der Stadtmauer gut auf gefährliche Zeiten vorbereitet. Auch kommen im 3. Jahrhundert immer wieder Zeugnisse erstaunlichen privaten Reichtums vor, so der Ausbau von Wohnhäusern und die Verlegung von Mosaikböden. Was fehlt, sind flächige Brand- und Zerstörungsschichten. Einzelne Brandspuren innerhalb der Stadtmauern nach 260 können auch mit den Ereignissen um die Machtübernahme des Postumus zusammenhängen. Reiche Bestattungen über den Resten der aufgelassenen Vorstädte, die noch aus den letzten Jahrzehnten des 3. Jahrhunderts stammen, belegen im Einzelfall noch erheblichen Wohlstand Kölner Bürger.

Das Ende des Gallischen Sonderreichs und die Wiedereinsetzung der römischen Zentralgewalt am Rhein beendete die Frankeneinfälle nicht – im Gegenteil! Im Jahr 276 kam es zu einem besonders schweren Übergriff, dem Xanten zum Opfer fiel. Aller-

Nachdem die Vorstadt um 300 n. Chr. aufgelassen worden war, hat man inmitten der Ruinen Gräber angelegt. 2011 wurde eine Aschenkiste freigelegt, die eine Weiheinschrift an den Gott Mercurius Valdivahanus nennt (siehe Abb. 132)

Gallienus (218–268 n. Chr.)

Publius Licinius Egnatius Gallienus war von 253 bis 260 Mitregent seines Vaters Valerianus, dann übernahm er nach dessen Gefangennahme durch die Perser von 260 bis 268 die alleinige Herrschaft über das römische Reich. Seine Regierungszeit ist durch pausenlose Barbareneinfälle an Rhein und Donau sowie durch Rebellionen im Inneren des Reiches gekennzeichnet. Im Jahre 260 n. Chr. hielt er sich zusammen mit seinen Sohn und Erben Saloninus in Köln auf, um eingefallene Barbaren zu bekämpfen. Weitere Einfälle an der Donau und die Katastrophe des Valerian in Mesopotamien riefen ihn in den Osten. Er ließ Saloninus in Köln zurück, wo er zusammen mit dem Prätorianerpräfekten Silvanus die Franken in Schach halten sollte. Silvanus verfeindete sich mit dem lokalen Militärkommandeur Postumus, der schließlich ihn und den Kaisersohn töten ließ und das Gallische Sonderreich ausrief. Gallienus konnte seinen Sohn nicht mehr rächen, in pausenlosen Kämpfen mit den Barbaren musste er auch das obergermanisch-raetische Limesgebiet rechts des Rheins und nördlich der Donau preisgeben. Kurz vor 260 hatte sich Gallienus große Verdienste erworben, indem er endlich eine wirksame Waffe gegen die Barbaren erfunden hatte: In Mailand hatte der Kaiser ein Bewegungsheer, eine größere Kavallerieeinheit zusammengezogen, die als Elitetruppe im Hinterland wirksam gegen Barbaren, die den Limes bereits durchbrochen hatten, den Schutz Italiens garantierten. Auch im Einsatz gegen Gegenkaiser hatte sich diese bewegliche Einheit glänzend bewährt. Ausgerechnet diese Gardetruppe rebellierte nun unter ihrem Kommandeur Aureolus gegen ihren Gründer. Gallienus fiel 268 n. Chr. einer Verschwörung von Offizieren seines Bewegungsheeres zum Opfer.

Gallienus, 253–268 n. Chr. Marmorportrait, Mitte 3. Jahrhundert n. Chr. (Leihgabe aus norddeutschem Privatbesitz im RGM)

dings haben zumindest Teile der 30. Legion überlebt. Besonders hart hat dieser Einfall den heute niederländischen Abschnitt des niedergermanischen Limes betroffen, kein Kastell, mit Ausnahme von Meinerswijk, blieb unzerstört. Erst unter Probus (276–282 n. Chr.) ist es gelungen, die Franken von weiteren Einfällen abzuhalten und die Rheingrenze wieder zu stabilisieren.

11.3 CHAOS AM RHEIN

Gallienus (253–268 n. Chr.), der Sohn des Kaisers Valerian (253–259 n. Chr.), wurde bei dessen Machtergreifung zum Mitregenten eingesetzt. Beide Herrscher residierten anfangs in Köln, denn es gibt eine Inschrift aus Aphrodisias in Kleinasien, die einen gemeinsamen Brief der beiden Herrscher abbildet, der von einer Kölner Kanzlei zwischen 254 und 267 verfasst worden war. Eine später ausgelöschte Inschrift dieser Zeit vom Kölner Nordtor nennt die Stadt nun samt neuem Beinamen *CCAA Valeriana Gallienana*. Möglicherweise kann man in diese Zeit eine immer wieder beobachtete Reparatur und Verstärkung der Kölner Stadtmauer datieren. Es wurde kürzlich sogar die Meinung vertreten, das Kölner Nordtor sei unter Valerian und Gallienus komplett neu errichtet worden. Im Jahre 254 wurde dem Gallienus die Verteidigung der Rheingrenze anvertraut; er war im Jahr 256 in Köln. 257 n. Chr. hielten sich beide Kaiser in Köln auf, wo sie im Praetorium residierten. Dann zog Valerian in den Osten gegen die Perser.
Die beiden Kaiser hatten zur Finanzierung der Germanenkriege am Rhein in Köln eine Münzstätte eingerichtet, welche Münzen für die Soldzahlungen der Soldaten schlug. Gallienus blieb in Köln bis zum Jahr 258, dann musste er sich nach ersten Erfolgen gegen die Franken wegen einer Rebellion im Osten in den Donauraum begeben. Er ließ seinen unmündigen Sohn Saloninus unter der Obhut des Prätorianerpräfekten Silvanus zurück. Als es zu weiteren Frankeneinfällen kam, wurden die Eindringlinge von M. Cassianus Latinius Postumus im Jahre 260 n. Chr. erfolgreich bekämpft, der damals wohl Statthalter in Niedergermanien war. Dieser konnte die Plünderer bei Köln abfangen, bevor sie wieder über den Rhein setzen konnten. Das römische Heer nahm den Franken eine beträchtliche Beute ab, die sie bei der Plünderung des römischen Provinzgebietes gewonnen hatten. Postumus beanspruchte diese für sich und seine siegreichen Soldaten. Silvanus aber wollte sie der Staatskasse zukommen lassen. So kam es zum Streit der beiden höchsten Vertreter des römischen Militärs in Köln.

Das Gallische Sonderreich und seine Kaiser

Postumus (259–268), ein Mann einfacher Herkunft, hatte eine erfolgreiche Karriere beim Militär hinter sich, als er, wohl von Valerian, zum Statthalter und Kommandeur der Rheinarmee ernannt wurde. Er rief ein Gallisches Sonderreich aus und erklärte seine Unabhängigkeit von Rom. Er konnte Spanien, Gallien, Britannien und, wie eine erst 1993 bekanntgewordene Inschrift zeigt, auch Raetien als eigenes Herrschaftsgebiet (Gallisches Sonderreich) gegen alle Versuche des Gallienus, das Gebiet für Rom zurückzugewinnen, halten. Auch gegen die Germanen siegte er mehrfach, wobei er sich germanischer Hilfstruppen, möglicherweise aus dem heutigen Mitteldeutschland, bediente. Dadurch konnte die Grenze in Niedergermanien bald wieder stabilisiert werden. Postumus baute Köln als eine Art zweites Rom am Rhein aus, setzte hier einen Senat ein, hielt sich Prätorianer und prägte, vor allem in Köln, auch eigene Münzen. Wegen der ständigen Gefährdung der Rheingrenze wurde diese Münzstätte bald nach Trier verlegt. Eine Rebellion des Laelanius im Jahre 268 konnte er zwar erfolgreich niederschlagen, doch als er seinen Soldaten die Plünderung von Mainz, das den Laelanius unterstützt hatte, verweigerte, ermordeten sie ihn. Als Nachfolger des Postumus riefen die Truppen Marius aus. Dieser soll vor seiner glänzenden militärischen Karriere Waffenschmied gewesen sein. Angeblich durch ein Schwert aus seiner eigenen Herstellung fand er im Jahre 268 nach kurzer Regierungszeit den Tod durch seine eigenen Soldaten. Ein weiterer Usurpator des Jahres 268, ein gewisser Domitianus, ist nur durch eine einzige Münze bekannt. Immerhin fast zwei Jahre konnte sich Victorinus als Herrscher des Gallischen Sonderreiches halten. Er scheint Spanien wieder an das Reich verloren zu haben, seine Soldaten erschlugen ihn 270 in Köln. Aurelian (270–275) konnte dann nach einem Sieg über den letzten Herrscher Tetricus und dessen gleichnamigen Sohn und Mitregenten im Jahre 273 das gallische Sonderreich beseitigen. Tetricus, der zuvor Statthalter von Aquitanien war, ließ die Hauptstadt des Sonderreiches in das weniger gefährdete Trier verlegen, da ihm anscheinend Köln durch seine Grenzlage zu exponiert schien. Beide Tetrici ergaben sich Aurelian nach ihrer Niederlage und starben als Privatleute als einzige Herrscher des Gallischen Sonderreiches eines natürlichen Todes.

Tetricus, 270–274 n. Chr., Münzportrait

Postumus (?–269 n. Chr.)

Marcus Cassianius Latinius Postumus stammte angeblich aus Gallien. Er war bescheidener Herkunft, hatte sich aber in der Armee hochgearbeitet: Postumus gehörte zum Kreis der hohen Militärs, die Kaiser Gallienus als Berater seines Sohnes Saloninus zum Schutze der bedrohten Rheingrenze in Köln gelassen hatte. Möglicherweise war er sogar Statthalter einer der beiden Germanischen Provinzen und Kommandeur der Rheinarmee. Im Jahre 259 hatte ein schwerer Einfall der Franken die gallischen Provinzen betroffen. Postumus besiegte sie, und es kam zum Streit um die Beute zwischen Silvanus und Postumus. Postumus setzte sich durch, Silvanus und Saloninus wurden getötet, Postumus wurde im Sommer 260 n. Chr. von seinen Truppen zum Kaiser ausgerufen. Er soll später zum Gedenken an dieses Ereignis (in Köln?) einen Triumphbogen errichtet haben. Das Herrschaftsgebiet des Postumus, das sogenannte Gallische Sonderreich, umfasste die Germanischen Provinzen, Britannien, Gallien und Spanien. Anfangs gehörte auch Raetien dazu, das jedoch von Gallienus bald wieder erobert wurde. Postumus führte erfolgreiche Feldzüge gegen Alamannen und Franken, wobei er auch barbarische Hilfstruppen (aus Mitteldeutschland?) anwarb. Eine Rebellion des Laelanius im Jahre 268 konnte er zwar erfolgreich niederschlagen, doch als er seinen Soldaten die Plünderung von Mainz, das den Laelanius unterstützt hatte, verweigerte, ermordeten sie ihn im Jahre 269 n. Chr.

Postumus, 260–269 n. Chr., Münzportrait

11.4 REBELLION IN KÖLN – DAS GALLISCHE SONDERREICH ENTSTEHT

Der Streit eskalierte und wurde zur gewaltsamen Auseinandersetzung, bei der Silvanus den Kürzeren zog. Die Armee des Postumus belagerte und stürmte Köln, Silvanus und der junge Kaisersohn Saloninus wurden getötet. Damit hatte Postumus alle Brücken hinter sich abgebrochen: Im Besitz einer großen Armee und der kaiserlichen Münzstätte, ließ er sich im Sommer 260 n. Chr. von seinen Soldaten zum Kaiser ausrufen. Er hatte damit Erfolg und bald schon schloss sich ihm der ganze Westen des Reiches an. Postumus war nun Kaiser des Gallischen Sonderreiches.

Nach der nicht allzu klaren historischen Überlieferung soll Postumus Köln als eine Art zweites Rom am Rhein ausgebaut haben, sogar einen eigenen Senat soll er eingesetzt haben. Wie der Kaiser in Rom hielt er sich eine Leibwache aus Prätorianern und prägte, vor allem in Köln, auch eigene Münzen. Direkte Zeugnisse der Herrschaft des Postumus in Köln gibt es, außer den Münzen, nicht. Ihm gewidmete Inschriften und bildliche Darstellungen fielen sicherlich der *damnatio memoriae* zum Opfer, bauliche Veränderungen, etwa am Praetorium sind kaum so präzise zu datieren, dass man sie mit Sicherheit seiner kurzen Regierungszeit (260–269 n. Chr.) zuweisen könnte. Gräber mit sehr reichen Beigaben aus Köln und seinem Umland, darunter solche mit purpurgefärbten und golddurchwirkten Luxustextilien aus dem Osten, die aus der Zeit des Gallischen Sonderreiches stammen, könnten ein Indiz dafür sein, dass Köln als Residenzstadt vornehme und wohlhabende Bewohner hatte.

Im Jahre 272 soll Tetricus I. die Hauptstadt des Gallischen Sonderreiches nach Trier verlegt haben, weil Köln wegen der ständigen Bedrohung durch die Franken zu unsicher geworden war. Neuere Funde aus einer Münzstätte des Tetricus in Trier sprechen nachdrücklich für diese Theorie. Das Ende des gallischen Sonderreiches und die Wiedereinsetzung der römischen Zentralgewalt am Rhein brachte kein Aufhören der Frankeneinfälle.

12. KÖLN ZWISCHEN DIOCLETIAN UND AETIUS

Nach dem Ende des Gallischen Sonderreiches gelang es Diocletian, der nach einer militärischen Karriere 284 auf den Thron stieg, das Reich militärisch und politisch zu stabilisieren. An Stelle der Monarchie richtete Diocletian eine Vierkaiserherrschaft (Tetrarchie) ein, die neben ihm Maximian als Augustus, Constantius und Galerius als Caesaren vorsah. Die seit Jahrzehnten von rechtsrheinischen Germanen bedrohte Rheingrenze wurde durch militärische Aktionen gegen östlich des Rheins ansässige Franken gesichert. In den Jahren 300/01 soll sich Constantius in Köln aufgehalten haben, um von dort aus gegen Franken zu intervenieren. Das Praetorium blieb, auch nachdem Diocletian die *Germania inferior* in *Germania secunda* umbenannt hatte. Nun wurden die zivile und die militärische Verwaltung getrennt: Sitz des zivilen Statthalters, des *praeses provinciae Germaniae secundae,* blieb Köln. Neben dem für zivile Aufgaben zuständigen Statthalter wurden Heerführer *(dux)* eingesetzt, die unabhängig von der Zivilverwaltung das militärische Kommando übernahmen. Die Truppen wurden nun unterteilt: in *limitanei* oder *riparienses* an den Land- und Flussgrenzen, als *comitatenses* (Bewegungsheer) im Gebiet hinter den Grenzen. Letztere lagen an strategisch wichtigen Punkten im Hinterland, zum Beispiel in größeren Städten. Ende des 3. Jahrhunderts machten jedoch nicht nur barbarische Übergriffe dem römischen Reich zu schaffen, sondern auch eine zunehmende Währungsinflation, die zu einem starken Kostenanstieg und zu Versorgungsengpässen beim Heer führte.

Nachdem die beiden Augusti, Diocletian und Maximian, 305 auf Drängen Diocletians zurückgetreten waren, übernahmen die *Caesares Constantius* und Galerius die Herrschaft. Diocletian zog sich nach *Spalatum*/Split zurück, Maximian nach Süditalien. Auf Constantius und Galerius folgten Severus im Westen, Maximinus

Modell des spätrömischen Kastells Divitia/Deutz, entstanden 1950 anlässlich der 1900-Jahr Feier der Stadt (Ausschnitt)

Rekonstruierter spätantiker Soldat mit Kammhelm, Kettenpanzer, Langschwert (Spatha), Lanze und Rundschild

Daia im Osten als neue *Caesares*. Konstantin(us), Sohn von Constantius, und Maxentius, Sohn von Maximian, wurden in der Nachfolge nicht berücksichtigt. Nach dem überraschenden Tod des Constantius in Britannien 306 erhoben die Truppen jedoch seinen Sohn Konstantin(us) zum Herrscher und verstießen so gegen die Nachfolgeregelung, die eigentlich Severus berücksichtigt hätte. Der im Osten residierende Galerius war trotz dieses Rechtsbruches nicht bereit, gegen Konstantinus vorzugehen, da er dessen starke Truppen fürchtete.

Aus den Wirren der sich auflösenden Tetrarchie, die am 28. Oktober 312 in der Schlacht an der Milvischen Brücke gegen Maxentius ihren Höhepunkt fanden, ging Konstantin(us) als Sieger her-

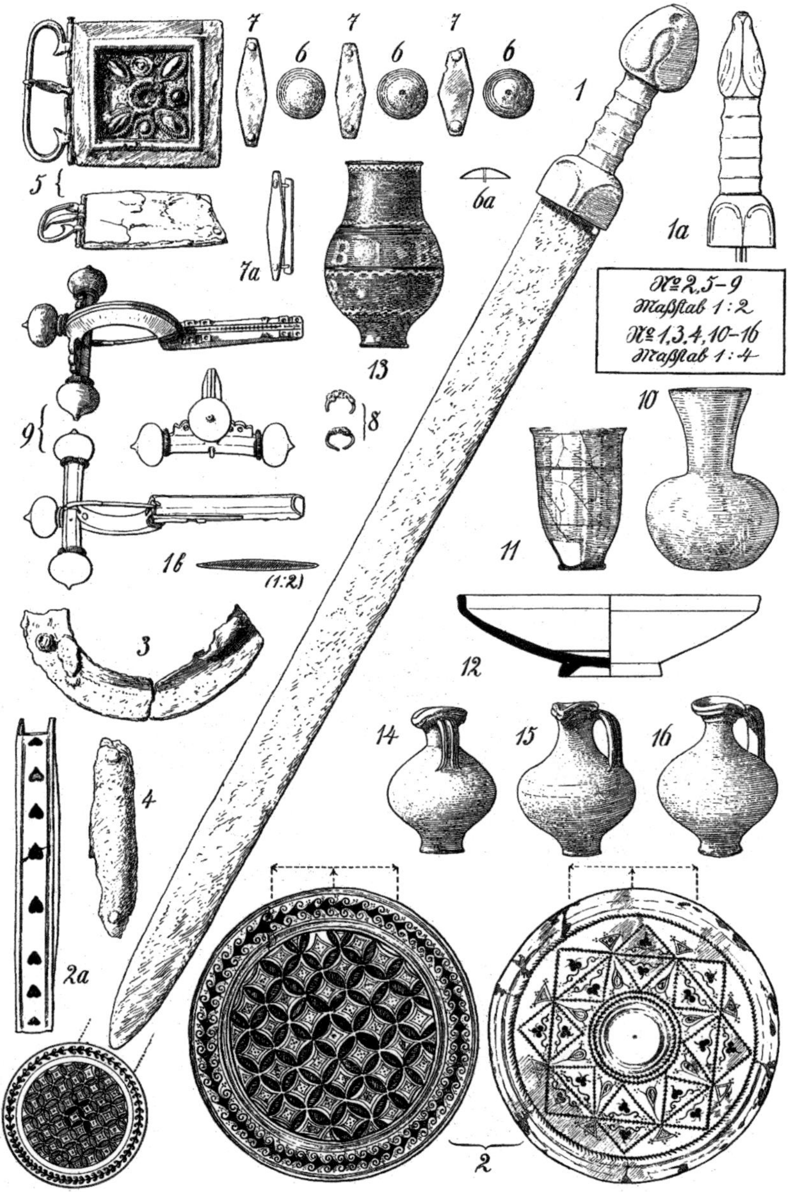

An der Linde/Dreikönigenstraße: Um 1900 wurde das Grab eines römischen Offiziers germanischer Abstammung freigelegt, um 300 n. Chr.

vor. Dieser hatte sich vor der Schlacht dem Christentum zugewandt und führte diesen Sieg später auf sein Glaubensbekenntnis zurück. Das Christentum ersetzte im römischen Reich fortan heidnische Götter. Maternus, erster Bischof von Köln, soll einer der engsten Vertrauten Konstantins gewesen sein. Da Maxentius beim Rückzug aus der Schlacht an der Milvischen Brücke im Tiber ertrunken war, stieg Konstantin zum Augustus maximus im Westen des Reiches auf. In militärischen Auseinandersetzungen mit dem Osten gelang es ihm 324, das Reich dann unter seiner Herrschaft zu vereinigen.

12.1 KONSTANTIN, KÖLN UND DEUTZ

Zu Beginn des 4. Jahrhunderts waren das Flottenlager Alteburg und die großen Vorstädte außerhalb der Stadtmauern längst verlassen und die Häuser zu Ruinen verfallen. Inmitten dieser Brachen bestatteten Bürger der CCAA ihre Verstorbenen, doch wurden gleichzeitig auch die seit Langem genutzten Friedhöfe entlang der Fernstraßen weiter frequentiert. Die Wasserleitung aus der Eifel war damals sicher nicht mehr in Funktion. Um den Wasserbedarf *intra muros* decken zu können, wurden offenbar neue Brunnenschächte angelegt, wie beispielsweise jüngere Befunde am Josef-Haubrich-Hof zeigen. Gutshöfe vor den Toren der Stadt wurden entweder aufgegeben oder mit Kleinbefestigungen verstärkt (S. 356).

Konstantin soll sich in den ersten Jahren nach seiner Ernennung vor allem in der Residenzstadt Trier aufgehalten haben. Schon bald leitete er Militäraktionen gegen Alamannen und Franken ein. Wir wissen unter anderem von Feldzügen 306/07 gegen die Franken und 307/08 gegen die Brukterer, bei denen es sich um einen Teilstamm der Franken handelte, die nach Aussage einer antiken Straßenkarte, der *Tabula Peutingeriana,* das rechte Rheinufer zwischen Köln und Boppard bewohnten.

Auch das rechtsrheinische Vorland der Colonia geriet in den Fokus des Machthabers. Konstantin ließ zunächst eine steinerne Brücke über den Rhein bauen, die vom zentralen Rheintor der CCAA zum Westtor des Kastells so hoch über den Strom führte, dass Schiffe darunter passieren konnten.

Konstantin I., 306–337 n. Chr., (Münzportrait)

Der Lobrede eines namentlich Unbekannten zufolge wurde die Brücke zwischen 308 und 310 errichtet. Hunderte von schweren Eichenhölzern, zum Teil mit eisernen Pfahlschuhen bewehrt, wurden tief in das Rheinbett gerammt und zahllose Steine, fast alle in zweiter Verwendung, für den Bau der 19 Pfeiler verwendet. Die 400 Meter überspannende und vermutlich zehn Meter breite Brücke muss in den Augen der rechtsrheinischen Stämme ein unglaubliches Bauwerk gewesen sein, Instandhaltung und Pflege der Brücke erforderten technisches Wissen und große Erfahrung. Dendrochronologisch datierte Hölzer zeigen, dass nach spätestens einer Generation größere Reparaturen nötig waren. Der anonyme Redner beschreibt in seiner dem Kaiser gewidmeten Festrede die Brücke geradezu euphorisch: »*Die Franken wissen, dass sie den Rhein überschreiten können – du (Konstantin) würdest sie zu ihrem Verderben gerne herüberlassen –, aber sie können weder auf Sieg hoffen, noch auf Gnade. Was sie selbst erwartet, ermessen sie an den Todesqualen ihrer eigenen Könige, und daher kommt es, dass sie, weit entfernt, den Übergang über jenen Fluss zu beabsichtigen, vielmehr wegen deines begonnenen Brückenbaus voller Verzweiflung sind. […] es erscheint dir rühmlich – und es ist in der Tat überaus rühmlich –, dass eben dieser Rhein […] durch eine neue Brücke auch dort zu Fuß begangen werden kann, wo er seine volle Breite hat, wo er schon sehr viele Zuflüsse aufgenommen hat […], durch die reißende Strömung schon unbändig wild und nicht länger zufrieden mit nur einem Flussbett danach strebt und drängt, sich in seine beiden Arme zu teilen. Deinem göttlichen Willen, Konstantin, ist in der Tat sogar die gesamte Natur dienstbar, wenn in jene Tiefen reißender Strudel die Fundamente solch gewaltiger Pfeilermassen gegründet werden, die zuverlässig und dauerhaft Sicherheit bieten sollen.*«

Brücke und Brückenkopfkastell waren für Konstantin zweifellos eine zentrale militärische Schaltstelle in seinem Bestreben, das Reichsgebiet vor germanischen Übergriffen zu schützen. Selbstbewusst nennt die heute verschollene Bauinschrift den Platz des Kastells in *eorum terris* (auf dem Territorium der Franken). Konstantin ließ das Kastell *Divitia*/Deutz, das sich in eine Kette vergleichbarer Festungen entlang dem Limes einfügt, wohl mehr oder weniger zeitgleich mit der Rheinbrücke auf dem rechten Rheinufer errichten.

Dank mehrerer Grabungskampagnen seit dem späten 19. Jahrhundert sind Topografie und Architektur des Kastells *Divitia* gut bekannt. Jüngste Untersuchungen fanden im Herbst 2010 im Westen der Festung statt. Das in rund fünfjähriger Bauzeit errich-

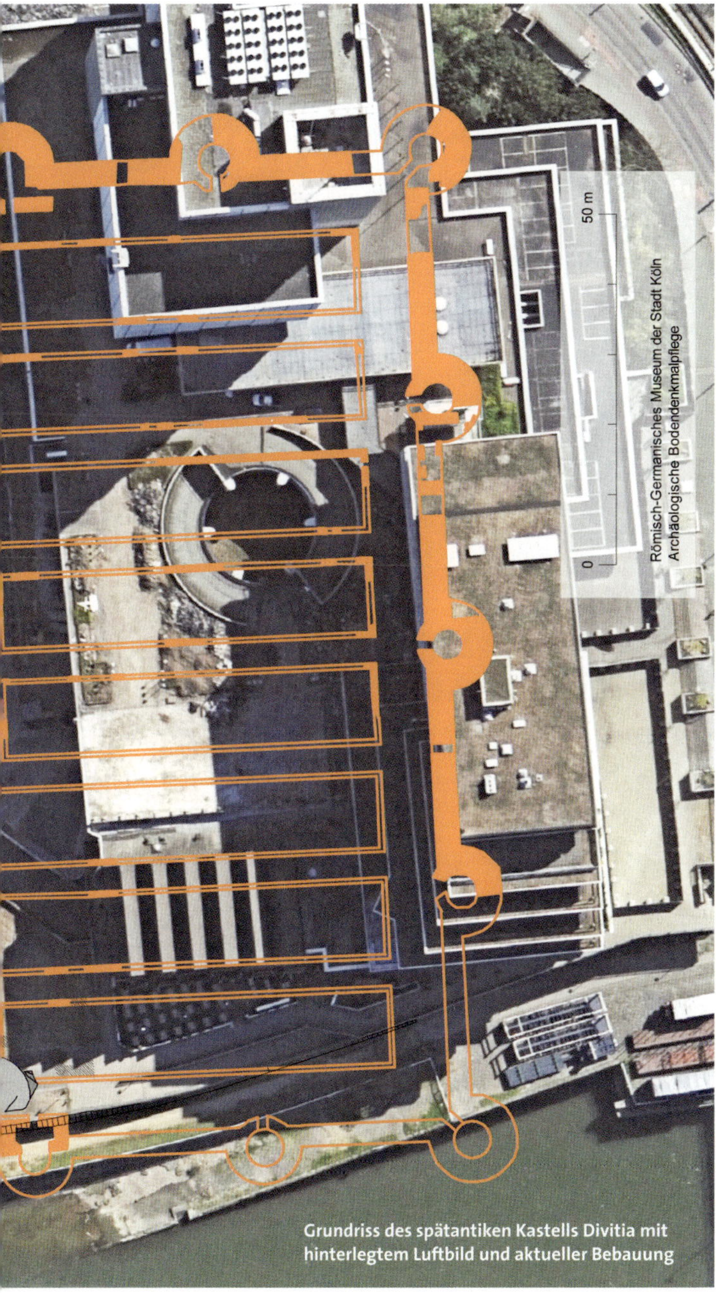

Grundriss des spätantiken Kastells Divitia mit hinterlegtem Luftbild und aktueller Bebauung

Ausgrabungen der Rheinfront des Kastells Divitia 1879–1882 unter Leitung von Oberst F. Wolf. Die Anwesenden stehen auf der neu errichteten Uferschutzmauer, die der zurück gebauten römischen Kastellmauer vorgeblendet wurde.

tete, 141,35 x 141,35 Meter große Kastell *Divitia* gilt als ein Musterbeispiel spätrömischer Militärarchitektur. Die Anlage wurde von Einheiten der in Mainz stationierten 22. Legion *(Legio XXII Primigenia)* errichtet. Da in der Festung auch berittene Kontingente stationiert waren, bot die Anlage wohl eher 500 als 1.000 Soldaten Platz. Namentlich bekannt ist der ›Leibwächter‹ *(protector)* Viatorinus, der im 4. Jahrhundert nach 30 Dienstjahren nahe Deutz von einem Franken erschlagen wurde. Der stellvertretende Kommandeur der in Deutz stationierten *Divitienses* ließ den Stein zum Gedenken an den Verstorbenen auf dem römischen Friedhof um St. Gereon aufstellen.

Die Soldaten lebten in 58 Meter langen und 11,5 Meter breiten Mannschaftskasernen *(contubernia)*, die beidseits der West-Ost ausgerichteten, fünf Meter breiten Lagerstraße *(via praetoria)* aufgereiht waren. Die eingeschossigen Baracken waren durch knapp vier Meter breite Gassen mit holzgefassten Abwasserkanälchen getrennt. Im Zentrum des Kastells standen die Gebäude der Lagerkommandantur.

Die mächtige Festung war auf den drei Landseiten mit einem zwölf Meter breiten und über drei Meter tiefen Spitzgraben, zwei von Doppeltürmen gefassten Toren zur Rhein- und zur Landseite, 14 Rundtürmen, acht Meter hohen und bis zu vier Meter starken Mauern gesichert. Beim Bau des Kastells wurden bergfrische Tuffe aus dem Brohltal und Steine aus dem linksrheinischen Stadtgebiet in zweiter Verwendung genutzt. Unter dem recycelten Material finden sich zahlreiche Grab- und Weihesteine. Die stromaufwärts an Rhein und Mosel gelegenen Steinbrüche wurden im 4. Jahrhundert kaum noch ausgebeutet, daher hat man sich vor allem in den Fundamenten zahlreicher Architekturteile, Grab- und Weihedenkmäler aus den Friedhöfen, Tempelbezirken und Ruinenfeldern im Umfeld der linksrheinischen *Colonia* in zweiter Verwendung bedient. Die in das zum Rhein ausgerichtete Westtor des Kastells eingelassene Bauinschrift ist zwar seit dem

Grabstein für den Leibwächter Viatorinus, der beim Kastell Deutz von einem Franken getötet wurde. Gesetzt vom stellvertretenden Kommandanten des Deutzer Kastells, um 400 n. Chr., gefunden im Gereonskloster

Kastell Divitia. Konservierte Mauern der östlichen Toranlage im Gelände. Zustand 1931

Köln-Deutz: Osttor und Kastellmauern im Kloster St. Heribert

Das Kastell *Divitia*/Deutz ist die Keimzelle des rechtsrheinischen Köln und blickt auf eine mehr als 1.700jährige Geschichte zurück. Von der um 310 bis 315 n. Chr. errichteten Festung sind jedoch nur noch geringe Reste sichtbar erhalten. Der Westen des Kastells ist fast vollständig der Uferregulierung des 19. Jahrhunderts zum Opfer gefallen. Allein der sogenannte Schinkenkessel, der Nordwesteckturm des Kastells, ist erhalten, da er im 19. Jahrhundert zunächst in die preußische Kaserne, später in den dortigen Bahnhofsbau integriert wurde. In Zukunft wird er die dort geplante Freitreppe des Rheinboulevards besetzen. Die nördlichen Außenmauern sind unterirdisch noch weitgehend erhalten, innerhalb der Gewölbekeller des barocken Klosters Alt St. Heribert in Teilstücken auch zu besichtigen. Auch innerhalb der Tiefgarage des ehemaligen Lufthansahochhauses (heute MaxCologne) ist ein Kurtinenteilstück der Südmauer zu sehen. Das Osttor des Kastells hat Fritz Fremersdorf in den 1920/30er-Jahren untersucht und am Originalplatz erhalten können. Das römische Tor war nur circa 3,9 Meter breit. Da die Torgewände heute nicht mehr erhalten sind, führt heute ein 6,5 Meter breiter Weg durch die Torburg. Die Seitenwände der Halbrundtürme sind neu aufgemauert. Innerhalb des Kastells entstand im frühen Mittelalter Alt St. Urban, die älteste Kirche von Deutz. Der Urbau des Klosters Alt St. Heribert wurde kurz nach der Jahrtausendwende geweiht. Im 13. Jahrhundert entstand dann unmittelbar an das

Bronzener Reisewagenaufsatz. Gezeigt wird Herkules mit Keule und Löwenfell, der eine reitende Amazone an der Flucht hindert, gefunden zwischen 1879 und 1882 im Westen des Kastells Divitia-Deutz, 4. Jahrhundert n. Chr.

Ausgrabungssituation 2008: Nordwestlicher Eckturm des spätrömischen Kastells *Divitia* mit der vorgesetzten Mauerschale der preußischen Befestigung (sogenannter Schinkenkessel)

römische Westtor angebaut ein mächtiger steinerner Wehrturm der Grafen von Berg. Die damals noch in großen Teilen bestehende spätrömische Festung wurde im 13. Jahrhundert geschliffen, der Wehrturm vermutlich auch.

Rückseite eines Goldmultiplum (Münze vom mehrfachen Gewicht eines Solidus) von Konstantin I. Die Befestigung wird als Kastell Divitia gedeutet

Mittelalter verschollen, aber urkundlich überliefert. Sie nennt den »glücklichen und unbesiegbaren Kaiser« als Sieger über die Franken und das *Castrum Divitensium*. Eine kostbare Goldprägung, ein sogenanntes Goldmultiplum des Jahres 315, soll Konstantin im fertiggestellten Deutzer Kastell zeigen.

Spätestens mit dem Bau der Rheinbrücke war auf dem linken Rheinufer auch eine fortifikatorische Sicherung des 250 Meter breiten Geländestreifens zwischen rheinseitiger Stadtmauer und Rheinufer erforderlich. Das Inselgelände war zu diesem Zeitpunkt schon mehr als 100 Jahre landfest, doch scheint man es in den langen Friedenszeiten nicht befestigt zu haben. Erst im 4. Jahrhundert wurden west-östlich verlaufende Schenkelmauern im Norden und Süden der ehemaligen Insel zwischen rheinseitiger Stadtfestung und Rheinufer errichtet. 1978/79 wurden auf dem Grundstück von Philharmonie und Museum Ludwig mächtige Eichenpfosten aus-

Bischofgartenstraße, Fundament eines spätrömischen Wehrturms aus zweitverwendeten römischen Werksteinen während der Ausgrabungen 1979/80

gegraben, die in West-Ost-Richtung quer durch ehemalige Nebenrinne des Rheins führten. Die Hölzer, die Rest einer Palisade oder eines Pfahlrosts einer Mauer sind, wurden auf einer Strecke von 40 Metern verfolgt. 15 Meter östlich der Stadtmauer war ein annähernd quadratischer Pfahlrost von 3 x 2,5 Metern Grundfläche erhalten, der wohl einen Turm markiert. 27 Meter weiter östlich wurde auf der ehemaligen Rheininsel ein 9,3 x 7,5 Meter großes Turmfundament freigelegt, das aus bis zu 1,8 Meter langen und 0,9 Meter großen Kalksteinblöcken bestand. Die Steine stammten von älteren Grabdenkmälern und dienten ebenfalls als Fundament eines Turmes. Vom Turm führte die Schenkelmauer weiter bis zum Rheinufer. Die Befestigung auf Höhe des Domes setzt ein entsprechendes Pendant im Süden der Rheinstadt voraus. Diese südliche Schenkelmauer dürfte auf Höhe des Filzengrabens *(948: fossa civitatis)* zu suchen sein. Bei Ausgrabungen am Standort der Hochschule für Medien und Design wurde eine römische Kiesstraße nachgewiesen, die genau zum Standort des mittelalterlichen Tores *(porta frumenti)* führte.

Wie das alltägliche Leben in der *civitas Agrippinensium,* wie die *Notitia Galliarum,* ein Verzeichnis der Gemeinden in den spätantiken gallischen Provinzen sie nennt, ablief, ist anhand der schriftlichen Quellen kaum zu sagen. Ganz allgemein kann man sagen, dass sich gegenüber vorangegangenen Jahrzehnten nichts Grundsätzliches verändert hat. Dem Stadtrat, dem *ordo decurionum,* dessen Versammlungsort in der *curia* westlich des Statthalterpalastes nahe der Hohestraße vermutet wird, gehörten rund 100 namhafte Persönlichkeiten an. Bei Antritt eines Dekurionenamtes war ein sechsstelliger Vermögensnachweis erforderlich, und als Antrittsgelder waren vier- bis fünfstellige Summen fällig. Die meisten dort vertretenen Familien verfügten über großen Grundbesitz im Umland, die ihnen entsprechende Beträge ermöglichten. Der Lohn waren politische Mitbestimmung, richterliche Arbeit, gesellschaftliches Prestige, aber auch Vorrechte bei Festessen oder Spielen im Amphitheater. Die hohen Kosten, die mit derartigen Ämtern verbunden waren, haben offenbar dazu geführt, dass in wirtschaftlich und politisch unruhigen Zeiten nicht alle Posten besetzt werden konnten. Denn der wirtschaftliche Niedergang in der Spätantike machte das vormals begehrte Amt für viele nur noch zur Last: Der bekannte Erlass des Konstantin aus dem Jahr 321 lässt dies jedenfalls vermuten. Der Dekurionenrat wandte sich darin an den Kaiser und bat um Erlaubnis, dass auch Mitglieder der jüdischen Glaubensgemeinde für städtische Ämter verpflichtet werden könnten, von denen sie bislang

Grabsteinfragmente aus dem Fundament des Wehrturms im Römisch-Germanischen Museum Köln

befreit waren. Konstantin stimmte dem für Köln und das ganze Reich zu. Dieser Rechtsakt bedeutete also keine Emanzipation oder Privilegierung der Juden – das Gegenteil war der Fall!

Fast zeitgleich fanden militärische Aktionen gegen rechtsrheinische Germanen statt, wie Feldzüge unter Konstantins Sohn Crispus 318/19 und 328/29 zeigen. Als Konstantin im Jahr 337 starb, übten seine drei Söhne mehr oder weniger gleichberechtigt die Herrschaft aus. Doch mit der Eintracht war es bald vorbei: Der in Trier residierende Konstantin II. zog nach dem Tod des Vaters nach Italien, um seinen Bruder Constans zu bekämpfen. Nach dem Tod Konstantins II. gelang es dem noch jungen Constans den gesamten Westen des Reiches unter seine Herrschaft zu bringen. Die militärisch entblößte Rheingrenze wurde in der Folge von fränkischen Kontingenten überschritten, die plündernd ins Reich einfielen. Constans, der sich unmittelbar nach dem Tod des Bruders nach Gallien begab, konnte die Eindringlinge 341/42 zurückgeschlagen und hat damals wohl auch Köln be-

Mittelalterliche Darstellung des hl. Severin, eines der ersten Bischöfe in Köln um 400 n. Chr.

Köln, ein frühchristlicher Bischofssitz

Köln war spätestens seit Beginn des 4. Jahrhunderts Bischofssitz. Nachdem Konstantin das Christentum zur Staatsreligion erhoben hatte, sind kirchliche Organisationsformen in den nordalpinen römischen Provinzen belegt, so auch in der *Germania secunda* und deren Verwaltungszentrum Köln. In den Jahren 313/314 wird ein Bischof Maternus *de Agrippina civitate* erwähnt. Maternus hatte möglicherweise bereits um 300 das Trierer Bistum geleitet, danach wurde er nach Köln berufen. Er war ein Vertrauter Kaiser Konstantins, der sich zu Beginn seiner Regierungszeit mehrfach in Köln aufhielt. 313 gehörte Maternus einem Kreis gallischer und italischer Bischöfe an, die in Rom unter Vorsitz von Papst Miltiades über den Bischof von Karthago urteilen sollten. Ein Jahr später war der Kölner Bischof Teilnehmer des Konzils in Arles. Seine Teilnahme an zwei wichtigen Kirchenversammlungen spricht dafür, dass er in der weströmischen Kirchenorganisation einen nicht geringen Einfluss hatte. Eine hochmittelalterliche Quelle berichtet, Maternus habe bis 328 gelebt. Als zweiter Name wird Bischof Euphrates in einer Kölner Bischofsliste geführt. Euphrates dürfte aus dem Osten des Reiches an den Rhein gekommen sein. Lebensdaten sind nicht überliefert, doch war er wohl direkter Nachfolger des Maternus im zweiten Viertel des 4. Jahrhunderts. Euphrates nahm 342/3 an einem Konzil in *Serdica*

Magnentius, 350–353 n. Chr., (Münzportrait)

sucht. Im Jahre 345 n. Chr. muss sich Constans dann erneut in der CCAA aufgehalten haben. Wenige Jahre später, wohl 349/50, erhob sich der aus fränkischem Geschlecht stammende römische Offizier Magnus Magnentius gegen Constans und ließ diesen ermorden. Konstantinus II., der im Osten des Reiches amtierende dritte Sohn Konstantins, erkannte den Usurpator Magnentius jedoch nicht an. Dieser sammelte daraufhin ein angeblich 36.000 Mann starkes Heer und zog gegen den Ostkaiser. In der Schlacht von Mursa am 28. September 351 sollen bis zu zwei Drittel des Westheeres vernichtet worden sein, darunter die 22. Legion aus Mainz, deren Geschichte damit endete. Dieser furchtbare Aderlass sollte für den Westen des römischen Reiches nicht ohne Folgen bleiben!

(Sofia) teil, das im Rahmen des schwelenden Streites zwischen Arianern und Athanasianern abgehalten wurde. Als Gesandter der Synode reiste er zum Kaiser nach Antiochia, wo sich die östlichen Bischöfe versammelt hatten. Drei Jahre später wurde Euphrates angeblich wegen Häresie abgesetzt. Wenig später, so heißt es, sei er an inneren Schmerzen gestorben, seinen Leichnam habe man bei Neuss in den Rhein geworfen.

Der erste Bischof, dessen Wirken Spuren in Köln hinterließ, ist Severinus, ein Zeitgenosse des hl. Martin von Tours und des römischen Heerführers Arbogast. Gregor von Tours berichtet von einer Wanderung Severins zu verschiedenen Kirchen vor den Stadtmauern Kölns, in diesem Zusammenhang nennt er die Gereonskirche, die Ursulakirche und eine Kapelle auf dem Friedhof südlich der Stadt. An jenem Sonntag – so Gregor von Tours – »hörte er in der Stunde, da der heilige Martinus starb, in der Höhe einen Chor singen«. Er deutete die Erscheinung so, dass der Bischof Martin aus der Welt geschieden sei und Engel ihn in den Himmel holten. Nach der Legende soll sich Severin auf dem Martinsfeld aufgehalten haben, der Todestag des hl. Martin von Tours ist dagegen einigermaßen historisch gesichert, der 8. November 397, sodass Severin, der als Kämpfer gegen den Arianismus geschildert wird, um die Wende zum 5. Jahrhundert als Bischof von Köln amtiert haben muss. Von Severin ist nur der Todestag überliefert, der 25. Oktober (ohne Jahresangabe); zwei Kilometer südlich der Römermauer, an Stelle des späteren Stifts St. Severin, wurde er beigesetzt. Alles, was später zu Severin überliefert wurde, trägt eher legendenhafte Züge.

Stephanstraße: 20 Bronzemünzen (Maiorinae) aus einem gewaltigen Schatzfund. Die Münzen wurden in Trier unter Kaiser Magnentius zwischen 351 und 353 n. Chr. geprägt und wohl 353 n. Chr. vergraben

Schon bald eroberten Alamannen linksrheinische Ländereien zwischen Basel und Mainz. Franken überschritten den Rhein und unternahmen Vorstöße tief in das gallische Territorium. Zahlreiche landwirtschaftliche Betriebe, so der archäologische Befund, wurden damals Opfer marodierender Verbände. Selbst befestigte Plätze wie Bonn und Neuss wurden zerstört. Nur das mit festen Mauern geschützte Köln blieb vorerst verschont. Gleichzeitig rückten Verbände des Konstantinus II. gegen Magnentius vor, der mit heiler Haut aus der Schlacht von Mursa entkommen war. Nach einer weiteren Niederlage nahm sich der Usurpator 353 in Lyon das Leben.

12.2 DAS JAHR 355 N. CHR. UND SEINE FOLGEN

Die Ereignisse des Jahres 353 blieben für Köln nicht ohne Folgen. Vieles spricht dafür, dass die Stadt schon damals von Franken angegriffen wurde. Dank der mächtigen Stadtmauer und der unter Führung des gallischen Heermeisters Silvanus stehenden Militärs gelang es jedoch, die Stadt zu verteidigen. Ein riesiger Münzschatz, der 1889 südlich des Kapitols in der Stephanstraße entdeckt wurde, ist Zeugnis dieser Krisensituation. Sechs Tonfässer enthielten viele Tausend mehrheitlich frisch geprägte Münzen, von denen die meisten in der Regierungszeit des Magnentius im Umlauf gebracht wurden. Vielleicht handelte es sich um die Kasse eines öffentlichen Amtsträgers?

Kurze Zeit, nachdem Silvanus beseitigt worden war, drangen die Franken ins linksrheinische Gebiet ein und begannen Köln zu belagern. Nicht wenige der Angreifer dürften im römischen Heer eine militärische Ausbildung erfahren haben und waren so mit römischer Kampf- und Belagerungstaktik bestens vertraut. Köln war nach der Zerstörung der Militärlager in Bonn und Neuss, aber auch nach der Schwächung der römischen Truppen durch innere Konflikte des Reiches nicht mehr in der Lage, einer derartigen Belagerung standzuhalten. Auch das Kastell *Divitia* und die dort stationierten Kontingente konnten offenbar nicht zum Schutz der Stadt beitragen. Welche Rolle Deutz im Zuge der militärischen Eroberungen zukam, ist bis heute unklar. Zerstörungshorizonte, wie wir sie aus manchen Teilen der CCAA kennen, lassen sich dort jedenfalls nicht nachweisen.

Die Franken haben die Stadt wahrscheinlich zwei Monate lang belagert, von Ende September bis Anfang November 355. Ob die Aktionen in einer Erstürmung der Stadt oder einer freiwilligen Übergabe – sprich Kapitulation – ihrer Bewohner endete, bleibt

Silvanus (?–355 n. Chr.)

Claudius (?) Silvanus war ein Offizier fränkischer Abstammung, der unter Konstantin I. eine rasche militärische Karriere gemacht hatte. Er schloss sich zunächst der Usurpation des gallischen Gegenkaisers Magnentius an. Nach dessen Niederlage in der Schlacht bei Mursa im Jahre 351 wechselte er zum Sieger, dem Kaiser Constantius II., über. Unter dessen Herrschaft konnte er bis zum Rang eines Heermeisters *(magister militum)* aufsteigen. Der Kaiser übertrug ihm in den Jahren 352/353 das Kommando über Truppen in Gallien, die die dort einfallenden Germanenstämme über den Rhein zurückwerfen sollten. Doch Silvanus hatte Neider am Kaiserhof, die gegen ihn intrigierten. Sie konnten den Kaiser davon überzeugen, dass Silvanus plante, sich zum Gegenkaiser ausrufen zu lassen. Der Kaiser befahl ihn deswegen an den Hof nach Mailand zurück. Der zu Unrecht verdächtigte Silvanus überlegte zunächst, zu den Franken zu fliehen, dann trat er die Flucht nach vorne an und ließ sich am 11. August des Jahres 355 in Köln zum Gegenkaiser ausrufen. Inzwischen hatte allerdings eine Untersuchung, die Constantius II. hatte anstellen lassen, ergeben, dass Silvanus ursprünglich unschuldig war. Er ernannte Ursicinus als Nachfolger für das Amt des Heermeisters und sandte ihn mit nur zehn Begleitern nach Köln. Zur Begleitung gehörte auch der Historiker und Offizier Ammianus Marcellinus, dem der Bericht über diese Episode verdankt wird. Ursicinus gelang es, die Soldaten gegen Silvanus aufzuwiegeln. Diese ließen ihn nach nur 28 Tagen Herrschaft ermorden. Die Tat geschah in einem kleinen Haus, in das sich Silvanus, der auf dem Weg zu einem christlichen Kultraum *(conventiculum ritus Christiani)* war, geflüchtet hatte, nicht im Kölner Praetorium, wie gelegentlich behauptet wird.

fraglich. Sicher ist, dass es nach der Übernahme zu erheblichen Zerstörungen an öffentlichen Gebäuden kam. Der zeitgenössische Historiker Ammianus spricht jedenfalls von der Zerstörung der Stadt. Zwischen Mainz und Köln soll damals keine Siedlung oder Festung unbeschadet davon gekommen sein. Auch das Kölner Praetorium scheint im Zuge der Kriegshandlungen stark beschädigt worden zu sein.

Nachdem Konstantinus II. von den fränkischen Eroberungen erfahren hatte, entsandte er seinen Cousin Julian, den er kurz zuvor zum Mitregenten (Caesar) ernannt hatte, nach Gallien. Doch erst zehn Monate nach der Eroberung Kölns durch die Franken kam Julian mit ausreichenden Truppen nach Köln. Ammianus beschreibt die Ereignisse nur in Ansätzen; von Kampfhandlungen berichtet er nicht. Vielleicht haben die Franken die Stadt nach Verhandlungen verlassen, in deren Zusammenhang sie gegebe-

Julian, 360–363 n. Chr. (Münzportrait)

Julian (311–363 n. Chr.)

Flavius Claudius Julianus wurde als Neffe Konstantins I. in Konstantinopel geboren. Er war der letzte römische Kaiser, der sich wieder zum Heidentum bekannte. Deshalb nennt ihn die christliche Überlieferung Julian Apostata (›Julian der Abtrünnige‹). Sein Vetter Constantius II. ernannte ihn im Jahre 355 zum Caesar (Mitregent) und vertraute ihm in der Nachfolge von Silvanus die Verteidigung Galliens gegen die Germanen an. Alamannen und Franken hatten nämlich begonnen, nicht nur plündernd in Gallien einzufallen, sondern sich dort niederzulassen. So war das Rheinland fast völlig von den Franken besetzt worden, im November des Jahres 355 eroberten sie Köln. Doch Julian zeigte sich dieser Aufgabe gewachsen und nahm sie mit großem Erfolg wahr: Schon im Jahre 356 eroberte er Köln zurück und stellte die Rheingrenze wieder her. Zur Ernährung der römischen Grenzgarnisonen, die sonst aus dem Umland Kölns verpflegt werden konnten, musste er sogar Getreide aus Britannien einführen, bis die lokale Landwirtschaft wieder leistungsfähig war. Auch schlug er im Jahre 357 die Alamannen vernichtend in der Schlacht bei Straßburg. Als im Jahre 360 Kaiser Constantius II. Julians Truppen für den Krieg mit den Persern im Osten anforderte, meuterten diese und riefen Julian zum Kaiser aus. Nur der plötzliche Tod des Kaisers verhinderte den Bürgerkrieg. Nun zog Julian gegen die Perser und wurde am 26. Juni des Jahres 363 bei Maranga am Tigris in der Schlacht getötet.

nenfalls wohl umfangreiche Zugeständnisse, etwa den Zugang zu linksrheinischen Siedlungsgebieten, zugesprochen bekamen. Fränkische, oder besser gesagt germanische Gutshofbesitzer sind archäologisch im Umland Kölns nachgewiesen. Im Gegenzug dürften die fränkischen Einheiten wesentlichen Anteil an der Sicherung der Rheingrenze übernommen haben. Ganz gleich, was vereinbart wurde, die Verträge können nur kurze Zeit Bestand gehabt haben, denn schon 357 traf der neue Heermeister Severus bei seinem Zug von Köln über Jülich nach Reims auf 600 plündernde Franken. Auch Julian hat später noch mehrfach Feldzüge gegen Franken unternommen. Von einer Befriedung Galliens oder Niedergermaniens konnte also keine Rede sein.

Trotz der für Köln einschneidenden Ereignisse, die sicher dazu geführt haben, dass manch einer die Stadt verlassen hat, um sich in sichere Reichsteile zurückzuziehen, hat das städtische Leben

Das Hafentor wurde mit wieder verwendeten Werksteinen im 4. Jahrhundert n. Chr. zugemauert. Unter den Kalk-, Tuff- und Sandsteinblöcken erkennt man das regelmäßige Schalmauerwerk aus Grauwackequadern des 1. Jahrhunderts n. Chr.

Praetorium: Im Fundamentbereich des Oktagons sind große Tuffquader zu sehen, die in zweiter Verwendung verbaut wurden, 4. Jahrhundert n. Chr.

keinen grundsätzlichen Hiatus erfahren. An vielen Stellen wurde um die Mitte und in der zweiten Hälfte des 4. Jahrhunderts noch gebaut oder baulicher Altbestand erneuert. So lassen sich in den Thermen Umbaumaßnahmen nachweisen, die womöglich aber nicht mehr mit der ursprünglichen Gebäudefunktion als öffentlicher Badeanlagen zusammenhingen. Dort, wo heute der Heumarkt liegt, entstand ein mindestens 120 Meter langer und fünf Meter breiter, Nord-Süd ausgerichteter Bau, der in kammerartige Räume unterteilt war. Welche Funktion dieses mit einem Pultdach abgedeckte Gebäude hatte, ist fraglich. Manche sehen einen Zusammenhang mit der germanischen Rheinflotte, deren Hauptquartier auf der Alteburg Ende des 3. Jahrhunderts aufgegeben worden war. Wahrscheinlicher ist, dass es sich um Magazine oder Ladenlokale handelte, die nahe dem Hafenquartier am Rheinufer lagen.

Bekannt ist, dass Julian für fünf Jahre (356–360) in Gallien blieb. In dieser Zeit ließ er unter anderem die Festungen in Bonn und Neuss erneuern. Doch auch in Köln wurde offenbar einiges unternommen, um die Stadt besser vor feindlichen Angriffen zu

Die späteste datierte Inschrift in Köln: Bauinschrift zur Restaurierung eines baufälligen Gebäudes, gesetzt unter den Kaisern Theodosius, Arcadius und Eugenius zwischen 392 und 394 n. Chr. Erwähnt ist auch der Heermeister des Westreiches Arbogast

schützen. So konnte am Breslauer Platz bei den Ausgrabungen für die Nord-Süd-Stadtbahn ein mächtiger Spitzgraben nachgewiesen werden, der rund vier Meter breit und zwei Meter tief war. Der im 3. Jahrhundert ausgehobene Wehrgraben wurde nach Aussage der Kleinfunde frühestens in der zweiten Hälfte des 4. Jahrhunderts verfüllt. Von der partiellen Weiternutzung des Areals zeugt auch ein steingefasster Brunnen des 4. Jahrhunderts, der mit zahlreichen Werksteinen, darunter zerschlagenen Skulpturen und Weihedenkmälern verfüllt war. Ein auf mächtigen Punktfundamenten gründender Bau auf Höhe des Alter Markt gibt hingegen Rätsel auf. Das aus Tuffstein errichtete Gebäude unbekannter Größe war innerhalb der alten Nebenrinne des Rheins errichtet worden. Auch die Stadtmauer des späten 1. Jahrhunderts wurde damals umgestaltet. Vermutlich aus Sicherheitsgründen wurde das nördliche Hafentor der rheinseitigen Stadtmauer am Kurt-Hackenberg-Platz mit Werksteinen in Zweitverwendung zugemauert. Dabei nutzte man Säulenfragmente und Weihesteine. Auch bei der Instandsetzung der Straßen und Kanäle griff man auf recyceltes Steinmaterial zurück. In der Hohestraße wurden zerschlagene Marmorskulpturen, Weihe- und Grabdenkmäler zweckentfremdet verbaut.

Die Herrschaft von Julians Nachfolger Jovian war nur ein kurzes Intermezzo. Bereits ein halbes Jahr später wurde Valentinianus, ein hoher Offizier der Palastgarde, zum Kaiser gewählt, sein jüngerer Bruder Valens zum Mitkaiser für den Osten des Reiches erhoben. Valentinian verbrachte den größten Teil seiner von 364 bis 375 dauernden Herrschaft im Westen des Reiches. Damals wurden die Grenzbefestigungen am Rhein ausgebaut, darunter auch *Durnomagus*/Dormagen und *Gelduba*/Gellep, heute ein Stadtteil von Krefeld. Nach erfolgreichen Feldzügen gegen die Franken wurde ihm 369 der Siegername *Francicus*, Sieger über die Franken, zuteil. Valentinian gelang es, die Grenzlandschaft am Niederrhein zu befrieden. Dies hatte auch in Köln positive Auswirkungen, wie große Baumaßnahmen unter seiner Ägide belegen. So wurde der bestehende Bau des Statthalterpalastes grundlegend erneuert. Der Neubau hatte eine zum Rhein hin ausgerichtete Fassade von mehr als 90 Metern Länge. Von dem mächtigen achteckigen Zentralbau, dem Oktagon von circa zehn Metern Raumdurchmesser, gingen zwei langgestreckte Gebäudeflügel aus, die in zwei Apsidensälen am Nord- und am Südende endeten. Auch der monumentale Urbau von St. Gereon (S. 373ff.) dürfte auf die Regierungszeit Valentinians I. zurückgehen.

Nach dem Tod Valentinians im Jahr 375 traten seine Söhne Gratian und Valentinian II. die Nachfolge des Verstorbenen an. Valentinian II., ein Halbbruder des Gratian, war zu diesem Zeitpunkt gerade einmal vier Jahre alt. Die tatsächliche Macht lag in den Händen des Heermeisters Merobaudes, einem Mann fränkischer Herkunft. Die katastrophale Niederlage des Ostkaisers Valens gegen die Westgoten 378 veränderte vieles. Gratian ernannte den erfolgreichen Offizier Theodosius I. zum Ostkaiser und verlegte westliche Truppen in den Osten des Reiches zur Sicherung der Reichsgrenzen. Die Ermordung Gratians im Jahre 383 löste erneute Wirren und Machtkämpfe aus, aus denen Magnus Maximus zunächst erfolgreich hervorging und die Herrschaft über den Westen des Reiches übernahm. Bis zum Jahr 387 residierte Maximus in Trier. Nach seinem Tod kam es zu neuerlichen Unruhen und Aufständen unter den rechtsrheinischen Franken. In den Quellen heißt es, dass Truppen bei Köln, *apud Agrippinam*, gesammelt wurden, um gegen die Eindringlinge vorzugehen. Aktionen und Gegenaktionen dürfte es laufend gegeben haben, doch schlagen sich diese nur bedingt im archäologischen Befund nieder. Das Leben entlang der Grenze war in hohem Maße unsicher.

Nach dem Tod des noch jungen Valentinian II. im Jahr 392 war der Franke Arbogast als *magister militum praesentalis*, Befehlshaber der Armee und alleiniger Heermeister, praktisch uneingeschränkter Herrscher des Westreiches. Arbogast sorgte dafür, dass Eugenius, ein Mann senatorischer Abstammung, auf den Thron gesetzt wurde.

In diese Zeit datiert die letzte große Baumaßnahme der öffentlichen Hand, von der wir wissen. Die Inschriftentafel des Arbogast, die unter der Herrschaft von Theodosius, Arcadius und Eugenius entstand, war seit 1571 in eine Mauer am Chor von St. Peter eingelassen. Seit 1928 ist die Steininschrift im Römisch-Germanischen Museum ausgestellt. Es handelt sich um ein einzigartiges urkundliches Zeugnis und eine der wenigen epigraphischen Quellen zur Person des Eugenius. Die beiden ersten Zeilen sind eine Widmung an die drei Kaiser Theodosius, Arcadius und Eugenius anlässlich einer Baumaßnahme im Auftrag des *comes* Arbogast. Terminus post quem ist der 22. August 392, der Tag, an dem der ehemalige Rhetoriklehrer Eugenius von den Truppen Arbogasts in Lyon zum Kaiser ausgerufen wurde. Den *terminus ante quem* gibt der Todestag des Kaisers am 6. September 394. Die Inschrift berichtet, dass ein älteres und offenbar weitgehend verfallenes Gebäude von den Grundmauern an wieder aufgebaut werden musste. Sicher handelte es sich um ein Gebäude der öffentlichen Hand, eines der großen Verwaltungs- oder Repräsentationsgebäude in der Stadt.

394 beging Arbogast Selbstmord, nachdem er eine Schlacht gegen die Truppen des oströmischen Reiches verloren hatte. Eugenius wurde noch am selben Tag hingerichtet, und Theodosius ließ sich zum alleinigen Herrscher des Reiches ausrufen. Doch Theodosius starb Anfang des Folgejahres. Seinen zehnjährigen Sohn Honorius hatte er bereits zuvor zum Herrscher des Westens ernannt. Dieses Amt übte er zwar nominell bis 423 aus, doch lag die Macht in den Händen des obersten Militärs, des Vandalen Stilicho. Stilicho war mit einer Nichte des verstorbenen Kaisers Theodosius verheiratet und hatte eine seiner eigenen Töchter mit Honorius vermählt. Nach deren frühen Tod folgte die jüngere Tochter nach. Bis kurz vor seinem Tod im Jahr 408 gestaltete Stilicho die Politik im Westen des Reiches maßgeblich. Bekannt ist, dass Stilicho Verträge mit den Franken abschloss, deren Inhalt aber nicht überliefert ist. Vermutlich wurden den Franken abermals Siedlungsgebiete links des Rheins zugesprochen und im Gegenzug Grenzschutzaufgaben auferlegt. Offenkundig hatten diese Verträge Bestand, denn in den folgenden Jahren scheinen die Franken zuverlässige Partner an der Grenze des Reiches gewesen zu sein.

Grabinventar aus einem Sarkophag in Köln-Müngersdorf: Die reichen Grabbeigaben zeigen, dass es sich um die Bestattung eines wohlhabenden Germanen handelt, 4. Jahrhundert n. Chr.

12.3 KÖLNS UMLAND IN SPÄTRÖMISCHER ZEIT

Im Umland der CCAA lagen zahlreiche, teils große Landgüter. Eine der Anlagen war die *villa rustica* von Köln-Müngersdorf, die 1926 unter der Leitung von Fritz Fremersdorf ausgegraben wurde. Bis zum 5. Jahrhundert lassen sich hier keine Zerstörungshorizonte nachweisen. Gleichwohl muss es im Laufe des 4. Jahrhunderts zu einem Besitzerwechsel gekommen sein. Bis in die erste Hälfte des 5. Jahrhunderts haben diese neuen Besitzer in traditioneller, das heißt provinzialrömischer Weise bauliche Veränderungen vorgenommen, etwa an einem großen Horreum (Speicherbau). 40 Meter nordwestlich dieses Horreums wurden sechs West-Ost ausgerichtete Sarkophage innerhalb der ummauerten Gutshofeinfassung freigelegt. Alle Sarkophage waren antik beraubt, doch waren die Beigaben in der Grabgrube verschont geblieben. Anhand dieser Beigaben konnten zwei Gräber der ersten Hälfte des 4. Jahrhunderts zugewiesen werden. Direkt östlich davon lagen Bestattungen der zweiten Hälfte des 4. und der ersten

Die Ausgrabungen in Köln-Widdersdorf 1999/2000 im Luftbild.
Man erkennt die beiden ausgenommenen Wehrgräben

Hälfte des 5. Jahrhunderts. Vier auffallend reich ausgestattete Gräber können anhand der in Resten erhaltenen Beigaben Germanen zugewiesen werden. Sie enthielten unter anderem Bronzegefäße, Teile von Militärgürteln und einen metallgefassten Holzeimer. Nach Aussage der dort Bestatteten ist die *villa rustica* in der zweiten Hälfte des 4. Jahrhunderts in den Besitz wohlhabender Germanen übergegangen, die zumindest teilweise provinzialrömische Sitten annahmen. Die Bestattung im Sarkophag folgt römischer Tradition, die reiche Ausstattung des Grabes germanischen Grabbräuchen. Und auch unter den Siedlungsfunden der Villa gibt es Dinge, zum Teil des 5. Jahrhunderts n. Chr., die dem ›germanischem Kulturkreis‹ zuzurechnen sind, wie handgemachte Keramik, zwei Äxte, eine Lanzenspitze, Teile von Militärgürteln und Schmuck.

Auch die im Umland der *Colonia* liegenden Gutshöfe blieben von den politischen und militärischen Wirren nicht verschont. Einige der teilweise bis in die frühe Kaiserzeit zurückreichenden Gutshöfe wurden seit der zweiten Hälfte des 3. Jahrhunderts aufgegeben, andere grundlegend umstrukturiert. Vor allem seit der Mitte des 4. Jahrhunderts wurden viele von ihnen zu privaten Kleinfestungen, sogenannten *burgi,* umgestaltet.

Die befestigten Gutshöfe sind Zeugnis der jüngsten Phase römischer Landnutzung im Umland Kölns. Bislang sind rund 30 derartiger Anlagen westlich und südlich der CCAA bekannt. Die rechteckigen bis quadratischen Anlagen waren mit doppelten oder einfachen Grabwerken, Wall und Palisade befestigt. Auf den 1.500 bis 4.000 Quadratmeter großen Innenflächen standen meist Wehr- und Speichertürme. Zuletzt wurden mehrere *burgi* in Köln-Widdersdorf unter Leitung von Elisabeth M. Spiegel freigelegt. Die 55 x 40 Meter bzw. 40 x 37 Meter großen Festungen waren mit bis zu 5,5 Meter breiten und ehemals wohl 2,5 Meter tiefen Spitzgräben gesichert. Dahinter schloss eine 4,5 Meter breite Wallschüttung mit Palisade an. Im Zentrum der größeren Befestigung stand ein 15 x 10 Meter im Grundriss messender Pfostenbau, dessen tiefe Pfostensetzungen für einen zweigeschossigen turmartigen Bau sprechen. Der Burgus wurde Mitte des 4. Jahrhunderts errichtet und in der ersten Hälfte 5. Jahrhunderts durch ein Schadensfeuer zerstört. Bei den anschließenden Aufräumarbeiten wurden Teile einer durch Brand beschädigten Jupitersäule und zwölf tote Rinder in einem Brunnenschacht entsorgt. Nur einen Steinwurf entfernt lag ein zweiter kleinerer Burgus, der offenbar unvollendet blieb, als man die Anlage aufgab.

12.4 ZEITEN DES UMBRUCHS: DIE VÖLKERWANDERUNG IM RHEINLAND

In der Neujahrsnacht des Jahres 407 überschritten Alanen, Sueben und Vandalen zwischen Koblenz und Mainz den Rhein und zogen plündernd durch Gallien bis zur iberischen Halbinsel. Damals wurde auch Mainz, Hauptstadt der Provinz *Germania prima*, zerstört. Große römische Truppenkontingente waren zu dieser Zeit vorübergehend aus den nördlichen Provinzen nach Italien abgezogen worden, um die dort eingefallenen Westgoten abzuwehren. Die Rheingrenze wurde spätestens seit dieser Zeit im Wesentlichen von germanischen Verbänden in römischen Diensten gesichert.

Schon im Jahr 413 nutzten die ostgermanischen Burgunder die instabile politische und militärische Situation und gründeten »in einem Teil Galliens nahe des Rheins« eine eigene Herrschaft. Der Auflösungsprozess in den gallischen und germanischen Landschaften des römischen Reiches beschleunigte sich zusehends. Köln war 411 bis 413 Teil des Herrschaftsgebietes des Gegenkaisers Jovinus, den Honorius 413 hinrichten ließ. Seit dem Jahr 425 war Aetius Heerführer in Gallien. 428, so die Chroniken, gelang es ihm, den unmittelbar am Rhein liegenden Teil Galliens, in dem die Franken siedelten, wieder in das Reich einzugliedern. Die Kämpfe gegen die Franken sollen bis 432 angedauert haben. 437 wurde das Burgunderreich besiegt. 451 unternahmen die Hunnen unter der Führung Attilas einen großangelegten Feldzug nach Gallien, den erst Aetius in der Schlacht auf den Katalaunischen Feldern stoppen konnte. Aetius Truppen wurden von Westgoten und Franken unterstützt. Auch in Attilas Truppen waren germanische Verbündete integriert. So trafen in der Schlacht auf den Katalaunischen Feldern rechtsrheinische auf linksrheinische Franken.

Der Salfranke Merowech, der auf Seiten des Aetius stehende Namen gebende Ahnherr der Merowinger, trat

Bronzene Bügelfibel aus dem Kastell Divitia-Deutz. Die Fibel gehörte zur Tracht einer Dame elbgermanischer Provenienz, Mitte 5. Jahrhundert

Skoten
Briten
York
Angeln
Sachsen
London
Jüten
Nordsee
Jüten
Dänen
Ostsee
Angeln
Friesen
Sachsen
Warnen
Oder
Weichsel
Elbe
Rhein
Salier
Ripuarier
Köln
Thüringer
Cambrai
Zülpich
Reims
Paris
REICH DES SYAGRIUS
Trier
Maas
Worms
Alemannen
Regensburg
Langobarden
Bajuwaren
Straßburg
Rugier
Donau
Heruler
Orléans
Tours
Langres
Autun
Besançon
Lorch
Noricum
REICH DER OSTGOTEN
Loire
REICH DER BURGUNDER
Raetia
Clermont
Aquileja
Mailand
Verona
Sirmium
Save
Singidunum
Bordeaux
Rhône
Vienne
Dalmatia
Po
Pollenza
Genua
Ravenna
Toulouse
Arles
Aricona
Narbonne
Marseille
Florenz
Salonae
REICH DER WESTGOTEN
Ebro
Salamanca
Zaragoza
Barcelona
Korsika
Rom
Dyrrhachium
Tortosa
REICH DES ODOAKER
Toledo
Neapel
Tarent
Valencia
Sardinien
Córdoba
Balearen
Cosenza
Málaga
Cartagena
Palermo
Messina
Caesarea
Hippo Regius
Karthago
Syracus
REICH DER VANDALEN
Leptis Magna
N
0
200 km

Knochenkämme mit dreieckiger Griffplatte aus der frühfränkischen Siedlung im Bereich Divitia/Deutz, um 400/erste Hälfte 5. Jahrhundert

damals in das Licht der Geschichte. Sein Sohn und Nachfolger Childerich I. herrschte bis zu seinem Tod 482 über die salischen Franken. In den Beigaben seines Prunkgrabes spiegelt sich das Selbstbewusstsein eines bedeutenden germanischen ›Soldatenkönigs‹ beispielhaft wider. Es vermittelt eine konkrete Vorstellung von der spätantiken Militäraristokratie germanischer Abstammung, die sich sowohl in ›germanischen‹ Insignien (goldener Halsreif) als auch römischen Würdenzeichen (goldene Zwiebelknopffibel) widerspiegelt.

Europa nach dem Untergang des Weströmischen Reiches im Jahr 476 n. Chr.

Kolorierter Kupferstich von Grabbeigaben Childerichs im belgischen Tournai (Goldener Kolbenarmring, goldene Schnallen mit Almandineinlagen). Nach dem Werk »Anastasis Childerici I. Francorum Regis, sive Thesaurus spulchralis Tornaci Nerviorum efossus« von Jean Jaques Chifflet aus dem Jahre 1655

Auch Köln blieb von den Unruhen dieser Zeitenwende nicht verschont. Um das Jahr 440 klagt der in Trier oder Köln geborene Kleriker Salvian von Marseille *(De gubernatione Dei VI,39)*, dass »Köln voller Feinde sei« und sich viele romanische Einwohner Kölns aus der Stadt abgesetzt hätten. Gleichwohl beweisen die archäologischen Funde, dass Romanen weiterhin in großer Zahl in der Stadt gelebt haben, Latein eine ›lebendige‹ Sprache blieb und romanische Traditionen gepflegt wurden. Getragen wurde die romanische Bevölkerungskontinuität von der christlichen Kirche und dem Kölner Bischofssitz. Der archäologische Befund zeigt, dass Köln damals von größeren Zerstörungen verschont blieb, ganz im Gegensatz zu Trier: Salvian berichtet, dass diese Stadt in der Unruhen der Völkerwanderungszeit bereits zum vierten Mal zerstört worden sei.

Schon Otto Doppelfeld hatte vermutet, dass es sich bei den in Köln und im Umland auftauchenden »Feinden« nicht um einfallende Eroberer, sondern um Germanen in römischen Diensten handelte. Diese hatten als römische Föderaten seit einem halben Jahrhundert die Sicherung der Rheingrenze übernommen und erfüllten diesen Auftrag Roms bis zum Jahr 455. Nach der Ermordung des Heermeisters Aetius und dem Tod seines Mörders, des weströmischen Kaisers Valentinian III., blieben die zugesagten Soldzahlungen aus. Die Germanen sahen sich fortan nicht mehr an ihre Verträge gebunden. Der *liber historiae Francorum*, eine Chronik des 8. Jahrhunderts, nennt die Jahre 459/61 als Zeitpunkt der endgültigen Übernahme Kölns durch die Franken: »In diesen Tagen nahmen die Franken die am Rhein gelegene Stadt Agripina und nannten sie Colonia, als ob Pächter, Siedler – *coloni* – in ihr wohnten. Dabei töteten sie eine große Menge Römer, die zum Anhang des Aegidius gehörten, Aegidius selbst konnte aber fliehen.«

Das rheinfränkische Kleinkönigtum, das sich nun in und um Köln herum etablierte, dessen Herrschaftsanspruch vom Rhein bis zur Maas reichte, war aber nur eines von mehreren fränkischen Teilreichen. In der Provinz *Belgia secunda* und vielleicht auch in der *Toxandria* herrschte Childerich I. Hauptort der Provinz *Belgia prima* war Trier, wo der romanisierte Franke Arbogast die Herrschaft ausübte. Seine Familie war bereits seit Generationen an der Mosel beheimatet. Seit 461 wird auch das sogenannte ›zweite‹ Reich der Burgunder westlich des Genfer Sees in den Schriftquellen erwähnt. Neben diesen germanischen Kleinkönigtümern vertrat der aus Köln vertriebene Aegidius als *magister militum Galliarum* (Heermeister der gallischen Provinzen) die Interessen Roms, das weiterhin vom Bestand und der Zugehörigkeit der drei Provinzen ausging.

Bronzene Scheibenfibel mit Kerbschnittdekor. Die Fibel dürfte von einer Dame aus dem niedersächsischen Küstengebiet nach Köln mitgebracht worden sein, Mitte 5. Jahrhundert

Der Dichter und Schriftsteller Sidonius Apollinaris (um 430–479) nennt die Landschaft als Teil des römischen Reiches *terrae Belgicae sive Rhenanae*. Diese Situation änderte sich, als Aegidius im Jahr 463 von der Zentralregierung in Rom abgesetzt und an seiner Stelle der Burgunderkönig Gundowech eingesetzt wurde. In dieser Konfliktsituation bekannte sich Childerich I. zu Aegidius, der die Entscheidung aus Rom nicht akzeptieren wollte, während sich die Rheinfranken auf Seite der Burgunder schlugen. Zeugnis dieser Bündnispolitik ist die Heirat Sigiberts, Sohn des ersten namentlich nicht überlieferten Königs der Rheinfranken, mit einer burgundischen Prinzessin. Nach der Absetzung des letzten römischen Kaisers, des Romulus Augustulus, im Jahre 476 scheinen die Rheinfranken ihren Herrschaftsanspruch bis an die Mosel ausgeweitet zu haben. Childerichs Sohn und Nachfolger Chlodwig besiegte einige Jahre später Syagrius, Sohn des Aegidius, und zerschlug damit die letzten römischen Machtstrukturen in Gallien.

Frühchristlicher Grabstein des Knaben Vitalis aus den Ausgrabungen im Gerling-Quartier bei St. Gereon, 5./6. Jahrhundert

13. FRANKEN LINKS UND RECHTS DES RHEIN

Im letzten Viertel des 5. Jahrhunderts, so berichtet Gregor von Tours, war Sigibert König der Rheinfranken. Er dürfte diese Herrschaft von seinem namentlich nicht bekannten Vater übernommen haben, der vermutlich noch ein hoher Offizier in römischen Diensten gewesen war. Wie andere germanische Militärs hatte er die Gunst der Stunde genutzt und eine eigene Herrschaft errichtet, die später ›ripuarisches Reich‹ genannt wurde. Die »Ripuarier«, das heißt wörtlich »die Uferbewohner«, waren diejenigen Franken, die am Rhein an der *»ripa«*, der ehemaligen römischen Militärgrenze, siedelten. Ob dieser Stammesname schon im 5. Jahrhundert gebräuchlich war, ist nicht bekannt, denn der Begriff taucht erst im 7. Jahrhundert in der *Lex Ribuaria* erstmalig auf, die unter König Dagobert (629–639) entstand.

Sicher ist, dass Sigibert und seine Nachfolger im Kölner Praetorium residierten, am Platz der römischen Statthalter. Gregor von Tours erwähnt die königliche Halle, *aula regia,* um das Jahr 520. Wie man sich diese königliche Residenz in Köln vorzustellen hat, lässt sich kaum sagen. Sicher waren die römischen Mauern mehrheitlich noch im Aufgehenden erhalten und wurden durch Holz- oder Fachwerkkonstruktionen ergänzt. Die Architektur hat zweifellos repräsentativen Ansprüchen Genüge geleistet. An einschlägigen Funden dieser Zeit aus dem Praetorium sind eine Goldmünze (Triens) und eine Bügelfibel der Zeit

Rathausplatz: Triens (Goldmünze) des Justinus II. (565–578)

Blick auf die Ausgrabungen im Norden des Kölner Heumarkt, 1997/98, Blick von Süden

Heumarkt, Ausgrabungen in der frühmittelalterlichen Siedlung, 1998

um die Mitte des 6. Jahrhunderts zu nennen, die erst jüngst bei Grabungen im Bereich der hochmittelalterlichen Synagoge gefunden worden ist. Die ältesten ›fränkischen‹ Funde stammen aus dem Gebiet zwischen *cardo maximus* und Rheinufer, dem Deutzer Kastell und den *extra muros* gelegenen Friedhöfen. Den eindrucksvollsten archäologischen Befund verdanken wir den Ausgrabungen, die von 1996 bis 1998 auf dem Heumarkt stattfanden. Dort lassen sich mehrere Höfe mit Pfostenhäusern und Grubenhütten nachweisen, die um die Mitte des 5. Jahrhunderts beidseits einer steingeschotterten Straße gegründet wurden. Unter den Kleinfunden finden sich Tracht- und Waffenteile, die an der mitteldeutschen Provenienz der neuen Siedler keinen Zweifel aufkommen lassen. Weiblicher Trachtschmuck zeigt, dass die germanischen Soldaten dort mit ihren Familien lebten. Gleiches gilt auch für das Kastellareal *Divitia*/Deutz.

Die fränkischen Verbände, die sich auf dem Heumarktgelände, aber auch an anderen Stellen der *Colonia* um die Mitte des 5. Jahrhunderts niederließen und beispielsweise nahe dem Grab des heiligen Severin ihre Verstorbenen bestatteten, lebten zu Zeiten des ersten rheinfränkischen Königs und seines Sohnes Sigibert, der vielleicht um 470 an die Macht kam. Sigibert wurde nach Intrigen des Salfranken Chlodwig (482–511), mit dem er zuvor bei Zülpich gegen die Alamannen gekämpft hatte, von seinem eigenen Sohn Chloderich ermordet. Chloderich wurde dann seinerseits 507/08 von Chlodwig beseitigt. Damit ging das Reich der Rheinfranken im fränkischen Großreich Chlodwigs auf.

Der positiven Entwicklung Kölns im Frühen Mittelalter tat dies jedoch keinen Abbruch. Obwohl die schriftlichen Quellen des 6. und 7. Jahrhunderts Köln nur am Rande erwähnen, sollte man diese Quellenarmut nicht fehlinterpretieren. Davor warnt auch ein vergleichender Blick nach Metz, das – obwohl im 7. Jahrhundert historisch verbürgte Residenz der austrasischen Könige – von den frühen Schriftquellen ebenso selten wie Köln berührt wird.

Ferner hätten davor schon die reichen Grablegen unter dem Kölner Dom warnen sollen, die 1959 für alle völlig überraschend ans Tageslicht kamen. Die Bestattungen sind der aristokratischen Elite des Merowingerreiches der ersten Hälfte des 6. Jahrhunderts zuzuschreiben. Sie stammen also aus einer Zeit, in der das rheinfränkische Königtum als eigenständige Institution schon nicht mehr bestanden hat bzw. im *regnum Francorum* der Nachfolger Chlodwigs aufgegangen war. Vororte des östlichen Frankenreiches waren zunächst Reims, seit dem 7. Jahrhundert dann vor allem Metz. Doch auch die alte CCAA muss eine bedeutende Rolle im Frankenreich eingenommen haben, getragen von der Lage am Rhein als einer der wichtigsten europäischen Handelsachsen und am Knotenpunkt der bedeutendsten Fernstraßen.

Triens (Goldmünze) des Kölner Münzmeisters Rauchomaurus, frühes 7. Jahrhundert

Dies haben spätestens die bereits genannten Ausgrabungen auf dem Heumarkt bewiesen. Aus den Mitte des 5. Jahrhunderts gegründeten Hofstellen entwickelte sich eine florierende städtische Besiedlung. Die merowingerzeitlichen Befunde verteilten sich über das gesamte 6.000 Quadratmeter große Ausgrabungsgelände. Anhand der Kleinfunde lassen sich nicht nur Gartenanbau und Kleintierhaltung nachweisen. Die Bewohner gingen spezialisiertem Hand-

Köln-Müngersdorf: Fränkisches Frauengrab mit Bügelfibeln (Länge sieben Zentimeter), S-Fibel, Armring und gläsernem Schmuckwirtel, Mitte 5. Jahrhundert

werk nach. Belegt sind Kammherstellung, Buntmetall- und Glasverarbeitung. Von besonderem Interesse ist dabei der Nachweis von Glasverarbeitung. Freigelegt wurden mindestens zwei Glasöfen (Kühlöfen) und zugehörige Abfallgruben, denen Glasabfälle und Produktionsreste entnommen wurden. Neben Hohlgläsern wurden auch Glasperlen und Wirtel produziert. Aber auch Händler waren dort ansässig: Regionale und überregionale Handelsbeziehungen spiegeln sich in zwei Münzmeister-Trienten des späten 6. und frühen 7. Jahrhunderts aus dem rheinaufwärts gelegenen Andernach und dem südfranzösischen Banassac wider. Einen Goldprobierstein hat wohl ein frühmittelalterlicher Händler verloren.

Ergänzt durch Einzel- und Altfunde, Grabungen im Bereich der Rheinstadt, bei St. Kolumba und der ehemaligen Kirche St. Cäcilien (heute Museum Schnütgen) und jüngste Ausgrabungen anlässlich des Baus der Nord-Süd-Stadtbahn können wir heute nachweisen, dass ein circa 40 Hektar großes Gebiet zwischen

Zweischneidiges Langschwert (Spatha) mit kostbaren Beschlägen. Sammlung Diergardt im RGM. Gefunden in Ferebrianges, Dep. Marne, frühes 7. Jahrhundert

Divitia/Deutz, Blick über das Ausgrabungsgelände 2010 am Kennedy-Ufer in Deutz. Im Hintergrund die Hohenzollernbrücke

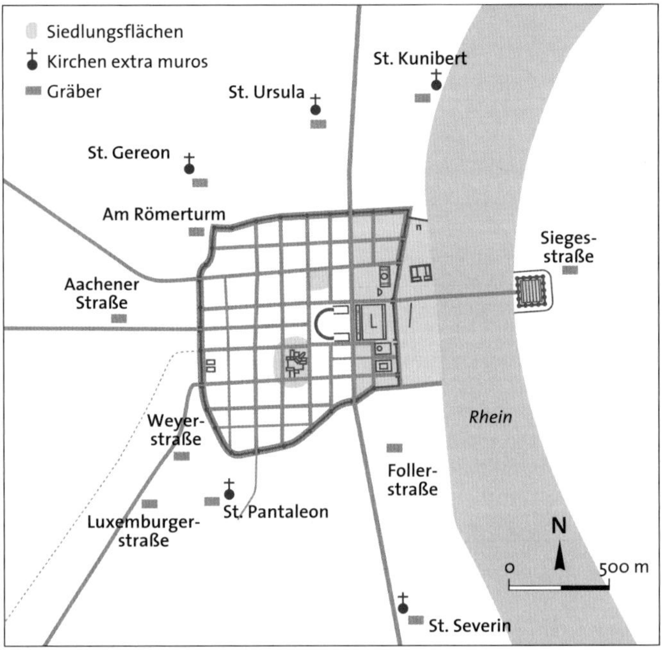

Köln in der Merowingerzeit

Rhein und cardo maximus besiedelt war. Westlich davon gab es nur kleinere inselartige Siedlungsflächen. Doch die Franken haben Köln nicht alleine besiedelt. Auch Menschen römischer Abstammung – Romanen – müssen in großer Zahl in Köln geblieben sein, wie frühchristliche Grabsteine des 5. bis 7. Jahrhunderts belegen. Diese zeigen, so Winfried Schmitz, »... dass es in Köln nicht nur eine Besiedlungskontinuität, sondern auch eine Bevölkerungs- und Sprachkontinuität gegeben hat. Auch unter der fränkischen Herrschaft gab es in Köln noch eine stärkere Bevölkerungsgruppe, die die römische Sprache und Kultur weiterhin tradierte.« Romanen und Franken bestatteten ihre Toten übrigens gemeinsam auf den Friedhöfen vor der Stadt, bei St. Severin, St. Ursula, St. Gereon und St. Kunibert. Auch das darf man ganz sicher als Zeichen von gemeinsamem Handeln bewerten.

Und wie sah es zu dieser Zeit in Deutz aus? Auch dort scheint sich aus der frühfränkischen Besiedlung eine Stadt entwickelt zu haben, die Gregor von Tours im Jahr 555 anlässlich sächsischer Plünderungen im Umland *Civitas Divitia* nennt. Als Civitas bezeichnet Gregor von Tours nur Siedlungen von übergeordneter

Bedeutung, etwa feste Adelshöfe, Bischofssitze oder Zentralorte. Gregor berichtet: »*Der König Chlothachar focht aber damals tapfer gegen die Sachsen. Diese nämlich waren, wie man sagt, von Childebert aufgewiegelt und noch vom vorigen Jahr her zornentbrannt gegen die Franken; sie kamen aus ihrem Gebiet und zogen ins Frankenreich und plünderten alles bis zur civitas Deutz und verübten schwere Frevel über die Maßen.*« Durch die jüngsten Ausgrabungen des Jahres 2010 ist nun auch belegt, dass nicht nur der Osten des Kastellareals von Franken bewohnt wurde. Auch Alt St. Urban, die älteste Pfarrkirche von Deutz, ist mit großer Wahrscheinlichkeit eine Gründung des 6./7. Jahrhunderts. Dafür spricht nicht allein die prominente Lage an der *Via praetoria* nahe dem Westtor, sondern auch das Patrozinium des heiligen Urban, das bis ins 5. Jahrhundert zurückreicht.

Beiderseits des Rheins entwickelten sich also aus den merowingischen Siedlungszentren kontinuierlich bestehende urbane Zentralorte. Vor allem die archäologischen Quellen der *Colonia* zeugen vom Leben und Arbeiten in der frühmittelalterlichen Stadt. Wenngleich sich keine genauen Einwohnerzahlen für Köln im 8. bis 10. Jahrhundert ermitteln lassen, spricht der Umfang der überbauten Flächen dafür, dass in dieser Zeit mehrere Tausend Menschen im Schutz der römischen Stadtmauern lebten. Die schriftliche Überlieferung des Heiligen Maurinus nennt Köln im Jahr 967 eine volkreiche Stadt *(populosa civitas)*. Dies sind die Wurzeln des wirtschaftlichen Aufstiegs der mittelalterlichen Handelsmetropole am Rhein, die bis weit in das Frühmittelalter zurückreichen.

14. KÖLN UND ›SEINE‹ RÖMER

Köln wird gern die nördlichste Stadt Italiens genannt. Zunächst einmal lebt die römische Antike natürlich auch im Stadtnamen weiter, und das nicht links, sondern auch rechts des Rheins, lassen sich doch Köln – die *Colonia* – und Deutz – die *Divitia* – unmittelbar aus den antiken Ortsnamen ableiten. Aber die Spuren der römischen Vergangenheit sind bis heute auch an vielen Stellen im modernen Stadtgebiet greifbar, nicht nur in den reichen Sammlungen des Römisch-Germanischen Museums, sondern auch in Form vieler ortsfester Bodendenkmäler, sei es die römische Stadtmauer, sei es der Schlammfang im Grüngürtel oder der Brunnen in der Europa-Schule in Köln-Zollstock. Der Kölner ist sich dieser Tradition und Geschichte wohl bewusst und stolz darauf, und dass schon seit dem Mittelalter, wie die frühen Stadtansichten zeigen, die dem Betrachter ganz selbstverständlich auch Steindenkmäler aus der römischen Vergangenheit vor Augen führen. Nicht ganz uneitel führten sich fast alle Kölner Patrizierfamilien zumindest seit dem Spätmittelalter auf das römische Kaiserhaus zurück.

Daran änderte sich in den folgenden Jahrhunderten wenig. Hugo Borger drückte es 1974 im ersten Heft der ›Römer Illustrierten‹ so aus: »Dem römischen Köln hat sich noch kein Kölner entzogen und kaum einer von denen, die der Weg nach Köln führte, entziehen können. Die ›Römer‹ sind durch alle Jahrhunderte auf irgendeine Weise ein Wesensbestandteil im wechselnden Geschick der Stadt gewesen«. Ja selbst in den Jahren des Zweiten Weltkriegs, in denen es für die meisten um das nackte Überleben ging, kümmerte man sich um Relikte aus der Vergangenheit der Stadt.

Daran änderte sich auch nichts in den Zeiten des Wiederaufbaus der 1950er-Jahre, als große Teile der Stadt noch in Trümmern lagen. Als man unter der Leitung von Otto Doppelfeld auf die mächtigen Grundmauern des Statthalterpalastes stieß,

Ein zeitgenössischer »Römer«
der RömerGarde Köln-Weiden e.V.

Rathausplatz: Archäologie im kriegszerstörten Köln

begeisterte der Ausgräber den Rat parteiübergreifend für den dauerhaften Erhalt dieses Denkmals. Diesem Einsatz verdanken wir heute das Praetorium und letztlich auch den 1959 erschienen Archäologie-Klassiker »Mit der Fahrstuhl in die Römerzeit« von Rudolf Pörtner. Für das Römisch-Germanische Museum fand man schon 1974 den idealen Standort über dem großartigen Dionysosmosaik. Während dort gebaut wurde, fanden direkt benachbart, quasi im Schatten der Kathedrale, gewaltige Ausgrabungen statt, die den ebenso schönen wie treffenden Titel »Rom am Dom« trugen.

Das Römisch-Germanische Museum wurde seit seiner Eröffnung 1974 von mehr als 20.000.000 Menschen aus aller Herren Länder, aber natürlich auch von unzähligen Kölnern besucht, eine wahrhaft gewaltige Zahl. Viele von ihnen waren Schüler, denn noch heute gehört ein Besuch des Hauses zu praktisch jeder Schulausbildung. Noch viel größer dürfte aber die Zahl derer gewesen sein, die sich an den großen Fensterscheiben die Nase platt gedrückt haben, um Tag und Nacht von der Domplatte das Dionysosmosaik und das haushohe Grabmal des Lucius Poblicius zu bestaunen. Hugo Borger, ehemaliger Direktor des Römisch-Germanischen Museums und späterer Generaldirektor der Kölner Museen, hatte in weiser Voraussicht das Museum während der laufenden Bauplanungen so umgestaltet, dass das Grabmal dieses kölschen Kulturbotschafters in die nach ihm benannte Poblicius-Halle hineinpasst. Es bleibt zu hoffen, dass die baldige Generalsanierung des Hauses und die Neugestaltung der ständigen Sammlung die Attraktivität des Hauses noch einmal erhöhen. Wie groß das Interesse der Menschen an der Kölner Vergangenheit ist, zeigen nicht zuletzt auch die Sonderausstellungen der letzten Jahre, von denen nicht wenige echte Publikumsrenner waren. Ganz sicher lassen sich in Köln wie in kaum einer anderen Großstadt Deutschlands Archäologie und Geschichte in der Öffentlichkeit vermitteln. Tatsache ist, dass Köln die einzige deutsche Millionenstadt ist, die auf eine 2.000jährige Geschichte zurückblicken kann – ein echtes Alleinstellungsmerkmal! Das Interesse und der Stolz der Kölner auf ihre Stadtgeschichte drücken sich nicht zuletzt in der oft zitierten genealogischen Abfolge ›Vater – Großvater – Römer‹ aus. Dem ist nichts hinzuzufügen!

Bierdeckel aus dem Jahre 2013 der Privat-Brauerei Heinrich Reissdorf, Köln

Literatur

Nico Aten: Römerzeitliche bis neuzeitliche Befunde der Ausgrabungen auf dem Heumarkt in Köln, in: Kölner Jahrbuch 34 (2001), S. 623–700.

Tilmann Bechert: Germania Inferior. Eine Provinz an der Nordgrenze des römischen Reiches (Orbis Provinciarum), Mainz 2007.

Tilmann Bechert: Ara Vbiorum. Zum Namen des frühkaiserzeitlichen Köln und zum Standort des Kaiseraltars, in: Carnuntum Jahrbuch (2012), S. 9–16.

Wolfgang Binsfeld: Die Namen Kölns zur Römerzeit, in: Heinz Ladendorf/Horst Vey (Hg.): Mouseion. Studien aus Kunst und Geschichte für Otto H. Förster, Köln 1960, S. 72–80.

Ronald Bockius: Schifffahrt und Schiffbau in der Antike, Stuttgart 2007.

Dela von Boeselager: Römische Gläser aus Gräbern an der Luxemburger Straße in Köln. Typologie, Chronologie, Grabkontexte, in: Kölner Jahrbuch 45 (2012), S. 7–526

Hugo Borger (Hg.): Kölner Römer Illustrierte 1, Köln 1974.

Jörgen Bracker: Neue Entdeckungen zur Topographie und frühen Geschichte des römischen Köln, in: Jahrbuch des Kölnischen Geschichtsvereins 45 (1974), S. 111–174.

Ursula Bracker-Wester: Die römischen Mosaiken von Köln, in: Archäologisches Korrespondenzblatt 4 (1974), S. 237–244.

Marion Brüggler: Villa rustica, Glashütte und Gräberfeld. Die kaiserzeitliche und spätantike Siedlungsstelle HA 132 im Hambacher Forst (Rheinische Ausgrabungen, Bd. 63), Mainz 2009.

Eva-Maria Cahn: Die römischen Bildlampen aus Köln. Mit einem Beitrag von Gerwulf Schneider, in: Kölner Jahrbuch 42 (2009), S. 7–391.

Maureen Caroll-Spillecke: Das römische Militärlager Divitia in Köln-Deutz, in: Kölner Jahrbuch 26 (1993), S. 321–444.

Maureen Carroll-Spillecke: Die Ausgrabungen im römischen Suburbium an der Jahnstraße in Köln, in: Kölner Jahrbuch 29 (1996), S. 563–578.

Lukas Clemens: Tempore Romanorum constructa. Zur Nutzung und Wahrnehmung antiker Überreste nördlich der Alpen während des Mittelalters (Monographien zur Geschichte des Mittelalters, Bd. 50), Stuttgart 2003.

Xavier Deru: Die Römer an Maas und Mosel, Mainz 2010.

Carl Dietmar/Marcus Trier: Mit der U-Bahn in die Römerzeit. Ein Handbuch zu den archäologischen Ausgrabungsstätten rund um den Bau der Nord-Süd Stadtbahn, 2. Aufl. Köln 2006.

Carl Dietmar/Marcus Trier: Colonia – Stadt der Franken. Köln vom 5. bis 10. Jahrhundert, 2. Aufl. Köln 2011.

Michael Dodt: Römische Badeanlagen in Köln, in: Kölner Jahrbuch 34 (2001), S. 267–331.

Michael Dodt: Römische Bauten in den nördlichen Insulae F1 und G1 der Colonia Claudia Ara Agrippinensium, in: Kölner Jahrbuch 35 (2002), S. 571–698.

Michael Dodt: Römische Bauten im südlichen Suburbium der Colonia Claudia Ara Agrippinensium, in: Kölner Jahrbuch 38 (2005), S. 433–733.

Otto Doppelfeld: Die römische Stadtmauer von Köln, in: Walther Zimmermann (Hg.): Kölner Untersuchungen. Festgabe zur 1900-Jahrfeier der Stadtgründung, Ratingen 1950, S. 3–40.

Otto Doppelfeld: Quellen zur Geschichte Kölns in römischer und fränkischer Zeit, in: Robert Frohn/Arnold Güttsches (Hg.): Ausgewählte Quellen zur Kölner Stadtgeschichte I, Köln 1958.

Otto Doppelfeld: Das Diatretglas aus dem Gräberbezirk des römischen Gutshofes von Köln-Braunsfeld, in: Kölner Jahrbuch 5 (1960/61), S. 7–35.

Otto Doppelfeld: Das Neunte Tor von Köln, in: Archaeologica Belgica 61 (1962), S. 35–44.

Werner Eck/Heribert Müller/Hansgerd Hellenkemper: Köln, in: Heinrich Beck/Dieter Geuenich/Heiko Steuer (Hg.): Reallexikon der Germanischen Altertumskunde 17, Berlin/New York 2000, S. 95–102.

Werner Eck: Köln in römischer Zeit (Geschichte der Stadt Köln, Bd. 1), Köln 2004.

Werner Eck: Augustus und die Großprovinz Germanien, in: Kölner Jahrbuch 37 (2004), S. 11–22.

Werner Eck: Köln im Übergang von der Antike zum Mittelalter, in: Geschichte in Köln 54 (2007), S. 7–26.

Werner Eck: Der Rhein als Lebensader der Städte des römischen Germaniens, in: Christoph Ohlig (Hg.): Von der cura aquarum bis zur EU – Wasserrahmenrichtlinie. 5 Jahre DWhG, Siegburg 2007, S. 109–126.

Ulrike Ehmig: Tituli Picti auf Amphoren in Köln, in: Kölner Jahrbuch 40 (2007), S. 215–322.

Ulrike Ehmig: Tituli Picti auf Amphoren in Köln II, in: Kölner Jahrbuch 42 (2009), S. 393–445.

Marion Euskirchen/Klaus Frank: Ausgrabungen kriegsbetroffener Altfunde in einem archäologischen Museum – Archivarchäologie im Rheinland, in: Fundgeschichten –Archäologie in Nordrhein-Westfalen (Schriften zur Bodendenkmalpflege in Nordrhein-Westfalen, Bd. 9), Mainz 2010, S. 158–160.

Philipp Filtzinger: Zur Lokalisierung der Zweilegionsfestung »Apud Aram Ubiorum«, in: Kölner Jahrbuch 6 (1962/63), S. 23–57.

Thomas Fischer/Carroll Maureen: Archäologische Ausgrabungen 1995/96 im Standlager der römischen Flotte (Classis Germanica) in Köln-Marienburg, in: Kölner Jahrbuch 32 (1999), S. 519–568.
Thomas Fischer: Neuere Forschungen zum römischen Flottenlager Köln-Alteburg, in: Thomas Grünewald (Hg.): Germania Inferior. Ergänzungsband RGA 28 (2001) S. 547–564.
Thomas Fischer/Norbert Hanel: Neue Forschungen zum Hauptstützpunkt der Classis Germanica in Köln-Marienburg (Alteburg), in: Kölner Jahrbuch 36 (2003), S. 567–585.
Thomas Fischer u. a.: Datierende Funde aus den Ausgrabungen des Jahres 1998 im Flottenlager Alteburg in Köln, in: Kölner Jahrbuch 36 (2003), S. 637–658.
Thomas Fischer u. a.: Ausgewählte Kleinfundgattungen der Ausgrabungen des Jahres 1998 im Flottenlager Alteburg in Köln, in: Kölner Jahrbuch 36 (2003), S. 683–711.
Thomas Fischer: Militaria aus Zerstörungsschichten in dem römischen Flottenlager Köln-Alteburg, in: Carnuntum-Jahrbuch (2005), S. 153–163.
Thomas Fischer (Hg.): Die Krise des 3. Jahrhunderts n. Chr. und das Gallische Sonderreich. Akten des Interdisziplinären Kolloquiums Xanten 26. bis 28. Februar 2009, Universität zu Köln (ZAKMIRA-Schriften, Bd. 8), Wiesbaden 2012.
Thomas Fischer: Die Armee der Caesaren, Regensburg 2012.
Anna-Barbara Follmann-Schulz: Die römischen Tempelanlagen in der Provinz Germania inferior, in: Wolfgang Haase (Hg.): Principat. Aufstieg und Niedergang der römischen Welt 18.1, Berlin/New York 1986, S. 672–793.
Klaus Frank: Die germanische Besiedlung rechts des Rheins, in: Fundgeschichten – Archäologie in Nordrhein-Westfalen (Schriften zur Bodendenkmalpflege in Nordrhein-Westfalen, Bd. 9), Mainz 2010, S. 106–109.
Gjergj Frasheri: Ausgrabungen auf dem Waidmarkt in Köln 2004–2006, Rahden in Westfalen 2009.
Gjergj Frasheri: Ausgrabungen in der Bechergasse und im Norden des Alter Marktes in Köln 2004–2009, Köln 2010.
Gjergj Frasheri/Antonia Schütz: Köln, Nord-Süd Stadtbahn, Haltestelle Heumarkt ….
Fritz Fremersdorf: Der römische Gutshof Köln-Müngersdorf (Römisch-Germanische Forschungen, Bd. 6), Berlin/Leipzig 1933.
Fritz Fremersdorf: Beiträge zur Topographie des römischen Köln (Römisch-Germanische Forschungen, Bd. 18) Berlin 1950.
Ulrich Friedhoff: Der römische Friedhof an der Jakobstraße zu Köln (Kölner Forschungen, Bd. 3), Mainz 1991.
Brigitte und Hartmut Galsterer: Die römischen Steininschriften aus Köln (Kölner Forschungen, Bd. 10) Köln 2010.
Hartmut Galsterer: Mercurius Valdivahanus. Die epigraphisch-historische Perspektive, in: Kölner Jahrbuch 45 (2012), S. 545–547.
Heike Gregarek: Denkmäler aus dem Militärareal der germanischen Flotte in Köln-Marienburg (Alteburg), in: Kölner Jahrbuch 34 (2001), S. 539–612.
Klaus Grewe: Atlas der römischen Wasserleitungen nach Köln (Rheinische Ausgrabungen, Bd. 26), Köln 1986.
Thomas Grünewald: Arbogast und Eugenius in einer Kölner Bauinschrift zu CIL XIII 8262, in: Kölner Jahrbuch 21 (1988), S. 243–252.
Waldemar Haberey: Die römischen Wasserleitungen nach Köln (Kunst und Altertum am Rhein, Bd. 37), Düsseldorf 1971.
Norbert Hanel: Die Umwehrung der römischen Flottenlager in Köln-Alteburg in Köln-Marienburg, in: Kölner Jahrbuch 32 (1999), S. 569–625.
Norbert Hanel: Bibliographie zum Hauptstützpunkt der Classis Germanica (Alteburg) bei Köln-Marienburg (1889–2006), in: Kölner Jahrbuch 39 (2006), S. 567–580.
Norbert Hanel: Der Wirtschaftsraum zwischen der Colonia Claudia Ara Agrippinensium und Durnomagus. Eine Raumbetrachtung, in: Kölner Jahrbuch 41 (2008), S. 553–578.
Georg Hauser: Schichten und Geschichte unter dem Dom. Die Kölner Domgrabung, Köln 2003.
Johannes Heinrichs: Die »Atuatuker«-Kleinerze vom Kölner Nordtor. Überlegungen zum varuszeitlichen Münzumlauf und zur Klassifizierung des Untertyps Scheers 217 III, in: Kölner Jahrbuch 41 (2008), S. 253–264.
Johannes Heinrichs: Die Eburonen, oder: Die Kunst des Überlebens, in: Zeitschrift für Papyrologie und Epigraphik 164 (2008), S. 203–230.
Johannes Heinrichs: Der Raum Aachen in vorrömischer Zeit (ca. 200–1 v. Chr.), in: Raban von Haeling/Andreas Schaub (Hg.): Römisches Aachen. Archäologisch-historische Aspekte zu Aachen und der Euregio, Regensburg 2013, S. 13–96.
Hansgerd Hellenkemper: Oppidum und Legionslager in Köln. Überlegungen zur frührömischen Topographie, in: Kölner Jahrbuch 13 (1972/73), S. 59–64.
Hansgerd Hellenkemper: Delubrum Martis und die mittelalterlichen Überlieferungswege, in: Kölner Jahrbuch 13 (1972/73), S. 102–106.
Hansgerd Hellenkemper: Architektur als Beitrag zur Geschichte der Colonia Claudia Ara Agrippinensium, in: Hildegard Temporini/Wolfgang Haase (Hg.): Aufstieg und Niedergang der römischen Welt 2.4, Berlin/New York 1975, S. 783–824.
Hansgerd Hellenkemper: Köln 260–355 A. D. Ein unruhiges Jahrhundert Stadtgeschichte, in: Festschrift Gundolf Precht (Xantener Berichte, Bd. 12), Mainz 2002, S. 43–53.

Henner von Hesberg: Bauteile der frühen Kaiserzeit in Köln. Das Oppidum Ubiorum zur Zeit des Augustus, in: Festschrift Gundolf Precht (Xantener Berichte, Bd. 12), Mainz 2002, S. 13–36.
Heiko Hesse/Jutta Lehmann: Ausgrabungen in Köln-Worringen. Zur eisenzeitlichen und römischen Besiedlung des Kölner Nordens, in: Kölner Jahrbuch 32 (1999), S. 841–902.
Christian Hillen/Peter Rothenhöfer/Ulrich S. Soénius: Kleine illustrierte Wirtschaftsgeschichte der Stadt Köln, Köln 2012.
Constanze Höpken: Die römische Keramikproduktion in Köln (Kölner Forschungen, Bd. 8), Mainz 2005.
Constanze Höpken: In la Graufesenque verpackt, in Köln versunken: Ein Terra Sigillata-Fund aus dem Kölner Hafen, in: Martin Müller (Hg.): Xantener Berichte 20, Mainz 2011, S. 48–64.
Heinz Günter Horn (Hg.): Die Römer in Nordrhein-Westfalen, Stuttgart 1987.
Heinz Günter Horn: So badeten die Römer, Weilerswist 2008.
Heinz Günter Horn: Agrippastraße Köln-Trier, Köln 2011.
Bernhard Irmler: Rekonstruktion einer Porticusordnung an der Rheinseite in Köln, in: Kölner Jahrbuch 37 (2004), S. 77–102.
Hans Eckart Joachim: Porz-Lind. Ein mittel- bis spätlatènezeitlicher Siedlungsplatz im »Linder Bruch« (Stadt Köln) (Rheinische Ausgrabungen, Bd. 47), Mainz 2002.
Franz Kempken: Spätantike und frühmittelalterliche Funde vom Heumarkt in Köln, in: Kölner Jahrbuch 34 (2001), S. 701–747.
Philip Kiernan: Miniature Votive Offerings in the Roman West (MENTOR, Bd. 4), Mainz/Ruhpolding 2009.
Joseph Klinkenberg: Geschichte des römischen Kölns. Die Kunstdenkmäler der Stadt Köln 1.2, hg. von Paul Clemen, Düsseldorf 1906.
Karl-Heinz Knörzer: Pflanzenfunde unter dem Kölner Heumarkt, in: Kölner Jahrbuch 34 (2001), S. 887–907.
Karl-Heinz Knörzer/Renate Gerlach/Jutta Meurers-Balke/Arie J. Kalis/Ursula Tegtmeier/Wolf D. Becker/Antonius Jürgens: PflanzenSpuren. Archäobotanik im Rheinland: Agrarlandschaft und Nutzpflanzen im Wandel der Zeiten (Materialien zur Bodendenkmalpflege im Rheinland, Bd. 10), Köln 1999.
Köln I–III: Führer zu vor- und frühgeschichtlichen Denkmälern 37–39, Mainz 1980.
Mario Kramp/Marcus Trier (Hg.): Der Waidmarkt. Drunter und Drüber (Schauplatz Kölner Geschichte, Bd. 1), Köln 2011.
Krieg und Frieden. Kelten, Römer, Germanen. Ausstellungskatalog Bonn 2007.
Ernst Künzl: Die Thermen der Römer, Stuttgart 2013.
Jürgen Kunow/Hans-Helmut Wegner (Hg.): Urgeschichte im Rheinland (Jahrbuch 2005 des Rheinischen Vereins für Denkmalpflege und Landschaftsschutz), Köln 2005.
Heinrich Lange: Die Koroplastik der Colonia Claudia Ara Agrippinensium. Untersuchungen zu Typologie, Technik, Werkstattfunden, Betrieben, Signaturen und Produktionszeit, in: Kölner Jahrbuch 27 (1994), S. 117–309.
Karl Heinz Lenz: Germanische Siedlungen des 3. bis 5. Jahrhunderts n. Chr. in Gallien. Schriftliche Überlieferung und archäologische Befunde, in: Berichte RGK 86 (2005), S. 349–444.
Karl Heinz Lenz: Veteranen der römischen Armee im Siedlungsbild einer früh- und mittelkaiserzeitlichen Koloniestadt und deren Hinterland. Das Beispiel der Colonia Claudia Ara Agrippinensium (Köln), in: Germania 84 (2006), S. 61–91.
Bernd Liesen: Römische Importkeramik in Köln – eine Bestandsaufnahme, in: Kölner Jahrbuch 37 (2004), S. 463–487.
Jutta Meurers-Balke/Michael Herchenbach/Carl Pause u. a. (Hg.): Vina parant animos – Wein macht das Herz bereit ... Der Wein und das römische Köln, Neuss 2010.
Jutta Meurers-Balke/Tünde Kaszab-Olschewski (Hg.): Grenzenlose Gaumenfreuden. Römische Küche in den germanischen Provinzen, Mainz 2010.
Jennifer Morscheiser: Trier im Gallischen Sonderreich, in: Thomas Fischer (Hg.): Die Krise des 3. Jahrhunderts n. Chr. und das Gallische Sonderreich. Akten des Interdisziplinären Kolloquiums Xanten 26. bis 28. Februar 2009, Universität zu Köln (ZAKMIRA-Schriften, Bd. 8), Wiesbaden 2012, S. 233–247.
Jennifer Morscheiser-Niebergall: Die Anfänge Triers im Kontext augusteischer Urbanisierungspolitik nördlich der Alpen, Wiesbaden 2009.
Martin Müller/Hans-Joachim Schalles/Norbert Zieling (Hg.): Colonia Ulpia Traiana. Xanten und sein Umland in römischer Zeit, Mainz 2008.
Friederike Naumann-Steckner: Tod am Rhein. Begräbnisse im frühen Köln. Begleitbuch zur Ausstellung im Römisch-Germanischen Museum Köln 1997, Köln 1997.
Friederike Naumann-Steckner u. a.: Lyra, Tibiae, Cymbala ... Musik im römischen Köln. Katalog der Sonderausstellung 19. Juli bis 3. November 2013 (Kleine Schriften des Römisch-Germanischen Museums der Stadt Köln), Köln 2013.
Stefan Neu: Römische Reliefs vom Kölner Rheinufer, in: Kölner Jahrbuch 22 (1989), S. 241–364.
Peter Noelke: Das »Roemergrab« in Köln-Weiden und die Grabkammern in den germanischen Provinzen, in: Kölner Jahrbuch 41 (2008), S. 437–511.

Peter Noelke: Neufunde von Jupitersäulen und -pfeilern in der Germania inferior seit 1980, in: Bonner Jahrbücher 210/211 (2010/2011), S. 149–374.
Peter Noelke: Weihaltäre mit Opferdarstellungen und -bezügen in der Germania Inferior und den übrigen Nordwestprovinzen des Imperium Romanum, in: Jahrbuch RGZM 58 (2011), S. 467–590.
Werner Oenbrink: Die Kölner Jagdbecher im römischen Rheinland, in: Kölner Jahrbuch 31 (1998), S. 71–252.
Werner Oenbrink: Panem et Circenses. Szenen der Massenunterhaltung auf Kölner Jagdbechern, in: Kölner Jahrbuch 32 (1999), S. 777–786.
Werner Oenbrink: Die Grabdenkmäler der Südnekropole in Köln, in: Kölner Jahrbuch 42 (2009), S. 545–591.
Bernd Päffgen: Die Ausgrabungen in St. Severin zu Köln (Kölner Forschungen, Bd. 5), Mainz 1992.
Bernd Päffgen: Glasherstellung spätrömischer und frühmittelalterlicher Zeit im Rheinland und dessen Nachbargebieten, in: Beiträge zur Mittelalterarchäologie in Österreich 19 (2003), S. 9–28.
Bernd Päffgen: Köln und sein Umland zur Zeit der Soldatenkaiser (235–285 n. Chr.), besonders im Hinblick auf das Gallische Sonderreich, in: Thomas Fischer (Hg.): Die Krise des 3. Jahrhunderts n. Chr. und das Gallische Sonderreich. Akten des Interdisziplinären Kolloquiums Xanten 26. bis 28. Februar 2009, Universität zu Köln (ZAKMIRA-Schriften, Bd. 8), Wiesbaden 2012, S. 97–150.
Bernd Päffgen/Werner Zanier: Überlegungen zur Lokalisierung von Oppidum Ubiorum und Legionslager im frühkaiserzeitlichen Köln, in: Provinzialrömische Forschungen. Festschrift Günter Ulbert, Espelkamp 1995, S. 111–129.
Marcell Perse: Römerstraße Via Belgica, Köln 2011.
Gundolf Precht: Die Ausgrabungen um den Kölner Dom. Vorbericht über die Untersuchungen 1969/70, in: Kölner Jahrbuch 12 (1971), S. 52–64.
Gundolf Precht: Der Apsidialbau im Praetorium der Colonia Claudia Ara Agrippinensium/Köln, in: Kölner Jahrbuch 41 (2008), S. 287–337.
Matthias Riedel: Köln – ein römisches Wirtschaftszentrum, Köln 1982.
Erika Riedmeier-Fischer/B. Schneider/Edeltraut Wickum-Höver: Leben in der Jungsteinzeit. Die bandkeramische Siedlung von Köln-Lindenthal, Köln 2004.
Sebastian Ristow: Die frühen Kirchen unter dem Kölner Dom. Befunde und Funde vom 4. Jahrhundert bis zur Bauzeit des Alten Domes (Studien zum Kölner Dom, Bd. 9), Köln 2002.
Sebastian Ristow: Frühes Christentum im Rheinland. Die Zeugnisse der archäologischen und historischen Quellen an Rhein, Maas und Mosel (Jahrbuch Rheinischer Verein für Denkmalpflege und Landschaftsschutz 2006), Münster 2007.
Sebastian Ristow: Die Ausgrabungen von St. Pantaleon in Köln (Zeitschrift für Archäologie des Mittelalters, Beiheft 21), Bonn 2009.
Hannelore Rose: Die römischen Terrakottamasken in den Nordwestprovinzen (Monumenta Artis Romanae, Bd. 37), Wiesbaden 2006.
Achim Rost/Susanne Wilbers-Rost: Kalkriese 6. Verteilung der Kleinfunde auf dem Oberesch in Kalkriese. Kartierung und Interpretation der römischen Militaria unter Einbeziehung der Befunde (Römisch-Germanische Forschungen, Bd. 70), Mainz 2012.
Helmut Roth/Marcus Trier: Ausgewählte Funde des 4. bis 11. Jahrhunderts aus den Ausgrabungen auf dem Heumarkt in Köln, in: Kölner Jahrbuch 34 (2001), S. 759–791.
Nico Roymans: From the sword to the plough. Three studies on the earliest the Romanisation of Northern Gaul, Amsterdam 1996.
Holger Schaaff: Steine für das römische Reich, in: Archäologisches Korrespondenzblatt 40 (2010), S. 265–272.
Alfred Schäfer: Mercurius Valdivahanus. Die Archäologische Perspektive, in: Kölner Jahrbuch 45 (2012), S. 527–543.
Alfred Schäfer: Zur Bauornamentik des Kapitolstempels in Köln, in: Kölner Jahrbuch 45 (2012), S. 549–568.
Hans-Joachim Schalles/Susanne Willer (Hg.): Marcus Caelius. Tod in der Varusschlacht (Kataloge des LVR-Römermuseums im Archäologischen Park Xanten, Bd. 3 = Kataloge des LVR-Landesmuseums Bonn, Bd. 11), Darmstadt 2009.
Günther Schauerte: Der römische Töpfereibezirk am Rudolfplatz in Köln, in: Kölner Jahrbuch 20 (1987), S. 23–82.
Günther Schauerte: Der Töpfereibezirk am Bahnhofsvorplatz in Köln, in: Kölner Jahrbuch 27 (1994), S. 513–563.
Burghart Schmidt/Elisabeth Höfs: Die Hölzer aus den Ausgrabungen auf dem Heumarkt in Köln als Baustein eines neuen 2.500-jährigen Eichenkalenders für Nordrhein-Westfalen, in: Kölner Jahrbuch 34 (2001), S. 793–830.
Wilfried Schmitz: Die spätantiken und frühmittelalterlichen Grabinschriften in Köln (4.–7. Jahrhundert n. Chr.), in: Kölner Jahrbuch 28 (1995), S. 643–776.
Dirk Schmitz/Maike Sieler (Hg.): Überall zu Hause und doch fremd. Römer unterwegs. Ausstellungskatalog LVR-RömerMuseum im Archäologischen Park Xanten, Petersberg 2013.

Sven Schütte/Marianne Gechter: Von der Ausgrabung zum Museum – Kölner Archäologie zwischen Rathaus und Praetorium, Köln 2012.
Alfred Schuler: Der römische Friedhof an der Sechtemer Straße im Kölner Süden, in: Kölner Jahrbuch 35 (2002), S. 437–570.
Alfred Schuler: Das nördliche Suburbium des römischen Köln, in: Kölner Jahrbuch 38 (2005), S. 245–431.
Rudolf Schultze/Carl Steuernagel: Colonia Agrippinensis. Festschrift der XLIII. Versammlung Deutscher Philologen und Schulmänner in Köln am 25. September 1895, gewidmet vom Verein von Altertumsfreunden im Rheinlande, Bonn 1895.
Sven Seiler: Ausgrabungen in der Kirche St. Kolumba in Köln, in: Zeitschrift für Archäologie des Mittelalters 5 (1977), S. 97–119.
Sven Seiler: Eine Villa rustica in Köln-Vogelsang. Ausgrabung in einem römischen Gutshof, in: Kölner Jahrbuch 26 (1993), S. 481–498.
Sven Seiler: Vorcoloniazeitliche Siedlungsspuren im Norden des römischen Köln, in: Xantener Berichte 9, Mainz 2001, S. 123–134.
Angela Simons: Köln-Blumenberg. Einblicke in eine urgeschichtliche Siedlungslandschaft auf der Niederterrasse des Rheins, in: Kölner Jahrbuch 26 (1993), S. 499–538.
Elisabeth M. Spiegel: Die römische Westnekropole an der Aachener Straße in Köln.
Ansätze zu einer Strukturanalyse, in: Kölner Jahrbuch 27 (1994), S. 595–609.
Elisabeth M. Spiegel: Ausgrabungen in einem römischen Siedlungsplatz mit zwei spätantiken burgi in Köln-Widdersdorf, in: Kölner Jahrbuch 35 (2002), S. 699–782.
Elisabeth M. Spiegel: Eine augusteische Holzkohleschicht am Laurenzplatz in Köln, in: Kölner Jahrbuch 41 (2008), S. 273–282.
Elisabeth M. Spiegel: Ein vicus mit Heiligtum an der Limesstraße Köln-Neuss. Zur römischen Topographie von Worringen, Stadt Köln, in: Kölner Jahrbuch 44 (2011), S. 101–152.
Uwe Süßenbach: Die Stadtmauer des römischen Köln, Köln 1981.
Eberhardt Thomas: Bemerkungen zum Circus des römischen Köln, in: Boreas 7 (1984), S. 157–171.
Renate Thomas: Eine weitere Podiumskonstruktion in der südöstlichen CCAA, in: Archäologisches Korrespondenzblatt 13 (1983), S. 245–254.
Renate Thomas: Bodendenkmäler in Köln, in: Kölner Jahrbuch 32 (1999), S. 917–965.
Renate Thomas: Römische Wandmalerei in Köln (Kölner Forschungen, Bd. 6), Mainz 1993.
Renate Thomas: Römische Häuser und ihre Wandmalereien an der Breitestraße in Köln, in: Kölner Jahrbuch 37 (2004), S. 569–698.
Günther E. Thüry: Müll und Marmorsäulen. Siedlungshygiene in der römischen Antike, Mainz 2001.
Marcus Trier: Müll und Abwasser in der Colonia – Siedlungshygiene im frühmittelalterlichen Köln, in: Thomas Deres (Hg.): krank – gesund. 2.000 Jahre Krankheit und Gesundheit in Köln. Begleitband der Ausstellung im Kölnischen Stadtmuseum 2005, Köln 2005, S. 54–69.
Marcus Trier: Divitia-Deutz. Römisches Kastell, mittelalterliche Burg, preußische Kaserne, moderne Stadt (Begleitheft zur Ausstellung im Römisch-Germanischen Museum der Stadt Köln), Köln 2011.
Marcus Trier/Friederike Naumann-Steckner (Hg.): ZeitTunnel. 2.000 Jahre Köln im Spiegel der U-Bahn-Archäologie, Köln 2012.
Ute Verstegen: Ausgrabungen und Bauforschungen in St. Gereon zu Köln (Kölner Forschungen, Bd. 9), Mainz 2006.
Von den Göttern zu Gott. Frühes Christentum im Rheinland. Begleitband der Ausstellung im Rheinischen Landesmuseum Bonn 2007, Tübingen/Berlin 2007.
Rainer Wiegels (Hg.): Die Varusschlacht. Wendepunkt der Geschichte, Stuttgart 2007.
Martin Wieland: Vom Grabstein zum Pflasterstein – Eine neue Soldatengrabstele mit bildlicher Darstellung von der Hohe Straße in Köln, in: Xantener Berichte 16, Mainz 2009, S. 269–281.
Gerta Wolff: Das Römisch-Germanische Köln. Führer zu Museum und Stadt, 6. Aufl. Köln 2005.
Herwig Wolfram: Könige als Erben der Imperatoren. Die politische Umgestaltung der römischen Welt, in: Das Königreich der Vandalen: Erben des Imperiums in Nordafrika. Begleitbuch zur Ausstellung im Badischen Landesmuseum Karlsruhe, Mainz 2009, S. 19–25.
Helmut Zäh: Machtwechsel am Rhein. Salvianus von Marseille beschreibt den Übergang zur fränkischen Herrschaft, in: Wolfgang Rosen/Lars Wirtler in Zusammenarbeit mit Dorothee Rheker-Wunsch und Stefan Wunsch (Hg.): Quellen zur Geschichte der Stadt Köln, Band I: Antike und Mittelalter von den Anfängen bis 1396/97, Köln 1999, S. 59–63.
Erich Zöllner: Geschichte der Franken bis zur Mitte des sechsten Jahrhunderts, München 1970.

Abbildungsnachweise

(die Nummern beziehen sich auf die jeweiligen Seiten)

KSM/RBA: 12, 138 oben, 158 unten.

RBA: 10, 18, 140 unten, 181, 197, 198, 268.

RGM: 79, 84, 131, 141, 142, 145 unten, 148 oben, 149, 150, 151, 152, 153, 154, 167, 185, 235, 271, 276, 320, 338 unten, 366. – 75, 86 (H. Bernhardt, M. Wieland). – 286 oben (D. Godden). – 285 (S. Haase, N. Hanel). – 98 (S. Haase, A. Schäfer). – 359, 363, 364, 367 (Th. Höltken). – 270 (M. Horlemann, M. Wieland). – 88 unten, 136, 137, 138 unten, 140 oben, 148 unten, 156, 158, 160, 211, 229, 247, 258, 266, 273, 277, 337 oben, 357, 370/71 (U. Karas). – 274, 362 (K. N. Nolte). – 283, 332/33 (E. M. Spiegel, P. Otten). – 91 (E. M. Spiegel, P. Otten, Grafik: A. Soilibieda). – 99, 155, 157 oben, 162 (A. Schäfer). – Cover/U1, 2, 14, 15, 16, 17, 22/23, 125 oben, 133, 139, 226, 233, 239 oben, 240/41, 259, 260/61, 262, 311, 340/41 (A. Thünker DGPh). – 29, 30, 76, 122, 125 unten, 145 oben, 175, 186, 206, 215, 223, 236, 242, 253, 303, 348 (M. Trier). – 365 (Foto Ventur). – 108, 124, 127, 210, 301 (KölnArchäologie). – 88 oben, 147, 161 (SuLa). – 134/35, 212, 372 (Grafik A. Solibieda).

RGM/Archäologisches Institut Universität Köln: 25, 53, 61, 64, 83, 105 oben, 118, 176, 189, 193, 230, 237, 269, 282, 304, 321, 335, 350 (Ph. Groß).

RGM/RBA: 5 und Rückseite/U4 oben (A. Wegner), 13, 21, 48, 74, 130, 159, 177, 182, 191, 195, 202/03, 204, 205, 208/09, 216, 217, 219, 220/21, 225, 232, 252, 257, 264, 265, 272, 284, 286 unten, 306, 308, 309, 314, 323, 324, 327, 334, 336, 353, 354/55, 368, 369, 376. – 224, 344 (M. Mennicken). – 89, 187, 188 (S. Siegers). – 59, 81, 172, 173, 267, 349 (S. Walz). – 26, 47, 85, 93, 94, 121, 196, 218, 231, 238/239, 243, 248, 249, 251, 256, 257, 263 (A. Wegner), Rückseite/U4 unten.

G. Behrens, Mainzer Zeitschr. 14 (1918): 329

Colonia 3D: RGM/Köln International School of Design/Universität zu Köln: 102, 132, 169, 174 unten, 178, 180, 183, 194.

Dombauarchiv: 200 (© Dombauhütte Köln/Foto: Matz und Schenk); 201 (© Dombauhütte Köln/Foto: Matz und Schenk).

Förderverein Römisches Forum Waldgirmes e.V.: 66/67.

H. G. Horn, 1987: 300.

Foto V. Isenhardt/mit frdl. Genehmigung Chr. Miks, Römisch-Germanisches Zentralmuseum Mainz: 55, 328.

Köln International School of Design (KISD)/ Colonia 3D (M. Eichhorn, M. Wallasch, C. D. Herrmann): 72, 128/129, 144.

L. Lindenschmidt, Jahrbuch des Vereins von Alterthumsfreunden im Rheinland 73 (1883): 337 unten.

LVR-LandesMuseum Bonn: 31 (M. Hegewisch/St. Taubmann), 32/33, 40, 299 (F. Hilscher-Ehlert), 42/43 (H. Lilienthal).

LVR-Amt für Bodendenkmalpflege im Rheinland: 44/45 (M. Thuns).

LVR-RömerMuseum Xanten: 111.

Musée Crozatier du Puy-en-Velay: 36.

Museum Zitadelle Jülich: 297, 307 (dieargelola – Kai Loges/Andreas Langen).

A. Pangerl: 35, 39, 52, 54, 56, 57, 69, 71 unten, 100, 104, 105 unten, 107, 112, 115 oben, 166, 174 oben, 281, 293, 316, 317, 330, 343, 347.

Pfarrgemeinde St. Severin, Köln: 342.

Privat-Brauerei Heinrich Reissdorf GmbH & Co. KG, Köln: 377.

Rheinisches Landesmuseum Trier: 338 oben.

RömerGarde Köln-Weiden e.V.: 375.

Römisch-Germanische Kommission Frankfurt am Main: 65.

Römisch-Germanisches Zentralmuseum Mainz, Forschungsbereich VAT: 164.

Hugo Schmölz: 170/71.

Grafik A. Solibieda: 34, 358. – 51, 71 oben, 115 unten (nach R. Wiegels, 2007). – 73 (nach H. G. Horn, 2011). – 244/45 (nach U. Ehmig, 2009). – 290/91, 292 (nach Th. Fischer, 2012). – 298 (nach E. M. Spiegel, 2002). – 318 (nach B. Päffgen, 2012); Innenklappen (nach Spiegel/Otten).

Heinz Sperling: 313.

Universität zu Köln, Labor für Archäobotanik: 60.

Dr. Frank Warda, abracus GmbH – Betreiber von Bilderbuch Köln, Bonn, Düsseldorf, Hamburg, Münster und Berlin, Rennbergstr. 5, 50939 Köln: 279 (grafische Umsetzung: Reprowerkstatt Wargalla).

Serviceadressen

Römisch-Germanisches Museum der Stadt Köln (RGM)
Roncalliplatz 4, 50667 Köln, Telefon 0221-221/2 44 38 und 221/2 45 90, Fax 0221-221/2 40 30
roemisch-germanisches-museum@stadt-koeln.de
www.museenkoeln.de/roemisch-germanisches-museum/

Förderverein: Archäologische Gesellschaft Köln e. V. – Freunde und Förderer des Römisch-Germanischen Museums
c/o Römisch-Germanisches Museum der Stadt Köln
Roncalliplatz 4, 50667 Köln, Tel.: 0221-221/2 44 25/-2 23 04
roemisch-germanisches-museum@stadt-koeln.de
Internet: In Vorbereitung.

Archäologische Zone/Jüdisches Museum Köln
Heumarkt 64–66, 50667 Köln, Telefon 0221-221/3 34 22, Fax 0221-221/3 34 20
CCAA@stadt-koeln.de, www.museenkoeln.de/archaeologische-zone/default.asp

Praetorium (unter dem Rathaus, Spanischer Bau)
Kleine Budengasse 2, 50667 Köln

Mikwe
Rathausvorplatz, 50667 Köln
Voraussichtlich ab Mitte 2014 wird die Mikwe im Zuge der Realisierung der Archäologischen Zone und des Jüdischen Museums nicht zugänglich sein.

Groß St. Martin
An Groß Sankt Martin, 50667 Köln

Grabkammer in Köln-Weiden (Eigentum des Landes NRW),
Aachener Straße 1328, 50859 Köln.
Die Grabkammer kann wegen Renovierungsarbeiten zur Zeit nicht besichtigt werden. Nach Abschluss der Arbeiten wird sie wieder für öffentlichen Führungen zugänglich sein.

Kölner Dom: Domgrabung
Dombauhütte Köln, Domgrabung
Roncalliplatz 2, 50667 Köln, Telefon 0221-17 94 0-300, Fax 0221-17 94 0-399
info@domgrabung-koeln.de, www.domfuehrungen-koeln.de/Ausgrabung

St. Severin: Kirche, Ausgrabungen und Sacrarium
Im Ferkulum 29, 50678 Köln, Telefon: 0221-93 18 42-24
gemeinden.erzbistum-koeln.de/st-severin-koeln/Kirchen/St_Severin/

Ubiermonument
An der Malzmühle 1, 50667 Köln
Das Ubiermonument ist derzeit leider wegen Bauarbeiten geschlossen. Nach Abschluss der Arbeiten wird es voraussichtlich ab der zweiten Hälfte 2014 wieder für öffentliche Führungen und angemeldete Gruppen zugänglich sein.

Kolumba
Ausgrabungsbereich
Kolumbastraße 4, 50667 Köln, Telefon 0221-933193-0
mail@kolumba.de, www.kolumba.de

Museumsdienst Köln
Kulturquartier am Neumarkt
Leonhard-Tietz-Straße 10, 50676 Köln, Postfach 10 35 64, 50475 Köln, Telefon 0221 221/2 47 64, Fax 0221 221/2 45 44, museumsdienst@stadt-koeln.de
museenkoeln.de/museumsdienst-koeln/default.aspx